编委名单

编 委（按姓氏笔画排序）

马世明	浙江省湖州市公安司法鉴定中心
王占洪	平顶山市汝州市公安局物证鉴定室
王志强	郑州市公安局金水分局物证鉴定室
王基锋	河南省公安厅刑事技术总队
支　敏	郑州市人民检察院
付广芬	河南省高级人民法院
仝国斌	平顶山市郏县公安局
吕铷麟	中国人民公安大学研究生院
朱天才	南阳市公安局物证鉴定所
乔博亚	商丘市公安局梁园分局物证鉴定室
任记伟	周口市鹿邑县公安局刑事科学技术研究所
刘　方	平顶山市公安局物证鉴定所
刘亚哲	平顶山市汝州市公安局
刘惠勇	河南同一司法鉴定中心
闫健磊	商丘市公安局睢阳分局法医鉴定中心
孙占奇	开封市公安局刑事技术支队
李　畅	郑州市公安局刑事科学技术研究所
李　猛	周口市公安局刑事科学技术研究所
李　豫	商丘市公安局物证鉴定所
杨世平	许昌市公安局刑事科学技术研究所
张广清	河南省公安厅刑事技术总队
张家鑫	河南省公安厅刑事技术总队
陈　平	郑州人民医院
赵美乐	河南省高级人民法院
郭卫华	平顶山市公安局物证鉴定所
崔俊明	河南唯实司法鉴定中心
蒋学军	平顶山市叶县公安局物证鉴定室
蒋志霞	河南唯实司法鉴定中心
韩孝征	商丘市宁陵县公安局刑警大队
窦乃迪	黄河中心医院　河南唯实司法鉴定中心
廖靖龙	新乡市公安局物证鉴定所
谭完成	周口市扶沟县公安局物证鉴定室

秘 书

张家鑫　崔俊明　谭完成

公安部刑事技术"双十计划"重点攻关项目成果

鼓膜损伤法医学图鉴

■ 主　编：窦乃迪　王基锋
■ 副主编：陈　平　张广清　付广芬　郭卫华

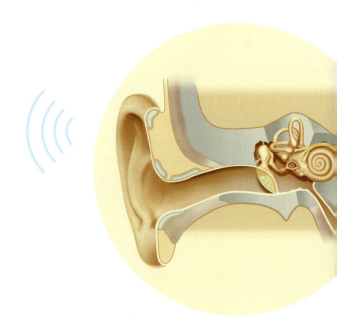

华中科技大学出版社
http://www.hustp.com
中国·武汉

内容简介

本书是公安部刑事技术"双十计划"重点攻关项目成果之一。

本书从鼓膜穿孔的发生、表现、愈合过程等方面予以专业性记录、描述和分析,尤其从法医临床学角度对外伤性鼓膜穿孔、自行愈合过程演变及影响穿孔愈合的常见因素等方面进行了学术性总结,并用大量的实践案例图像与理论相印证。

本书适合基层医学人员、法医学工作者参考使用,也适合法医爱好者阅读。

图书在版编目(CIP)数据

鼓膜损伤法医学图鉴/窦乃迪,王基锋主编.—武汉:华中科技大学出版社,2022.3
ISBN 978-7-5680-8102-3

Ⅰ. ①鼓… Ⅱ. ①窦… ②王… Ⅲ. ①耳-损伤-司法鉴定-中国-图集 Ⅳ. ①D919.4-64

中国版本图书馆 CIP 数据核字(2022)第 045001 号

鼓膜损伤法医学图鉴
Gumo Sunshang Fayixue Tujian

窦乃迪　王基锋　主编

策划编辑:居　颖	
责任编辑:余　琼	
封面设计:廖亚萍	
责任校对:李　弋	
责任监印:周治超	

出版发行:华中科技大学出版社(中国·武汉)　　电话:(027)81321913
　　　　　武汉市东湖新技术开发区华工科技园　　邮编:430223
录　　排:华中科技大学惠友文印中心
印　　刷:湖北恒泰印务有限公司
开　　本:787mm×1092mm　1/16
印　　张:17.25
字　　数:428千字
版　　次:2022年3月第1版第1次印刷
定　　价:188.00元

本书若有印装质量问题,请向出版社营销中心调换
全国免费服务热线:400-6679-118　竭诚为您服务
版权所有　侵权必究

主编简介

窦乃迪,主任医师,黄河中心医院耳鼻喉科主任,河南唯实司法鉴定中心副主任,河南省优秀司法鉴定人。1988年于河南医科大学医学系毕业,长年从事耳鼻咽喉科临床及法医临床工作,河南省医学会耳鼻咽喉头颈外科学分会委员,河南省医师协会耳鼻咽喉头颈外科分会委员,河南省中西医结合学会耳鼻咽喉分会常务委员,郑州市司法鉴定人协会法医临床委员会主任委员。先后发表有关耳部外伤论文10余篇,主编专著1部,获省部级科技成果奖1项。

王基锋,主任法医师,法医学硕士、法律硕士,现任河南省公安厅刑事技术总队副总队长,主要从事省内重大疑难案事件的现场勘查、尸体检验及伤情鉴定工作。公安部刑事技术特长专家,中国法医学会常务理事,中国法医学会法医病理学专业委员会副主任委员及法医临床学专业委员会委员,河南省和郑州市两级医疗事故鉴定专家库成员,中南大学湘雅医学院法医学系、郑州大学基础医学院、河南科技大学法医学院等院系客座教授,河南科技大学法医学院兼职硕士生导师。主持或参与科研攻关项目5项,获授权发明专利1项,参与制定国家行业标准1项,参编法医学著作5部,发表学术论文共30余篇。

序

FOREWORD

　　法医临床工作中，鼓膜穿孔损伤程度的鉴定最为常见。同时，因为鼓膜穿孔的损伤程度鉴定过程中各种造作伤的存在，其成为临床法医学鉴定工作中的难点和信访热点问题。由"两院三部"颁布自2014年1月1日起实施的《人体损伤程度鉴定标准》规定，外伤性鼓膜穿孔6周不能自行愈合，才能被评定为轻伤二级。鼓膜穿孔损伤程度鉴定往往需要甄别气压伤或直接外力作用损伤的情况，需要识别判断愈合过程中是否存在各种人为因素、医疗因素等影响，这些都对法医工作者的工作能力和业务水平提出挑战。

　　鼓膜损伤的临床诊疗中逐步普及高清晰图像采集技术（耳鼻喉图文工作系统）。数字耳内窥镜图文工作系统已经具备录像、图像采集及存储功能，该项技术手段为鼓膜损伤的法医临床学损伤程度的证据采集及检验鉴定提供了极大的方便。这也是本书得以编撰完成的先决条件。

　　本书主编窦乃迪主任是耳鼻喉科临床医生，在临床治疗方面颇有建树，其在参与司法鉴定工作后刻苦钻研，逐步发现临床医生与司法鉴定人的思维习惯、专业关注点及文书书写等存在较大差异，可贵的是他把这些跨学科工作积累的点点滴滴都用文字记录下来，逐步形成了本书的雏形。本书的另一位主编王基锋同志长期从事法医检验鉴定工作，多年来与窦乃迪主任有共同的理想信念和鉴定理念，共同努力把鼓膜损伤的检验鉴定从几句话变成了一本书。各位长期在公安法医鉴定一线的其他编委们也提供了大量宝贵的耳内窥镜检查影像资料及案例，确保了本书的实战性和科学性。

　　长期以来法医临床学缺乏全面、系统的实用性图谱，特别是针对鼓膜损伤的专题图谱。在本书编委们的努力下，这部堪称填补国内外相关领域空白的法医学鼓膜损伤图谱将呈献给我国的法医工作者。这是对法医临床学专题问题研究的贡献，为法医临床学疑难问题的研究提供了很好的范例。谨此，向参与编写的有关人员表示深深的感谢。

公安部物证鉴定中心主任法医师
中国法医学会法医临床学专业委员会原主任委员

前言

PREFACE

鼓膜是人体重要的听觉器官之一，鼓膜损伤是耳鼻喉科急诊常见耳科外伤，涉及鼓膜表面损伤与鼓膜穿孔等。鼓膜穿孔损伤程度鉴定是法医临床工作中的常见业务。由最高人民法院、最高人民检察院、公安部、国家安全部、司法部颁布自2014年1月1日起施行的《人体损伤程度鉴定标准》中，鼓膜损伤涉及轻微伤及轻伤二级两款法医学评定。因此，对鼓膜损伤的认识对法医工作者来讲尤为重要。

随着诊疗手段的不断进步，耳内窥镜检查结合高清晰图像采集技术（耳鼻喉图文工作系统）的应用让大家对鼓膜损伤的认识不断具体化、清晰化。目前数字耳内窥镜图文工作系统已经具备检查录像、图片采集以及存储功能，结合其他检测设备的应用，为鼓膜损伤法医临床学证据采集带来了极大的帮助。

由于鼓膜穿孔及预后涉及外伤性穿孔损伤程度鉴定，同时在法医学领域还涉及造作性鼓膜穿孔等一系列问题，如何甄别鼓膜损伤、观察伤后变化及伤后6周时的预后，以及判断损伤程度等，一直是法医临床实践中的疑难问题之一。目前，对鼓膜穿孔的形成机制和伤后愈合过程中的形态变化规律还在不断探索的过程中，一些学术观点还没有统一。这些正是编委们编写这本图鉴的目的。编委们希望通过收集整理的耳内窥镜检查影像资料，解析损伤鼓膜的镜像表现，针对这一领域的问题给大家带来一些启发。

本书共分十三章，结合近年来国内外临床及法医临床研究文献，应用经过整理的千余案例总结鼓膜穿孔镜像表现，对鼓膜穿孔的发生、表现及愈合过程，从形态学方面予以描述和分析，重点涉及外伤性鼓膜穿孔的形成方式、伤后鼓膜及周围结构形态表现特征、自行愈合过程变化及影响穿孔愈合的常见因素等。

考虑到基层法医的需要，本书结合鼓膜穿孔部分案例的镜像表现，给读者提供编委们达成的《人体损伤程度鉴定标准》涉及条款的应用与理解共识，期望给大家的工作实践带来一些帮助。

本书耳内窥镜检查影像资料除来自编委们工作实践之外，主要由河南省公安系统的法医同仁提供，在此表示感谢。

由于图像采集技术及编委们学术水平的限制，有些图像不甚清晰。一些资料来自法医鉴定时外源资料的翻拍，考虑有一定的学术意义，在此予以保留。编委们有些描述及案例选择可能存在争议,学术谬误难免,唯望读者指正。

本书在编写过程中,得到了有关机构领导、专家等的鼎力支持与鼓励,在此表示谢意!

窦乃迪　王基锋

目 录
CONTENTS

第一章　鼓膜 ……………………………………………………………（1）
　　第一节　鼓膜的应用解剖与生理功能 ……………………………（1）
　　第二节　鼓膜穿孔的影响 …………………………………………（12）
第二章　耳内窥镜影像工作站及法医学应用技巧 ……………………（14）
　　第一节　内窥镜技术的历史与发展 ………………………………（14）
　　第二节　硬性耳内窥镜 ……………………………………………（17）
　　第三节　软性耳内窥镜 ……………………………………………（20）
　　第四节　内窥镜影像工作站 ………………………………………（21）
　　第五节　硬性耳内窥镜检查及注意事项 …………………………（24）
　　第六节　耳内窥镜检查技术在法医鉴定中的应用技巧 …………（28）
第三章　耳内窥镜下常见鼓膜病理表现 ………………………………（40）
　　第一节　鼓膜充血与水肿 …………………………………………（40）
　　第二节　鼓膜出血 …………………………………………………（57）
　　第三节　鼓膜穿孔 …………………………………………………（67）
　　第四节　鼓膜穿孔愈合 ……………………………………………（70）
　　第五节　鼓膜混浊与鼓膜钙化 ……………………………………（72）
　　第六节　萎缩性鼓膜 ………………………………………………（73）
第四章　直接损伤性鼓膜穿孔早期镜像表现 …………………………（75）
　　第一节　致伤方式 …………………………………………………（75）
　　第二节　外耳道表现 ………………………………………………（79）
　　第三节　穿孔部位 …………………………………………………（82）
　　第四节　穿孔面积 …………………………………………………（86）
　　第五节　穿孔数量 …………………………………………………（88）
　　第六节　穿孔形态 …………………………………………………（89）
　　第七节　损伤后出血 ………………………………………………（91）
　　第八节　鼓膜穿孔边缘早期镜像表现 ……………………………（93）
　　第九节　残余鼓膜早期镜像表现 …………………………………（95）

第十节　鼓室表现 ……………………………………………………………… (95)
第五章　间接损伤性鼓膜穿孔早期的镜像表现 …………………………………… (97)
　　　第一节　致伤方式与成伤机制 ………………………………………………… (97)
　　　第二节　外耳道表现 …………………………………………………………… (101)
　　　第三节　穿孔部位 ……………………………………………………………… (104)
　　　第四节　穿孔面积 ……………………………………………………………… (109)
　　　第五节　穿孔数量 ……………………………………………………………… (111)
　　　第六节　穿孔形态 ……………………………………………………………… (113)
　　　第七节　鼓膜穿孔边缘早期镜像表现 ………………………………………… (120)
　　　第八节　残余鼓膜早期镜像表现 ……………………………………………… (124)
　　　第九节　鼓室表现 ……………………………………………………………… (140)
第六章　烧灼性鼓膜穿孔的镜像表现 ……………………………………………… (143)
　　　第一节　致伤方式 ……………………………………………………………… (143)
　　　第二节　外耳道表现 …………………………………………………………… (143)
　　　第三节　鼓膜穿孔表现 ………………………………………………………… (144)
第七章　特殊的外伤性鼓膜穿孔 …………………………………………………… (146)
　　　第一节　颞骨骨折致鼓膜撕裂性穿孔 ………………………………………… (146)
　　　第二节　头部撞击导致鼓膜穿孔 ……………………………………………… (148)
　　　第三节　特殊气压伤鼓膜穿孔 ………………………………………………… (148)
　　　第四节　异物伤鼓膜穿孔 ……………………………………………………… (150)
第八章　外伤性鼓膜穿孔自行愈合过程中的镜像表现 …………………………… (151)
　　　第一节　鼓膜穿孔的修复机制 ………………………………………………… (151)
　　　第二节　伤后24 h内的镜像表现 ……………………………………………… (154)
　　　第三节　伤后7天内鼓膜穿孔的镜像表现 …………………………………… (156)
　　　第四节　伤后2～4周鼓膜穿孔的镜像表现 …………………………………… (160)
　　　第五节　伤后5～6周鼓膜穿孔的镜像表现 …………………………………… (161)
　　　第六节　病理性鼓膜外伤穿孔愈合过程中的镜像表现 ……………………… (163)
第九章　鼓膜穿孔残瓣的镜像表现 ………………………………………………… (166)
　　　第一节　气压伤鼓膜残瓣 ……………………………………………………… (167)
　　　第二节　穿孔初期鼓膜残瓣的镜像表现 ……………………………………… (173)
　　　第三节　穿孔早期鼓膜残瓣的镜像表现 ……………………………………… (180)
　　　第四节　穿孔修复期鼓膜残瓣的镜像表现 …………………………………… (183)
第十章　存在伤病关系的鼓膜穿孔镜像表现 ……………………………………… (188)
　　　第一节　萎缩性鼓膜再发穿孔 ………………………………………………… (188)
　　　第二节　鼓膜修补后的外伤性穿孔 …………………………………………… (190)
　　　第三节　原有穿孔扩大 ………………………………………………………… (191)
第十一章　影响鼓膜穿孔自行愈合的因素 ………………………………………… (193)
　　　第一节　穿孔部位 ……………………………………………………………… (193)
　　　第二节　穿孔形态 ……………………………………………………………… (196)

第三节　穿孔面积 ………………………………………………………… (198)
  第四节　病理性鼓膜再发穿孔 …………………………………………… (200)
  第五节　鼓膜穿孔边缘痂皮 ……………………………………………… (201)
  第六节　继发感染 ………………………………………………………… (204)
  第七节　鼓膜的干燥与潮湿环境 ………………………………………… (204)
  第八节　个体差异 ………………………………………………………… (206)
  第九节　人为阻碍鼓膜愈合 ……………………………………………… (207)

第十二章　造作性鼓膜穿孔 …………………………………………………… (208)
  第一节　直接伤造作性鼓膜穿孔 ………………………………………… (208)
  第二节　间接伤造作性鼓膜穿孔 ………………………………………… (212)
  第三节　炎性鼓膜穿孔假冒外伤性鼓膜穿孔 …………………………… (214)
  第四节　新时期造作性鼓膜穿孔法医学特点 …………………………… (215)
  第五节　造作性鼓膜穿孔的判断技巧 …………………………………… (223)

第十三章　《人体损伤程度鉴定标准》的适用 ……………………………… (226)
  第一节　鼓膜穿孔伤的认定 ……………………………………………… (226)
  第二节　中耳炎性鼓膜穿孔的认定 ……………………………………… (230)
  第三节　病理性鼓膜穿孔损伤程度的认定 ……………………………… (235)
  第四节　不同时期鼓膜穿孔的认定 ……………………………………… (239)
  第五节　愈合过程中继发感染鼓膜损伤程度的认定 …………………… (243)
  第六节　小穿孔损伤程度的认定 ………………………………………… (246)
  第七节　特殊条件下鼓膜损伤程度的认定 ……………………………… (248)

参考文献 ………………………………………………………………………… (259)

第一章 鼓 膜

鼓膜,也称耳膜,作为外耳与中耳的分界,是中耳重要结构,也是重要的听觉器官之一。鼓膜穿孔可以对人类正常生理活动造成严重影响。最高人民法院、最高人民检察院、公安部、国家安全部、司法部颁布自2014年1月1日起施行的《人体损伤程度鉴定标准》中,根据鼓膜穿孔损伤及愈后,涉及人体损伤轻微伤及轻伤二级两款不同的损伤程度鉴定标准,这对进一步加深对鼓膜的认识尤为重要。

第一节 鼓膜的应用解剖与生理功能

鼓膜左右耳各一,在声音的传导中发挥着重要作用。振动的空气粒子产生的压力变化使鼓膜振动,从而使声能通过鼓膜转换成机械能,放大并经过听骨链传输,传到内耳(图1-1-1)。

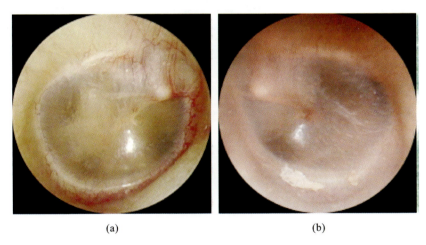

图 1-1-1 耳内窥镜下的鼓膜全景
(a)右耳鼓膜;(b)左耳鼓膜

正常成人鼓膜为珍珠白色,半透明,椭圆形。高度约9 mm(由鼓切迹至6点的直线距离),宽约8 mm(由鼓膜的3点至9点的直线距离),面积为72~90 mm²,厚度为64~95 μm。鼓膜外形如漏斗,距外耳道口2.5~3.5 cm。斜置于外耳道内,鼓膜的前下方朝内倾斜,与外耳道成45°~50°角,致使外耳道有后上壁较前下壁短的解剖特点(图1-1-2、图1-1-3)。

鼓膜属软骨组织,具有一定的弹性,中央菲薄,而边缘较厚(图1-1-4)。大部分有纤维层的部分借助纤维软骨环(鼓环)附于鼓沟内,称之为紧张部。其上方部分结构较为松弛,鼓沟缺如,鼓膜直接附着于颞骨鳞部,称之为松弛部。松弛部虽然也有纤维层,但不及紧张部多,

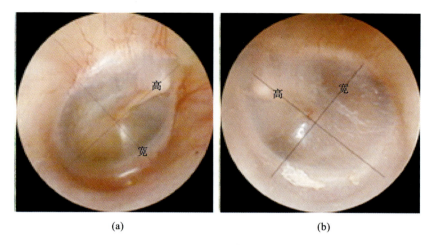

图 1-1-2 鼓膜的高度与宽度

(a)右耳；(b)左耳

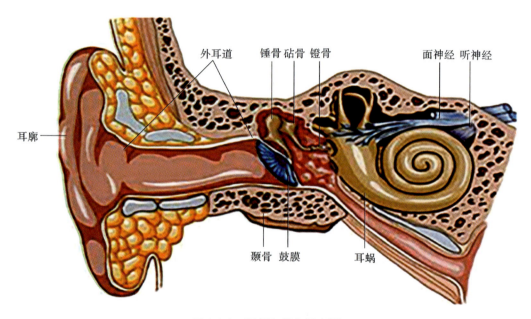

图 1-1-3 耳部矢状位示意图

鼓膜与外耳道成 45°～50°角,致外耳道后上壁短,前下壁长

纤维走行也不规律。松弛部较为平坦,张力不大,气压伤不易导致该部位穿孔,松弛部穿孔最多见于慢性中耳炎患者(图 1-1-5)。

鼓膜紧张部前下方结构菲薄、张力较大,加之该部位正对外耳道,为气压改变时受力集中的部位,因此外耳道遭受闭合气流冲击时,此部位较鼓膜其他部位发生破裂的概率大(图 1-1-6)。

鼓膜紧张部有三层组织结构。外层为上皮层,外侧缘的复层鳞状上皮,与外耳道皮肤相连续,在鼓膜穿孔修复时发挥重要作用；中层为纤维层,纤维层外侧为放射状纤维,内侧为环状纤维,由于纤维层作用,鼓膜具有一定的弹性和张力。外耳道气压作用导致鼓膜穿孔,鼓

第一章 鼓膜

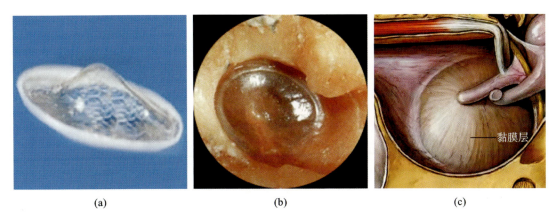

图 1-1-4 鼓膜
(a)人仿生鼓膜,中央菲薄,边缘较厚,外侧缘为鼓环;(b)人鼓膜标本;(c)鼓膜鼓室内观(示意图)

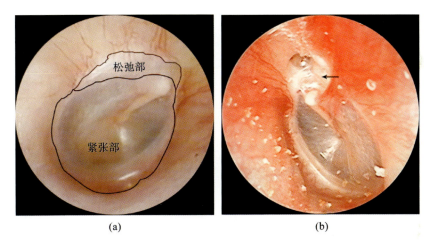

图 1-1-5 耳内窥镜下的鼓膜紧张部与松弛部
(a)正常右耳鼓膜;(b)松弛部形成囊袋的左耳病理性鼓膜

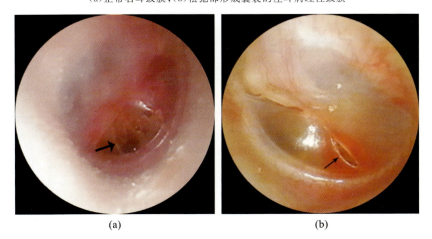

图 1-1-6 鼓膜紧张部破裂
箭头指示处即为破裂处

膜因为张力作用而呈现出撕裂后的特殊形状，这是法医判断外伤性鼓膜穿孔性质时依据的损伤特征之一（图 1-1-7）。

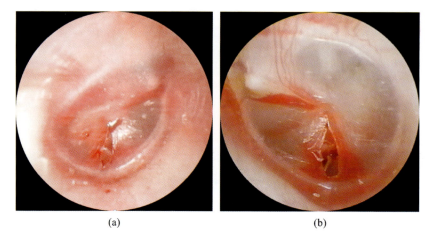

图 1-1-7　耳内窥镜下的鼓膜紧张部撕裂状穿孔
(a)右耳鼓膜前下方穿孔；(b)左耳鼓膜前下方穿孔

鼓膜具有较强的修复能力，穿孔以后即动员进行自行修复，大多数外伤性鼓膜穿孔能够在伤后 6 周自行愈合（图 1-1-8、图 1-1-9）。既往认为仅有外层的上皮组织和内层黏膜组织能够再生，近年的研究发现纤维层也可以再生。穿孔修复过程中，会有各种因素导致鼓膜外层的上皮组织进入鼓室，覆盖穿孔残缘，阻挡穿孔愈合（图 1-1-10）。

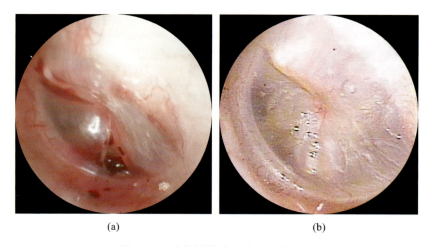

图 1-1-8　外伤性鼓膜小穿孔及愈合后
(a)外伤性鼓膜小穿孔；(b)愈合处少许上皮组织代谢痂皮附着

鼓膜表面具有较为明显的解剖标志，通过这些标志，我们可以对穿孔及鼓膜表现进行较为准确的位置描述。

鼓膜中心最凹点相当于锤骨柄的尖部，称之为鼓脐，或鼓膜脐。自鼓膜脐部向上稍向前达紧张部上缘处，有一灰白色的小突起，称之为锤凸，即锤骨短突隆起最明显的部位。在脐与锤凸之间，有一白色条纹，是锤骨柄透过鼓膜表面的映影，称之为锤纹，为鼓膜紧张部前后之分界（图 1-1-11）。

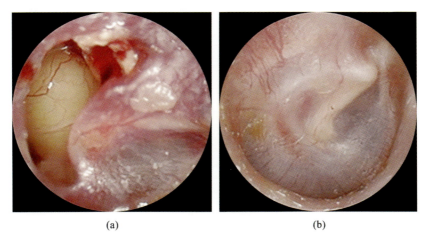

图 1-1-9　外伤性鼓膜大穿孔及愈合后
(a)外伤性鼓膜大穿孔；(b)穿孔后 21 天愈合

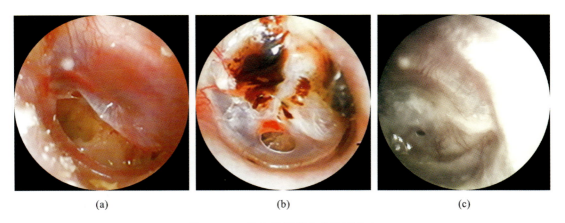

图 1-1-10　外伤性鼓膜大穿孔不愈合
(a)外伤性鼓膜大穿孔；(b)穿孔 6 周未愈合；(c)穿孔长期不愈合

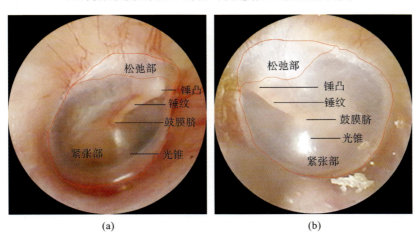

图 1-1-11　耳内窥镜下的鼓膜标志
锤凸、锤纹及鼓膜脐

自锤凸向前至鼓切迹前端有锤骨前襞,向后至鼓切迹后端有锤骨后襞,两者均为锤骨短突挺起鼓膜所致,为紧张部与松弛部的分界线。光线投照到正常鼓膜,自鼓膜脐部向前下方向达鼓膜边缘有一个三角形的反光区,称之为光锥(图 1-1-12),病变或穿孔的鼓膜光锥可以出现中断、发散或消失。

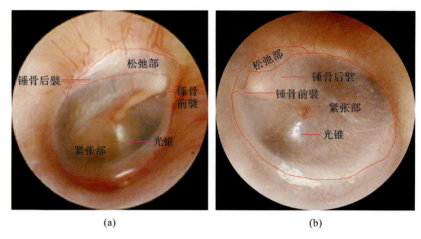

(a) (b)

图 1-1-12 耳内窥镜下的鼓膜标志

(a)右耳;(b)左耳

锤骨前襞、锤骨后襞及光锥

在鼓膜检查镜像显示不全时,我们可以根据鼓膜解剖标志对耳别进行区分(图 1-1-13、图 1-1-14)。

为了便于描记,将鼓膜紧张部划分为四个象限,即沿着锤骨柄作一条假想的直线,另经过鼓膜脐再作一条直线与其垂直相交,将紧张部划分为前上、前下、后上及后下 4 个象限(图 1-1-15)。

为了便于描述和记录鼓膜穿孔面积大小,根据耳内窥镜检查图像观察穿孔面积,按穿孔面积占鼓膜紧张部面积的比例或穿孔面积大小,穿孔可分为:小穿孔(穿孔面积<1/2 象限,或小于 10 mm^2);中等穿孔(穿孔面积为 1/2～2 象限,或为 10～20 mm^2);大穿孔(穿孔面积>2 象限,或大于 20 mm^2)(图 1-1-16 至图 1-1-18)。

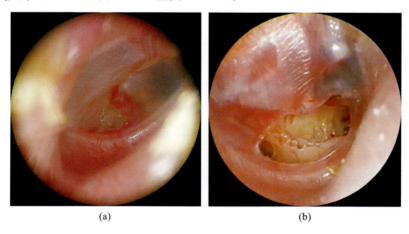

(a) (b)

图 1-1-13 依据锤凸、锤纹指向及光锥辨识为右耳镜像

第一章　鼓膜

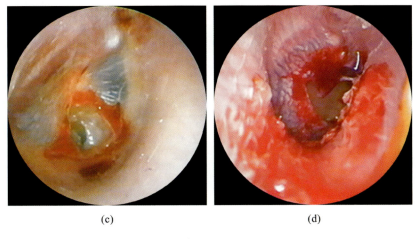

(c)　　　　　　　　　　　　(d)

续图 1-1-13

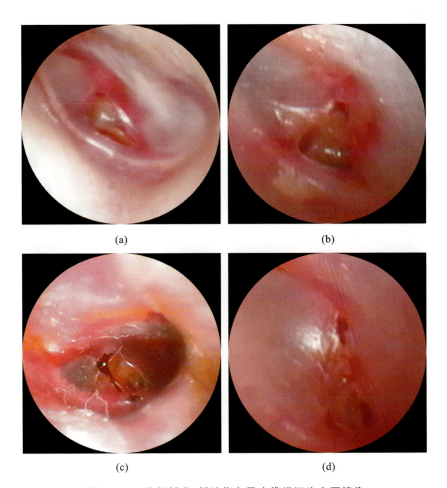

图 1-1-14　依据锤凸、锤纹指向及光锥辨识为左耳镜像

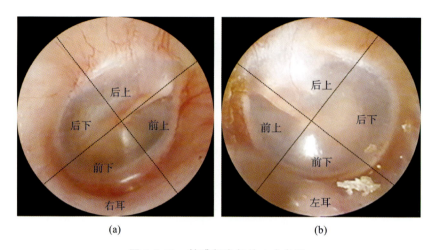

图 1-1-15　鼓膜紧张部的 4 个象限

（a）右耳鼓膜紧张部各象限划分；（b）左耳鼓膜紧张部各象限划分

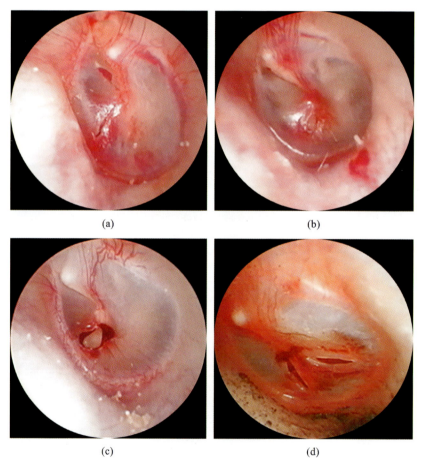

图 1-1-16　耳内窥镜下的鼓膜小穿孔

（a）（b）（c）单个小穿孔；（d）由 2 个小穿孔构成的多发性穿孔

第一章　鼓膜

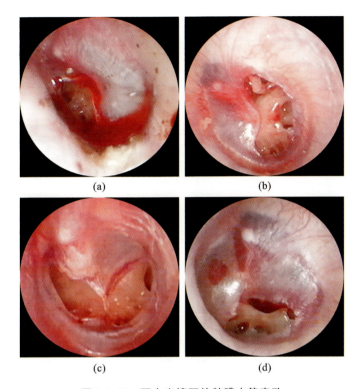

图 1-1-17　耳内窥镜下的鼓膜中等穿孔

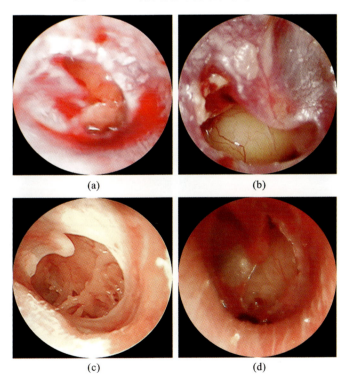

图 1-1-18　耳内窥镜下的鼓膜大穿孔
（a）大穿孔中存在鼓膜撕裂联系带；（c）陈旧性鼓膜穿孔

鼓膜的血液供应主要来自上颌动脉分支——耳后深动脉,呈放射状进入鼓膜外层;鼓膜内层主要由上颌动脉的鼓前支和茎乳动脉的分支供给。鼓膜以鼓环及松弛部血供最为丰富,主要分布在松弛部、锤骨柄和紧张部周围。鼓膜中心血液供应明显减少甚至无血液供应。鼓膜后部侧支循环丰富,尤其是后上象限与鼓膜松弛部及锤骨短突相连,血供更为丰富。

研究表明,鼓膜穿孔后鼓膜纤维层成纤维细胞可产生多种生长因子,诱导新生毛细血管,引导上皮细胞向穿孔移行和生长,加速穿孔愈合,而鼓膜紧张部后上象限纤维层弹力纤维的比例高于紧张部其他象限,所以外伤性鼓膜后上象限穿孔愈合得相对较快(图 1-1-19)。

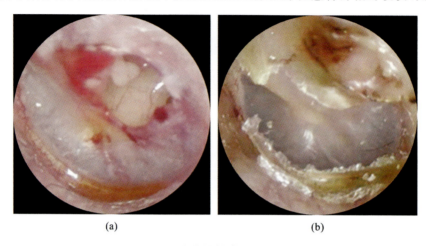

(a)   (b)

图 1-1-19 外伤性鼓膜后上象限穿孔

左耳鼓膜紧张部后上象限损伤性中等穿孔,17 天愈合

正常鼓膜气压伤导致的撕裂性穿孔,多见于紧张部,由于该处血供不丰富,表现为少量出血或不出血(图 1-1-20、图 1-1-21)。

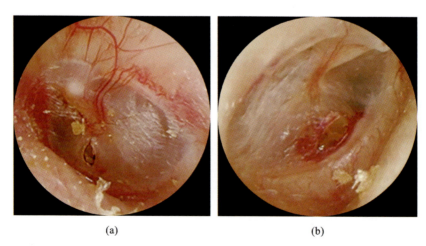

(a)   (b)

图 1-1-20 气压伤导致的鼓膜穿孔(一)

气压伤导致的鼓膜穿孔几乎不出血

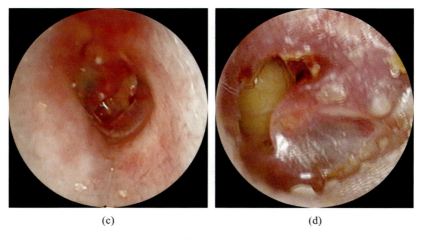

(c)   (d)

续图 1-1-20

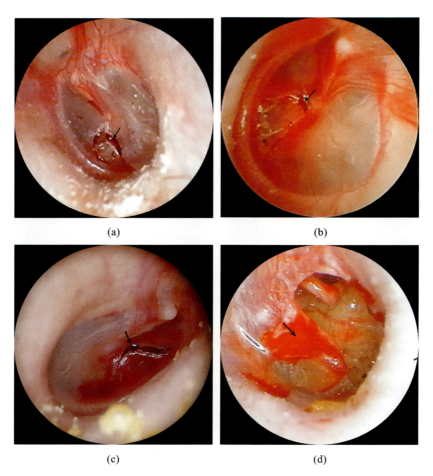

(a)   (b)

(c)   (d)

图 1-1-21　气压伤导致的鼓膜穿孔（二）

气压伤导致的鼓膜穿孔伴少量出血

鼓膜的神经分布与血管分布相似,集中分布于松弛部及锤骨柄区域,紧张部神经分布比较贫乏。鼓膜的外面后半部分有迷走神经分布,前半部分分布的神经来自三叉神经的耳颞支,鼓膜的内侧面由舌咽神经的鼓室支支配,耳或咽部有疼痛时常可相互影响。外伤性鼓膜穿孔时由于神经损伤,可以出现耳痛症状,表现为短暂的剧痛,伤后或存在一段时间的不适。过度气流反复冲击正常鼓膜紧张部后份常常出现三叉神经及或舌咽神经痛症状。

第二节　鼓膜穿孔的影响

鼓膜是中耳对声波的第一接收器官,感应耳廓收集来的声音并发生振动,即将声能转换为振动能。鼓膜的特殊结构形式对振动能有增压效应,声波作用于鼓膜通过听骨链到前庭窗这样一个声波的传导方式,最终可使声压增加17倍。鼓膜是声波传导途径中的重要部分之一,但是完整的鼓膜才能将声波无损耗、完整地传递到听骨链,并通过听骨链传递到前庭窗。

鼓膜穿孔是耳鼻咽喉科临床常见病之一,主要以急慢性中耳炎性鼓膜穿孔与外伤性鼓膜穿孔最为常见(图1-2-1至图1-2-3)。

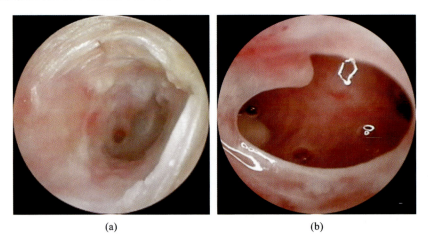

(a)　　　　　　　　　　　(b)

图1-2-1　急性化脓性中耳炎性穿孔
(a)小穿孔;(b)大穿孔

穿孔以后的鼓膜很大程度上失去了声波的收集及传导作用,穿孔之后的鼓膜振动效应减低,甚至消失,声波传递及放大功能下降,导致轻度传导性耳聋。由于外力冲击,导致鼓膜、鼓室以及内耳神经损伤,部分鼓膜穿孔者临床表现有耳鸣、耳聋、三叉神经痛、舌咽神经痛等,严重者可能会有精神抑郁。

鼓膜具有保护中耳和内耳的作用。穿孔以后的鼓膜失去了屏障作用,中耳缺少了一层重要的保护机制,容易导致中耳感染。穿孔长期不愈合,中耳与外界开放,极易导致中耳反复感染流脓、听骨链破坏、中耳硬化以及胆脂瘤形成等一系列的并发症,进一步加重听力损伤,引起程度不一的混合性耳聋。

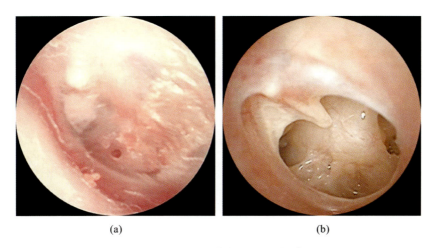

图 1-2-2 陈旧性鼓膜穿孔,合并鼓膜硬化

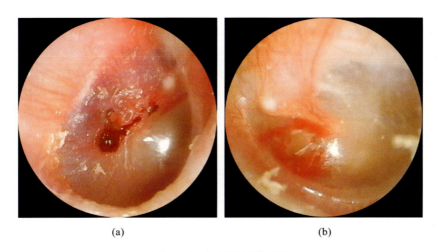

图 1-2-3 外伤性鼓膜穿孔
(a)右耳直接伤穿孔;(b)气压伤穿孔

第二章 耳内窥镜影像工作站及法医学应用技巧

近些年来,耳内窥镜检查结合图文影像系统的应用,实现了对被检查者的文字、图像、影像资料的管理、分析及统计等,为临床及法医工作者诊断技术的提高带来了革命性的推动作用。

内窥镜影像系统由内窥镜、导光缆、摄像机、影像采集及传输系统、检查监视器及打印设备等组成,是经过外耳道进行无创诊疗的一种光机电结合的精密医用设备。

耳内窥镜属于手持光学器械,具有导光性能强、可将局部病灶加以放大、可多角度观察、视野大、分辨率高、易于操作、安全无痛等优点,观察者通过不同视角的耳内窥镜无创观察外耳道、鼓膜及鼓室表现。随着电子内窥镜及成像技术的发展与应用,内窥镜连接影像处理系统后,能够获得更清晰、更细致的观察镜像。目前,应用影像系统的耳内窥镜检查已经成为耳科及法医临床的常规检查项目。

第一节 内窥镜技术的历史与发展

随着光电技术的进步,内窥镜技术被广泛应用于医疗领域,耳内窥镜已经成为耳科专业的重要诊疗工具。内窥镜在200年多年的发展过程中,从最初的简单硬管式内窥镜(1806—1931年)、半曲式内窥镜(1932—1957年)、纤维内窥镜(1957—1982年),已经发展到如今的电子内窥镜(1983年以后)。从最初以烛光为光源的第一台硬管式内窥镜,后来改为灯泡作光源的内窥镜,发展为当今广泛应用的用LED照明的内窥镜,影像质量也发生了一次次质的飞跃。通过影像系统的应用,内窥镜下获得彩色图像(片)或彩色录像。如今采集的图像也已不再是普通影像,而是如同在显微镜下观察到的微观图像,微小病变清晰可辨,其镜像质量已达到了较高的水平。医用内窥镜在医学及法医学领域的应用越来越广,它正在向着小型、便携、多功能、多维立体的高像质方向发展(图2-1-1)。

耳内窥镜相关设备及应用技术在20世纪80年代引进我国,当时为卤素灯光源,后发展为氙灯光源,目前使用较广泛的是LED光源。20世纪90年代以后,国产内窥镜生产工艺技术取得了飞速发展,其临床应用范围越来越广,高清晰超广角内窥镜应用于临床,摄像系统也从光学摄像技术发展到电子摄像技术。

电子内窥镜,是基于采用电荷耦合器件(charge coupled device,CCD)的摄像技术,像素可达4万~10万,加上信号处理系统的应用,其观察鼓膜的分辨率大大提高。电子内窥镜图像会被直接送入监视器,或者会被输入计算机系统进行储存、整理。

随着CCD技术的应用,电子内窥镜像素大大增加,图像更加清晰逼真,且有放大功能。

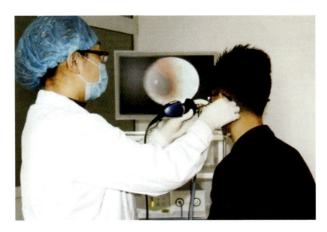

图 2-1-1　监视器下的耳内窥镜检查

因此,它具有很高的分辨能力,可尽可能避免漏诊,这也为法医临床工作提供了极大帮助(图 2-1-2)。

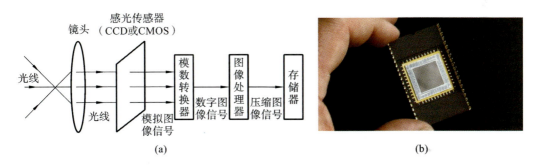

图 2-1-2　CCD 工作原理及 CCD 单元
(a)CCD 工作原理;(b)CCD 单元;CMOS 为互补金属氧化物半导体器件

3D 耳内窥镜技术最近几年取得进展。它是与耳内窥镜匹配,将 2D 影像信号实时转换为 3D 信号的成像系统。主要是依靠两个光通道,每个光通道都有一个 CCD,通过模拟人眼的成像系统,获得立体影像,反映在 3D 监视器上,依靠 3D 眼镜进行观察。该系统成像清晰、立体感强,并可以通过专业打印机获得照片(图 2-1-3)。

便携数字式耳内窥镜检查仪是以 LED 光源、微型摄录镜头及图像摄录采集卡组成的小型耳科检查设备,自带一块小型显示屏,也可以连接传输到影像工作站采集相关视频图像信息。它的主要特点是方便携带,但是外耳道狭窄时可能无法窥全鼓膜(图 2-1-4)。

随着内窥镜技术的不断发展,法医临床上也逐渐将耳内窥镜检查作为常规检验技术应用于外伤性鼓膜穿孔的法医学鉴定过程中,并从中获得了较为显著的效果。通过观察鼓膜及其穿孔的镜像表现,大大提高了对于鼓膜穿孔性质判断的准确性,对直接或间接损伤具有更加清晰的认知。内窥镜动态影像学检查(录像)及定期复查镜像对比,可以实现对被检查者鼓膜穿孔的位置、形状、面积、伴随充血表现、出血迹象、血迹色泽等急性期表现以及愈合过程、愈合时间、影响愈合因素等相关征象的精准观察判断,实现对外耳道及鼓膜的动态化监测。通过影像采集系统,实现了镜像的处理及存储,为法医鉴定工作提供了更为完善的客观资料(图 2-1-5)。

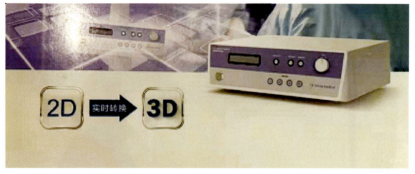

(a)

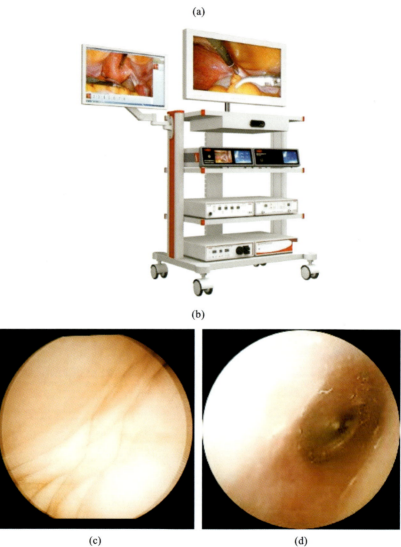

(b)

(c)　　　　　　　　　　(d)

图 2-1-3　3D 内窥镜技术

(a)内窥镜 3D 影像成像系统；(b)内窥镜 3D 影像工作站；
(c)没有使用 3D 眼镜下掌纹演示截图；(d)3D 眼镜下的鼓膜镜像

第二章　耳内窥镜影像工作站及法医学应用技巧

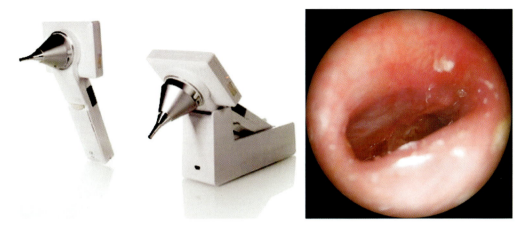

图 2-1-4　便携数字式耳内窥镜检查仪及图像

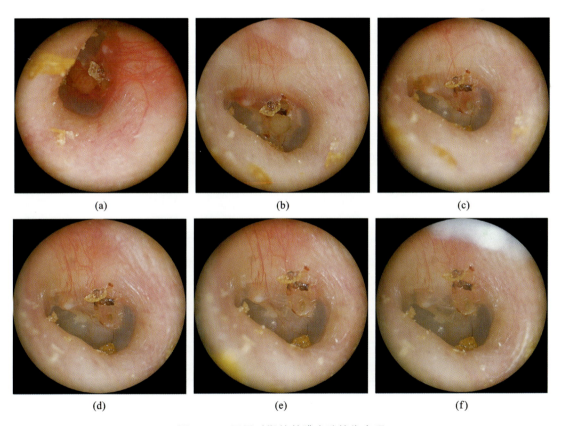

图 2-1-5　不同时期的鼓膜穿孔镜像表现

该案例为男性，2016年6月4日鼓膜受伤。(a)2016年6月4日当天镜像；(b)2016年6月11日镜像；(c)2016年6月20日镜像；(d)2016年6月25日镜像；(e)2016年7月2日镜像；(f)2016年7月9日镜像

第二节　硬性耳内窥镜

硬性耳内窥镜(图2-2-1)，也称为硬管式耳内窥镜，与其他硬性内窥镜的工作原理相同，

是由硬性鼻内窥镜发展而来。主要有光学成像系统和照明系统两个重要构造。光学成像系统包括物镜系统、转像系统、目镜系统三大系统。光学部分外观为金属管,管内为多个透镜组成的完整的光学系统。被观察物经物镜所成的倒像,通过转像系统将倒像转为正像,并传输到目镜,再由目镜放大后,为人眼所观察。三者共同完成传导图像的功能。

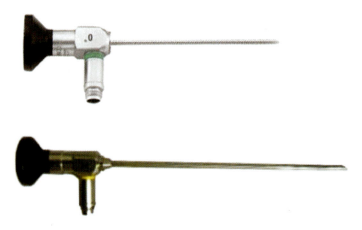

图 2-2-1　硬性耳内窥镜

一、硬性耳内窥镜

硬性耳内窥镜包括镜体、导光束接口、目镜连接管以及目镜罩、外镜管等组成。镜体由金属镜管及光学棱镜构成,窥视角度由物镜不同的视角(视轴与镜体主轴的夹角)控制(图2-2-2)。

硬性耳内窥镜一般镜长 10~23 cm,根据型号配备多个口径(镜管外径),如 1.2 cm、1.7 cm、1.9 cm、2.7 cm、3.1 cm、4.0 cm 等,适用于不同宽度的外耳道。在同样光照度的情况下,口径越大则视野越大,镜像亮度越强,越清晰。根据需要,硬性耳内窥镜配备有多个视角(视向角),如 0°、30°、70°等,利用不同视角,减少盲区,便于全面观察鼓膜结构及表现,耳科检查常用 0°、30°视角两个型号(图 2-2-3)。

二、光源

医疗机构较普遍使用的为冷光源,常用光源为卤素灯光源及氙灯光源。由于常用耳内窥镜口径较小,故建议使用高亮度光源。LED光源具有光照度强、无频闪、发热少,不含紫外线及红外线辐射等优点,目前已经普遍应用于耳科诊疗(图 2-2-4)。

三、光源导联线

光源导联线,又称导光束,主要是由导光性能良好的光导纤维构成的软质导光组成元件,连接于光源及内窥镜接口,发挥光源的照明功能。导光束非常柔韧,具有灵活性及高质量的传光效率。常规束径为 4~5 mm,常规长度为 1200~3500 mm。由于导光束内部主要由光导纤维构成,操作不当容易折断,可导致镜像出现黑点,甚至影响光亮度(图2-2-5)。

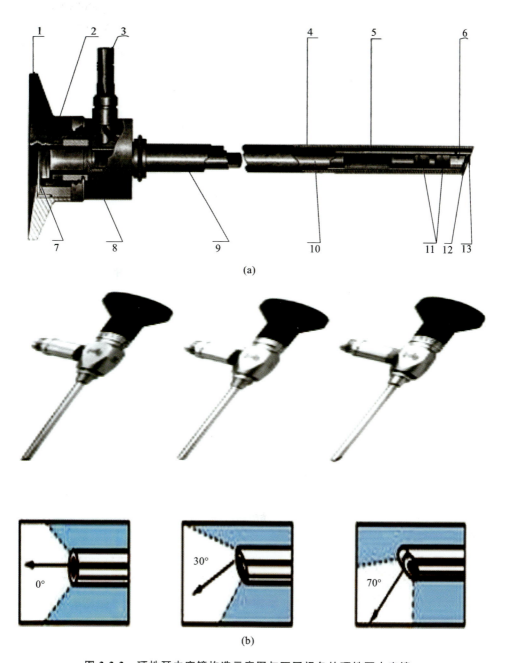

图 2-2-2　硬性耳内窥镜构造示意图与不同视角的硬性耳内窥镜
1.目镜罩；2.目镜；3.光锥；4.照度光纤；5.棒状镜；6.视角30°棱镜；7.目镜窗；
8.视场光圈；9.外镜管；10.内镜管；11.物镜；12.负透镜；13.保护片

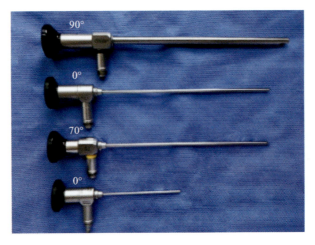

图 2-2-3　部分不同视角、长度及口径的硬性耳内窥镜

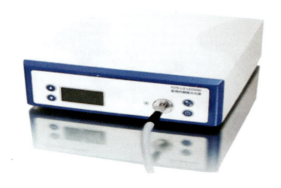

图 2-2-4　光源（LED 光源）

图 2-2-5　导光束

第三节　软性耳内窥镜

软性耳内窥镜又称软镜，包括纤维内窥镜及电子内窥镜，是指用纤维光束传像和导光或用 CCD 传导图像，并由金属网管及合成树脂制成插入管，经外耳道，通过机械联动操作变换视野角度进行诊疗的影像检查设施。通常具有良好的柔软性和方便操作的性能，位于头部的弯曲结构，可以起到消除盲区的作用，以到达硬性耳内窥镜无法到达的地方（图 2-3-1）。

纤维内窥镜一般由目镜、手轮（软性或半硬性）、钳道口、导光束接口、导像束、导光束组成，有些产品还包括送水（气）孔、闭孔器等（图 2-3-2）。纤维内窥镜由光学观察系统、照明传输系统和支架构件组成。光学观察系统由聚焦成像的物镜组、传输物镜组像的传/转像组和目视观察用的目镜或 CCD 转接镜构成。照明传输系统由混编排列的多束导光纤维构成。支架构件由支撑并包裹前述系统并开有手术或冲洗孔道的医用金属或有机材料构成。电子镜通过监视器完成手柄上的各项操作功能。

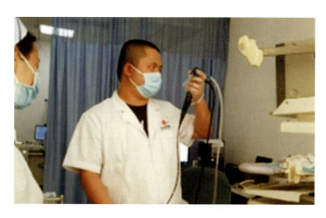

图 2-3-1　软性耳内窥镜检查

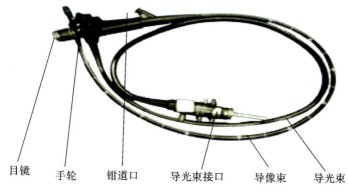

目镜　　手轮　　钳道口　　导光束接口　　导像束　　导光束

图 2-3-2　软性内窥镜局部

第四节　内窥镜影像工作站

内窥镜影像工作站经过多年的发展,演化出多种名称,如内窥镜图文工作站、内窥镜医学影像工作站、内窥镜影像报告系统、窥镜影像管理系统等。耳鼻咽喉科内窥镜影像工作站可与多种耳鼻咽喉科专业内窥镜设备连接获取影像,实现图像的采集,通过丰富的诊断辅助书写功能,快速完成图文一体化报告的打印或电子数据的输出,以及对病历资料的管理、查询、统计等(图 2-4-1、图 2-4-2)。

一、高清变焦摄像头

高清变焦摄像头由 1~3 组 CCD 构成,由卡口连接内窥镜,并由视频输出线与影像采集系统连接。CCD 的主要功能是能把光信号转变为电信号,其就是一台微型摄像机将图像经过图像处理器处理后,显示在监视器的屏幕上。显示出的图像比普通光导纤维内镜的图像更清晰,色泽更逼真,分辨率更高,而且具有图像冻结、白平衡调校和电子放大功能(图 2-4-3 至图 2-4-5)。

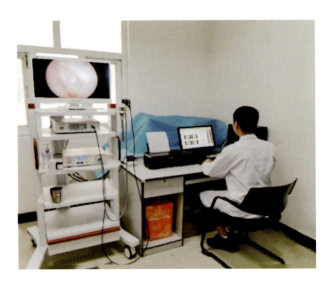

图 2-4-1　内窥镜影像工作站

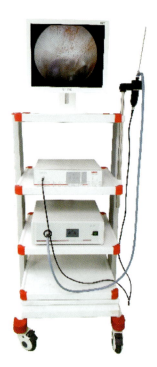

图 2-4-2　耳内窥镜影像工作站

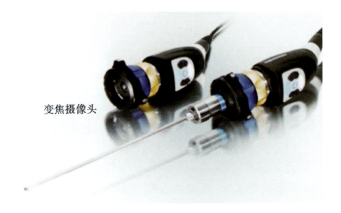

变焦摄像头

图 2-4-3　高清变焦摄像头

二、电脑主机及打印设备

电脑主机连接影像采集系统,内置影像采集卡,将从影像系统获取的影像信息,以数据文件的形式保存在其硬盘中,并利用编辑软件,把摄像机拍摄的数字化的视频信号进行后期编辑处理,如剪切画面,调整光亮、色彩及对比度,也可以对图像显示的异常部位进行符号标注等。由主机内影像图文系统将编辑完成的信号转换格式,生成检查报告,再连接到主机的专业打印设备上进行打印(图2-4-6、图2-4-7)。同时实现被检查者的文字、图像、影像资料的管理、分析及统计等。

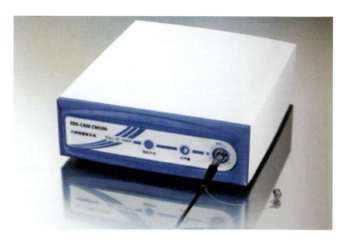

图 2-4-4　影像采集系统

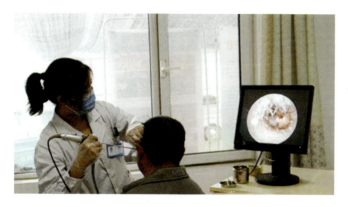

图 2-4-5　电子耳内窥镜检查与监视器观察

图 2-4-6　电脑主机及打印设备

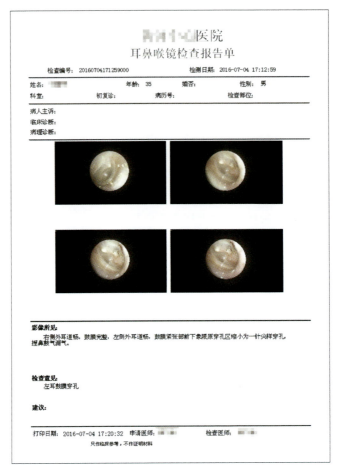

图 2-4-7 耳内窥镜检查报告单

第五节 硬性耳内窥镜检查及注意事项

耳内窥镜的操作者要熟练掌握内窥镜操作技巧及熟悉外耳道及中耳的解剖基础。目前文献中尚没有严重的耳内窥镜检查的并发症报道,最常见的并发症是外耳道皮肤擦伤。耳鼻咽喉科内窥镜检查室见图 2-5-1。

耳内窥镜检查前应该简要地向被检查者说明检查方法及相关注意事项,消除被检查者的紧张情绪,取得其配合,协助被检查者摆好体位(图 2-5-2)。

检查前,调整理想的光源强度。将耳内窥镜对准准备好的消毒纱布,距离约为 10 mm,调节摄像头焦距,直到图像清晰为止,进入外耳道后可对准鼓膜时可再微调焦距,使鼓膜图像达到最清晰状态。

焦距调整后需要将耳内窥镜成像调整至正常色值,即将耳内窥镜对准白纱布进行白平衡调节,以免图像色彩失真(图 2-5-3)。

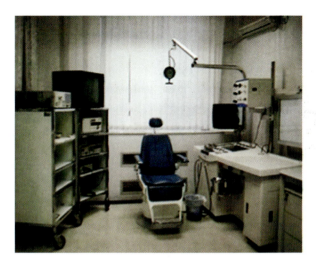

图 2-5-1　耳鼻咽喉科内窥镜检查室

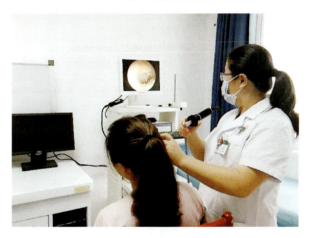

图 2-5-2　耳内窥镜检查中

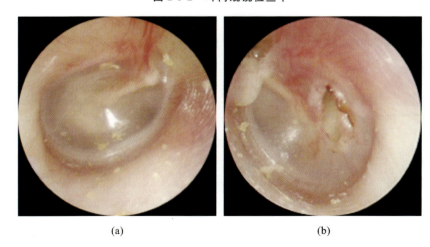

(a)　　　　　　　　　　　　(b)

图 2-5-3　双耳对比图像色彩

色彩还原度良好,色差基本一致

进镜前先调整好摄像头方向,以耳屏为标志,调整图像所见与实际方向一致,尽可能摄录鼓膜自然位置,便于操作和辨认。进镜前可以用镜杆轻压耳屏做支点,有助于检查过程中保持镜头稳定(图 2-5-4)。

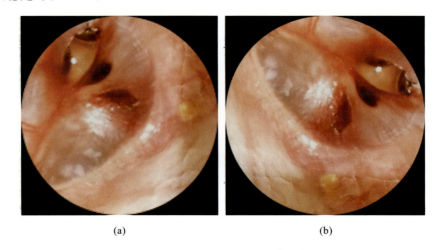

(a)   (b)

图 2-5-4 不同位置时的鼓膜镜像

(a)镜头调整前鼓膜镜像;(b)通过辨认解剖位置调整后的鼓膜自然位置镜像

由于人体体温与环境温度的差异,镜头进入外耳道后,表面会产生雾气,尤其是穿孔的鼓膜更容易导致镜头雾化影响操作。进镜前可以先用 60~80 ℃的无菌温水加热镜头后再导入外耳道,可以有效防止镜面起雾导致影像模糊情况的发生(图 2-5-5、图 2-5-6)。

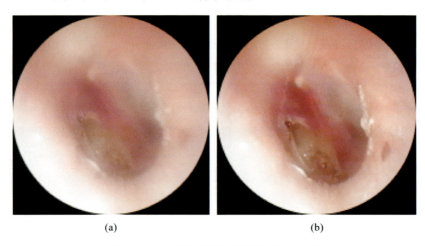

(a)   (b)

图 2-5-5 有无加热镜头镜像图对比(一)

(a)进镜雾化镜像;(b)加热镜头后镜像

使用内窥镜及影像系统进行鼓膜耳内窥镜检查录像及视频截图。选择 0°视角(必要时选择使用 30°视角)耳内窥镜。进镜过程中,取伤侧深度分别为暴露外耳道全景、鼓膜全景(显示紧张部与耳道壁的交界)的镜像截图,必要时采集外耳道损伤部位局部近景镜像截图(图 2-5-7);取健耳外耳道全景、鼓膜全景及鼓膜近景镜像截图做对比(图 2-5-8),随访复查时采用相同镜深截图。

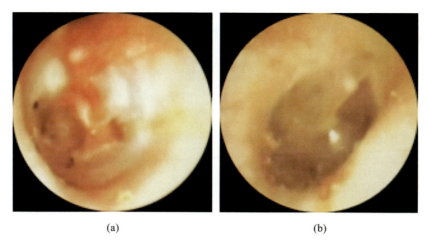

图 2-5-6　有无加热镜头镜像图对比（二）
(a)进镜雾化镜像；(b)清理加热镜头后镜像

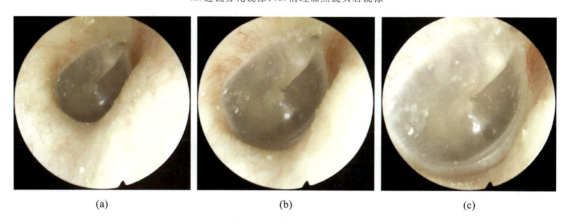

图 2-5-7　伤耳外耳道
(a)外耳道深部及鼓膜全景镜像；(b)鼓膜全景镜像；(c)鼓膜局部近景镜像

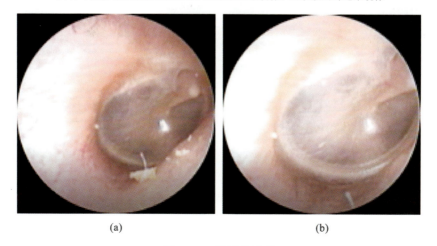

图 2-5-8　健耳外耳道
(a)外耳道深部及鼓膜全景镜像；(b)鼓膜近景镜像

第六节　耳内窥镜检查技术在法医鉴定中的应用技巧

被检查者伤后按要求需要多次接受耳内窥镜检查,并获得不同时期鼓膜的检查镜像,便于法医对鼓膜损伤及修复进行动态观察及存档。由于设备及检查者技术条件的限制,可能导致获得的镜像达不到法医的业务要求,这就要求法医除了熟悉耳部解剖结构及耳内窥镜检查过程,尽可能获得清晰图像之外,还要能对极具法医学意义的不规范图像尽可能进行必要的技术处理,做出可能准确的判断。

一、镜像不佳的原因

(一)镜像不清晰

检查者因为条件限制,没有规范操作,拍摄时摄像头微距调节不佳、镜头不稳定、镜头未擦拭,或镜头没有加热等均可以导致镜像模糊(图 2-6-1)。

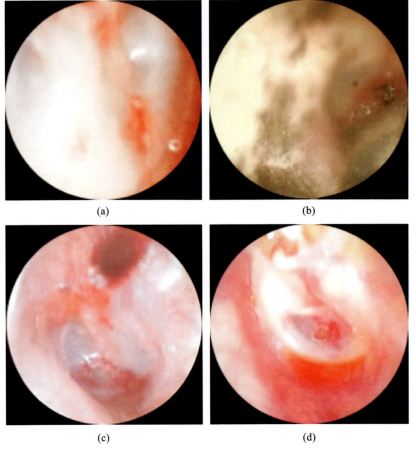

图 2-6-1　镜像模糊

(二)损伤处显示不全

因为外耳道损伤、狭窄等原因,耳内窥镜进镜深度不足,不能清晰地显示观察部位,鼓膜标志显示不全或损伤部位暴露不佳,影响对损伤部位、穿孔表现的判断(图2-6-2)。

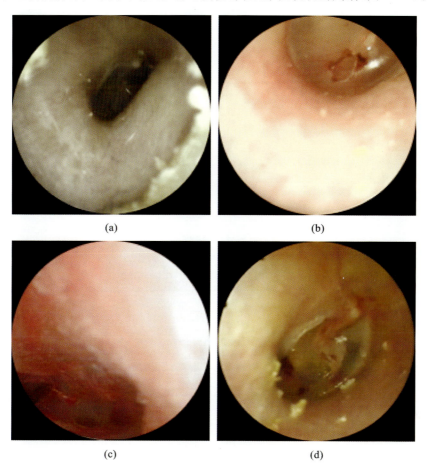

图 2-6-2　进镜深度不足,损伤处显示不全

(a)外耳道狭窄,进镜深度不足;(b)解剖标志不全;(c)显示角度不佳;(d)进镜深度不足

(三)白平衡调试不佳

因设备限制,或操作前未加调试,导致景色差异,镜像色彩与自然色彩对比效果差异较大,影响对穿孔边缘周围充血、出血新鲜程度及分泌物色彩的判断(图2-6-3)。

(四)图文报告使用非专业设备

图文报告使用非专业打印机、打印纸,导致图像打印模糊,损伤特征难以辨认(图2-6-4)。

二、耳内窥镜检查影像的使用技巧

图像不清晰会给阅图者带来一定的困难与限制,尤其会对法医做出精准的法医学诊断造成困难,但是,由于这些检查因检查时间空间限制的不可复制性,影像又具有十分重要的法医学价值,所以,要求阅图者须掌握一定的阅读技巧。

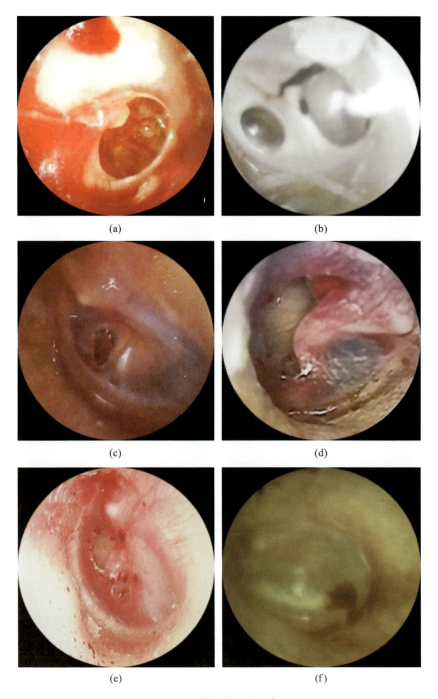

(a)　　　　　　　　　　(b)

(c)　　　　　　　　　　(d)

(e)　　　　　　　　　　(f)

图 2-6-3　镜像色彩显示各异

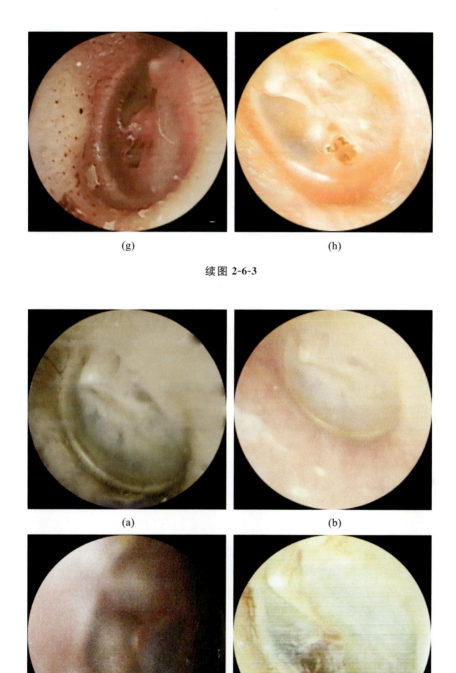

(g) (h)

续图 2-6-3

(a) (b)

(c) (d)

图 2-6-4 图像打印不清晰

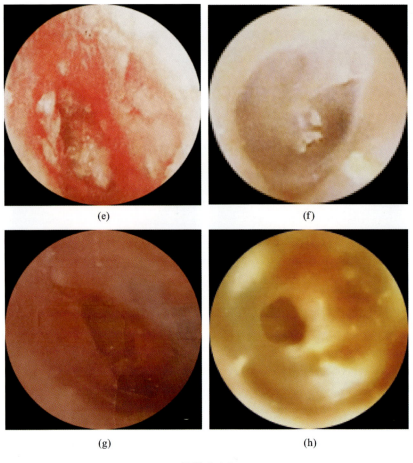

续图 2-6-4

（一）重视检查者的镜检描述

尤其对鼓膜损伤部位、穿孔数量、穿孔形态、附着物，以及鼓室内表现的描述更要重视。既要重视其观察记载内容，又不能绝对依附于观察记载内容（图 2-6-5）。

（二）尽可能调取检查时的原始数据

原始数据包括检查录像和截图。原始数据包含本次检查全部的影像信息，从原始数据中选取最为理想的镜像（图 2-6-6）。

（三）调整图像视野

尽可能选择包含如下内容的清晰镜像。

（1）充分显示外耳道异常部位视野　充分显示鼓膜最大视野及局部的解剖标志，如锤骨短突、鼓膜脐、光锥、鼓膜与外耳道交界，每一个紧张部完整象限视野等（图 2-6-7）。

（2）将双耳图像调整为相同位置　对比辨认解剖标志，确定鼓膜损伤位置。双耳图像对比辨析充血程度、血迹色泽等（图 2-6-8）。

（3）选择穿孔区域局部视野图像　对穿孔形态、穿孔边缘进行辨析。通过鼓膜穿孔，观察鼓室表现，包括是否有积液、积脓、积血，是否有黏膜增生、肿胀、充血或有其他解剖结构损伤等（图 2-6-9）。

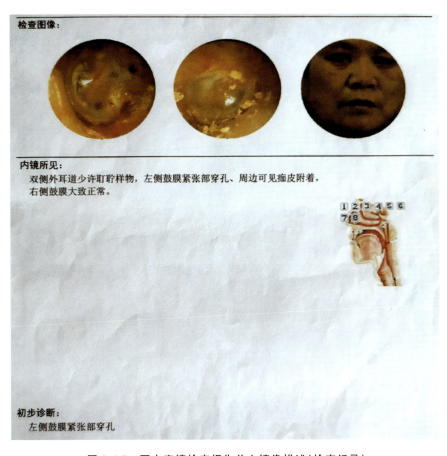

图 2-6-5　耳内窥镜检查报告单之镜像描述（检查记录）

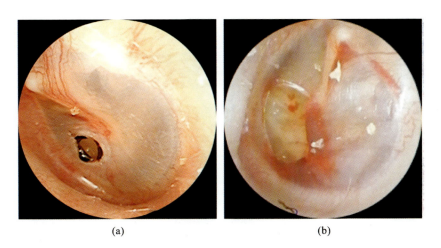

图 2-6-6　耳内窥镜检查（不同设备）原始数据截图

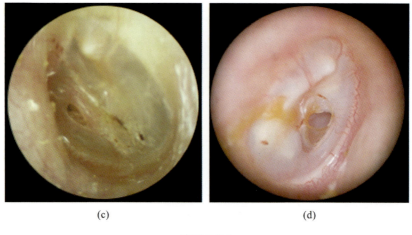

(c)   (d)

续图 2-6-6

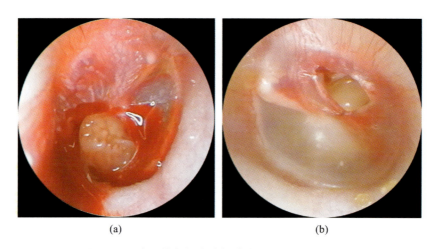

(a)   (b)

图 2-6-7 在原始数据中选择清晰及完整的视野镜像

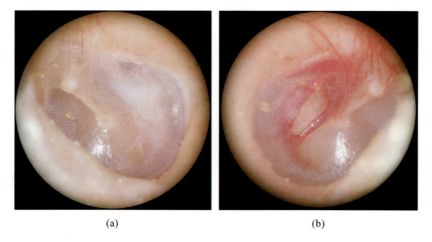

(a)   (b)

图 2-6-8 在原始数据中选择双耳同位置、清晰、完整视野镜像

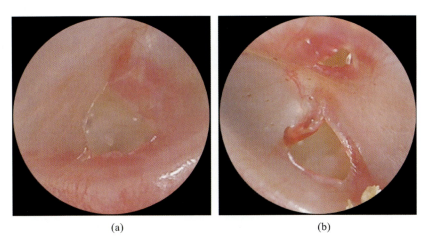

(a)   (b)

图 2-6-9　原始数据中局部镜像截取

三、特殊图像阅读技巧

对一些显示模糊，视野内标志不清楚，但是具有法医学价值的镜像，在不能获得原始数据的情况下，还是要尽可能地发现辨析其显示的信息，方便与以后或者近期复查获得的清晰、可靠的镜像信息进行对比，以便用不同时期的镜像信息综合判断鼓膜穿孔性质（图2-6-10、图 2-6-11）。

（1）初步辨识鼓膜损伤有异常表现的部位。

（2）初步识别穿孔的大体形状及可疑穿孔数量。

（3）初步识别充血程度及充血区域。

（4）初步识别出血量及分布位置。

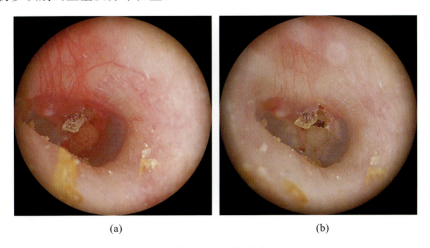

(a)   (b)

图 2-6-10　伤后不同时期镜像对比（一）

（a）视野不全（耵聍遮挡）；（b）修复阶段复查时对穿孔位置进一步确定

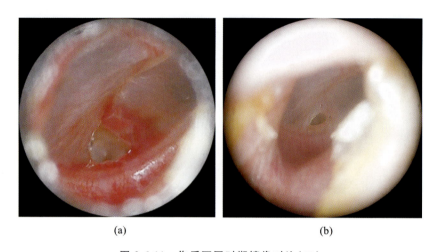

图 2-6-11　伤后不同时期镜像对比（二）

(a)穿孔区域充血与出血不能明确；(b)修复阶段复查时对出血表现进一步确定

四、复查图像与阅读

复查操作要求与既往检查图像的镜深、位置、白平衡尽可能调整一致。注意在相同镜深、相同角度、相同色彩条件下观察既往检查发现的异常表现的变化，并注意发现新的异常表现。

【案例】　L男，掌击致左耳鼓膜穿孔，发现鼓膜穿孔以后定期复查。

将鼓膜标志位置及检查角度调整一致；伤后首次影像，与健耳对照，辨析充血、出血表现，辨析穿孔边缘与穿孔周围鼓膜的外伤后急性期表现，辨析鼓室表现。复查后与既往相同视野图像对照，辨析穿孔形状、穿孔边缘形状，以及残瓣表现、变化及鼓室内表现（图 2-6-12）。

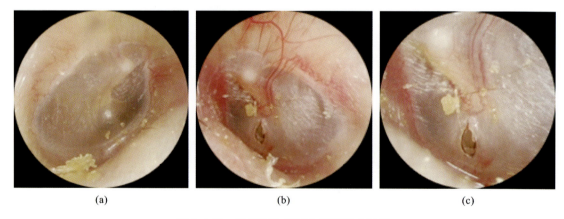

图 2-6-12　鼓膜穿孔后耳内窥镜检查过程

(a)伤后 2 天，健耳（右耳）；(b)伤后 2 天左耳鼓膜全景；(c)伤后 2 天左耳鼓膜近景；(d)伤后 11 天左耳鼓膜全景；(e)伤后 11 天左耳鼓膜近景；(f)伤后 27 天左耳鼓膜全景；(g)伤后 27 天左耳鼓膜近景；(h)伤后 42 天左耳鼓膜全景；(i)伤后 42 天左耳鼓膜近景

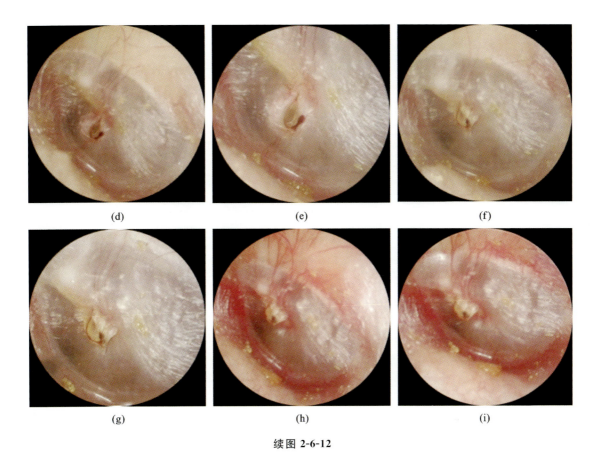

续图 2-6-12

【案例】 C 女,自述掌击伤。耳内窥镜检查报告记载:左耳鼓膜前下象限有一约 2 mm ×1 mm 的穿孔,周围充血。对委托人提供的原始检查录像数据进行处理,将左耳鼓膜标志位置及检查角度调整一致,鼓膜损伤处局部放大得到图 2-6-13 所示镜像。

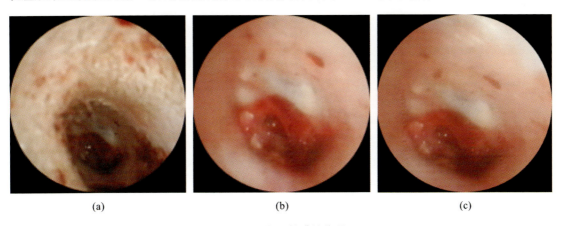

图 2-6-13　左耳鼓膜镜像处理
(a)左耳外耳道鼓膜全景;(b)右耳鼓膜穿孔;(c)右耳鼓膜穿孔区域局部放大

【**案例**】 J男,右耳鼓膜穿孔处理后镜像(图2-6-14)。

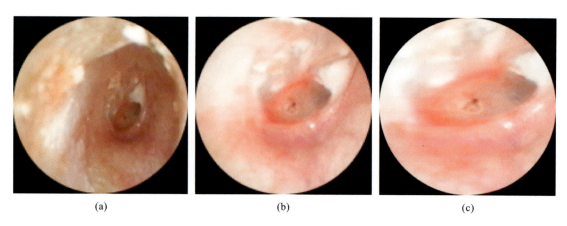

图2-6-14 右耳鼓膜镜像处理
(a)外耳道鼓膜全景;(b)鼓膜穿孔近景;(c)穿孔局部

五、伤后检查时机的选择

一般伤者鼓膜穿孔多伴随伤耳不适,会在第一时间就诊,但也可能因为其他部位损伤较重,如头颅损伤、眼外伤、烧伤等将鼓膜穿孔伤情贻误而未在伤后初期就诊。但是需要强调的是,受伤3天以后的镜像中外伤性鼓膜穿孔的典型表现,如穿孔形态、边缘整齐程度、周围充血程度等逐渐消失,小的裂隙样穿孔会基本愈合,这会为判断致伤方式、推断损伤时间带来困难(图2-6-15至图2-6-18)。

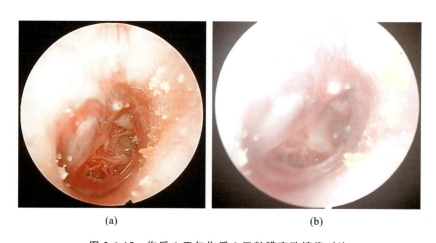

图2-6-15 伤后1天与伤后2天鼓膜穿孔镜像对比

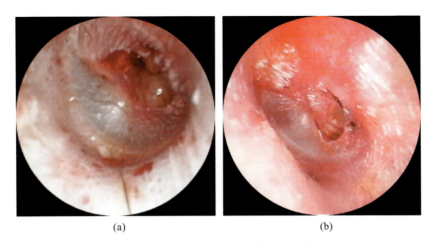

(a)   (b)

图 2-6-16　伤后 1 天与伤后 3 天鼓膜穿孔镜像对比

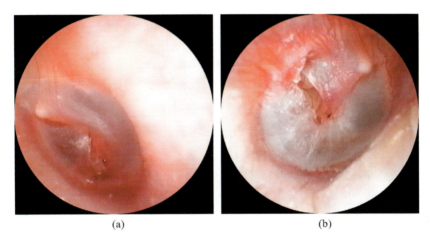

(a)   (b)

图 2-6-17　伤后 1 天与伤后 4 天鼓膜穿孔镜像对比

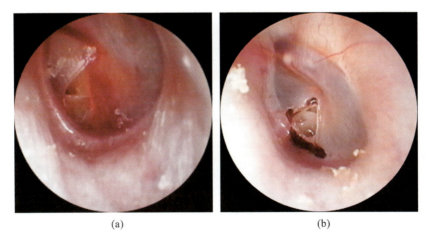

(a)   (b)

图 2-6-18　伤后 1 天与伤后 5 天鼓膜穿孔镜像对比

第三章　耳内窥镜下常见鼓膜病理表现

鼓膜在病理因素作用下，表现出许多异常体征，内窥镜检查可以发现一些外伤后的鼓膜特殊病理征象，同时可以借助这些异常征象，对鼓膜穿孔的形成方式进行甄别，也可以推断外伤性鼓膜穿孔大致的形成时间，通过观察外伤性鼓膜穿孔至愈合整个过程的表现进行预后评估以及伤病关系分析等，为法医对鼓膜穿孔损伤程度鉴定提供依据。

第一节　鼓膜充血与水肿

鼓膜充血是各种因素导致的鼓膜上的毛细血管内血流加速，血管内血液含量的增多，血管扩张的病理表现。导致鼓膜充血的原因较多，如中耳炎、外伤、理化性损伤等。鼓膜水肿是指鼓膜的局部毛细血管的血管壁通透性增强，组织间隙中液体增多，而导致该区域鼓膜肿胀。导致鼓膜穿孔的作用方式不同，引起的穿孔周围鼓膜充血、水肿的表现也不同，在耳内窥镜检查时也会各自呈现出不同的镜像特征。

为了描述方便，将鼓膜病理表现划分为早期（初期）、急性期与慢性期表现。早期是指损伤后 72 h 内，急性期是指损伤 5~7 天，损伤超过 7 天则进入慢性期。

一、鼓膜充血

（一）炎性鼓膜充血

炎性鼓膜充血是由于细菌、病毒、真菌等微生物感染导致鼓膜出现的炎性损伤性表现。

急性期表现为鼓膜松弛部充血，紧张部有放射状充血的血管纹，或表现为全鼓膜充血；慢性期表现则为灰蓝色或乳白色，不透明，紧张部则有扩张的毛细血管显现。镜检时急性充血表现为色泽鲜红而湿润，后期全部鼓膜弥漫性充血肿胀而略发绀，全鼓膜色泽暗红（图 3-1-1）。多合并有弥漫性外耳道炎，鼓膜表面可有糜烂、大疱，有时见鼓室积液（图 3-1-2）。

（二）直接损伤性鼓膜充血

直接损伤是指外力直接作用于鼓膜造成的损伤，作用力较气压作用压强大，损伤也较为严重，充血反应迅速，且充血程度较重，鼓膜穿孔多伴发穿孔处大量出血。早期鼓膜充血主要表现在穿孔部周围，迅速在紧张部弥漫甚至弥漫全鼓膜，此时充血镜像表现为鲜红色、湿润（图 3-1-3 至图 3-1-5）。一般情况下，伤 3 天后充血逐渐减轻（图 3-1-6 至图 3-1-9），伤后 7 天充血征象基本消失（图 3-1-10、图 3-1-11）。由于致伤程度不同，以及继发感染是否发生及发生程度不同，导致直接损伤性鼓膜充血较间接损伤性鼓膜充血征象消失的时间相对较晚。

第三章 耳内窥镜下常见鼓膜病理表现

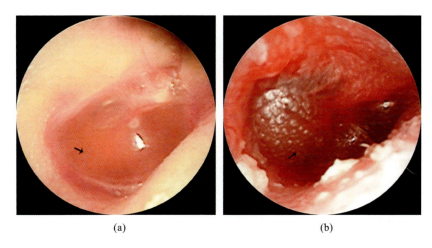

图 3-1-1 炎性鼓膜充血征象

（a）急性炎性鼓膜充血早期表现；（b）急性炎性鼓膜充血中后期表现

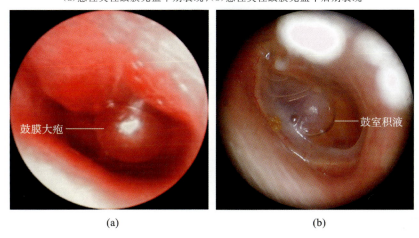

图 3-1-2 炎性鼓膜充血征象

（a）急性炎性鼓膜充血水肿合并大疱形成；（b）急性中耳炎后期鼓膜内陷、鼓室积液

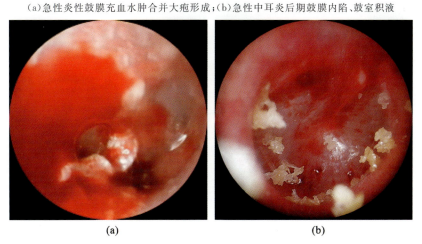

图 3-1-3 伤后 6 h 检查镜像

鼓膜弥漫性充血

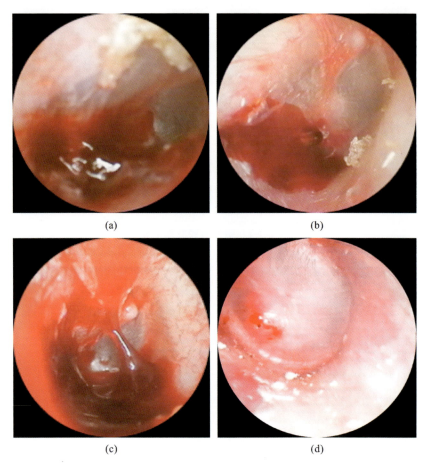

图 3-1-4 伤后 24 h 内检查镜像

鼓膜充血尚在穿孔周围明显,但整个鼓膜表现为轻度的弥漫性充血

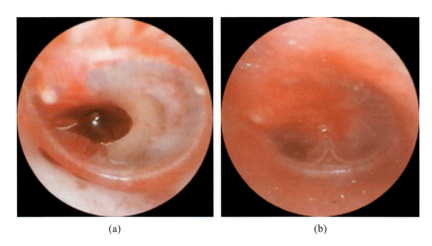

图 3-1-5 伤后 48 h 检查镜像

穿孔周围充血明显,但充血范围较广泛

第三章 耳内窥镜下常见鼓膜病理表现

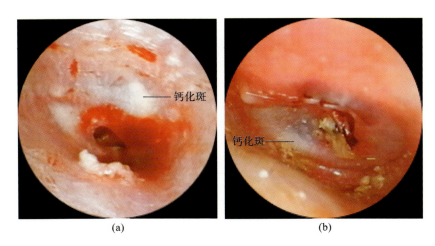

图 3-1-6 伤后 3 天检查镜像
(a)钙化鼓膜充血表现,钙化斑无充血;(b)充血较为广泛

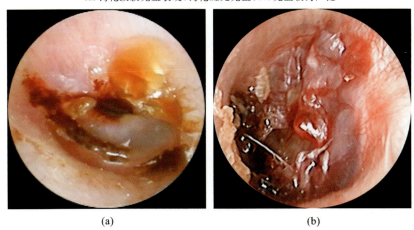

图 3-1-7 伤后 4 天检查镜像
外耳道及鼓膜充血程度减轻,水肿程度明显减轻

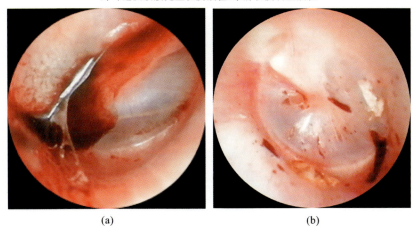

图 3-1-8 伤后 5 天检查镜像
外耳道及鼓膜充血减轻,水肿消失

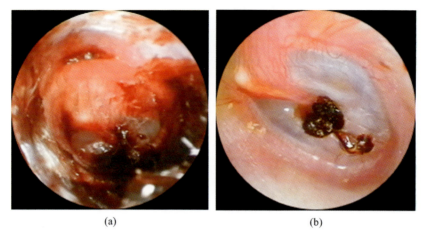

图 3-1-9　伤后 6 天检查镜像

外耳道及鼓膜充血减轻,水肿消失

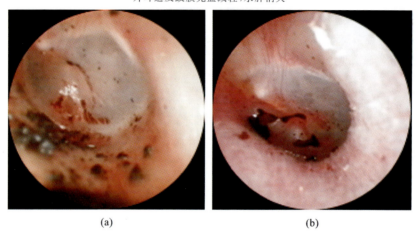

图 3-1-10　伤后 7 天检查镜像

外耳道及鼓膜充血基本消失

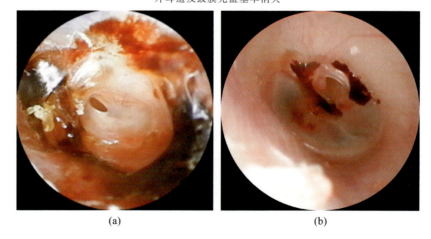

图 3-1-11　伤后 14 天检查镜像

外耳道及鼓膜充血基本消失

（三）间接损伤性鼓膜充血

间接损伤常见于气压伤，充血表现主要在受力的鼓膜紧张部，尤其在穿孔周围。一般情况下，伤后即刻即可在穿孔周围表现出轻微的局限性充血，以后逐渐加重，伤后 6~8 h 达到高峰（图 3-1-12 至图 3-1-17），伤后 24~72 h 开始减轻（图 3-1-18 至图 3-1-20）。典型的气压伤鼓膜充血在伤后 5~7 天基本消失，仅仅在松弛部、锤纹及鼓环等上皮干细胞集中部位显示毛细血管扩张，直至穿孔修复完成后（图 3-1-21 至图 3-1-23）。

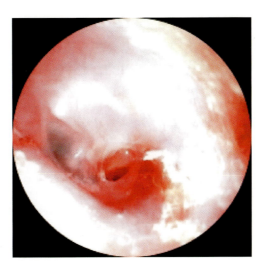

图 3-1-12　伤后 1 h 检查镜像
穿孔周围局限性充血反应

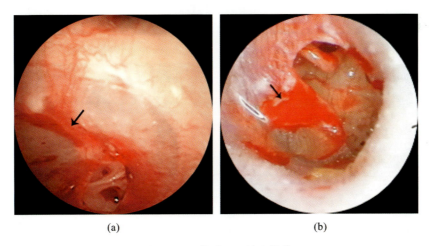

(a)　　　　　　　　　　(b)

图 3-1-13　伤后 2 h 检查镜像
穿孔周围局限性充血反应，色泽红润

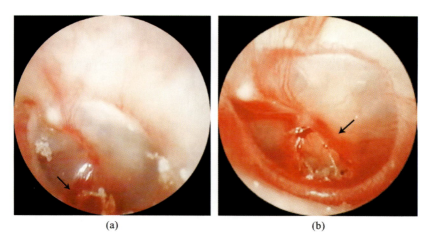

(a)   (b)

图 3-1-14　伤后 4 h 检查镜像

穿孔周围局限性充血反应,色泽红润

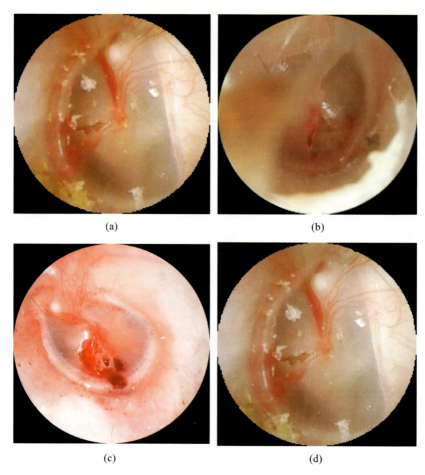

(a)   (b)

(c)   (d)

图 3-1-15　伤后 6 h 检查镜像

穿孔周围局限性充血反应,色泽红润

第三章 耳内窥镜下常见鼓膜病理表现

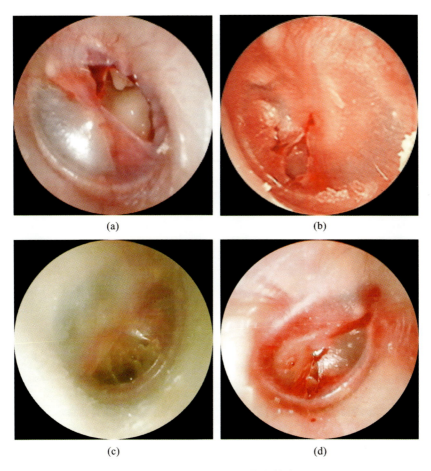

(a)　　　　　　　　　　　　(b)

(c)　　　　　　　　　　　　(d)

图 3-1-16　伤后 12 h 检查镜像

出血停止，穿孔周围鼓膜充血范围扩大

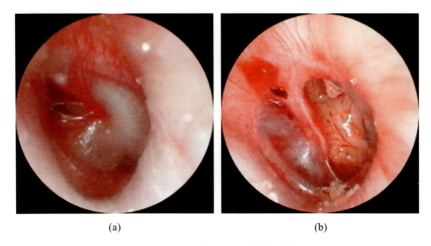

(a)　　　　　　　　　　　　(b)

图 3-1-17　伤后 20 h 检查镜像

鼓膜充血反应明显，色泽红润

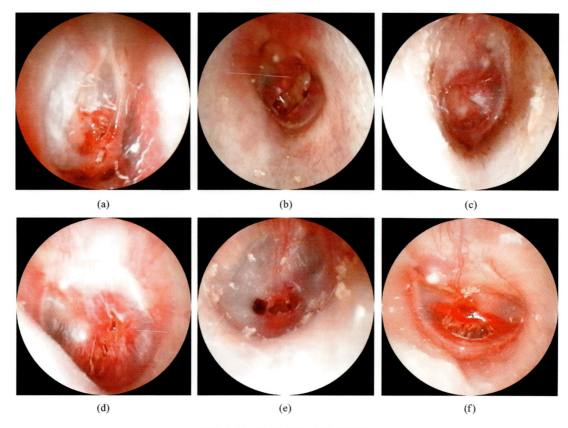

图 3-1-18 伤后 24 h 内检查镜像

鼓膜充血反应明显,色泽红润,穿孔周围鼓膜充血范围扩大

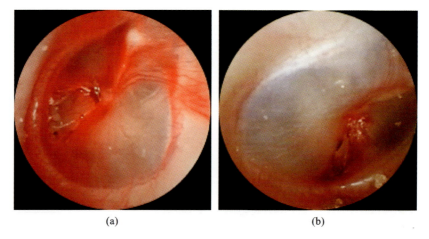

图 3-1-19 伤后 72 h 检查镜像

充血程度表现不一,损伤较轻的鼓膜充血已经减轻((b)、(d))

第三章 耳内窥镜下常见鼓膜病理表现

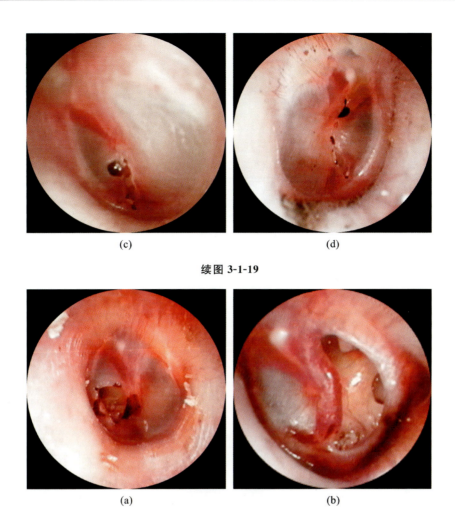

(c)   (d)

续图 3-1-19

(a)   (b)

图 3-1-20   伤后 4 天检查镜像

穿孔周围充血已经明显减轻

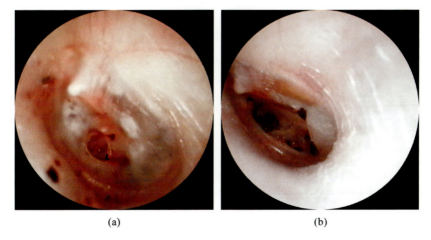

(a)   (b)

图 3-1-21   伤后 5 天检查镜像

鼓膜充血基本消失

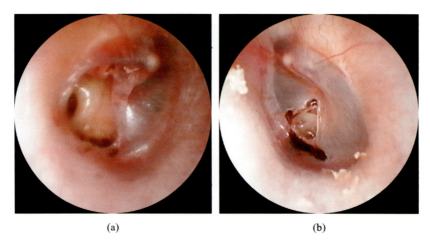

(a)　　　　　　　　　　　　　(b)

图 3-1-22　伤后 6 天检查镜像

鼓膜充血基本消失

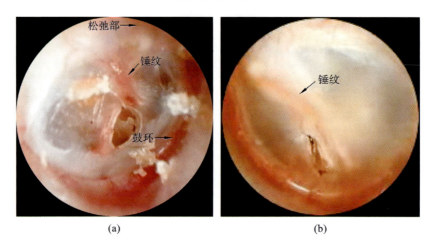

(a)　　　　　　　　　　　　　(b)

图 3-1-23　伤后 7 天检查镜像

鼓膜充血消失；松弛部、锤纹及鼓环稍有充血表现

二、鼓膜水肿

鼓膜水肿是各种因素导致的鼓膜组织间隙有过量的体液潴留。因作用机制及损伤时间不同，耳内窥镜检查时各自表现出不同的影像特征。

（一）炎性鼓膜水肿

炎性鼓膜水肿表现为鼓膜弥漫性、高度肿胀，随着炎症的控制，水肿充血逐渐消失，但较外伤性鼓膜水肿持续时间长（图 3-1-24）。

（二）外伤性鼓膜水肿

外伤性鼓膜水肿较鼓膜充血表现滞后，一般在伤后 2 h 开始出现（图 3-1-25 至图 3-1-28），直接损伤造成的鼓膜水肿较间接损伤造成的鼓膜水肿表现明显；一般情况下，伤后 2～3 天，水肿开始逐渐消退（图 3-1-29、图 3-1-30）；伤后 4～5 天，水肿则基本消失（图 3-1-31 至图 3-1-34）。而烧灼性损伤造成的鼓膜水肿表现明显，且伤后持续时间也最长（图 3-1-35）。

第三章 耳内窥镜下常见鼓膜病理表现

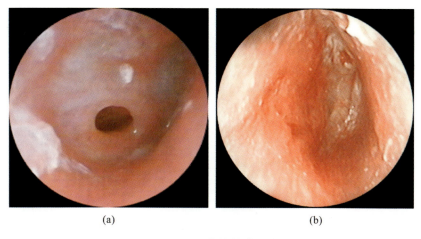

(a)   (b)

图 3-1-24 炎性鼓膜水肿

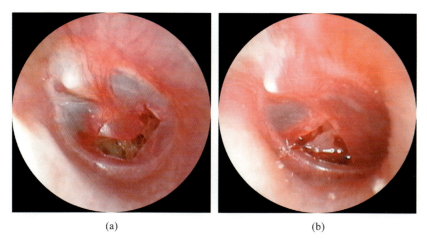

(a)   (b)

图 3-1-25 伤后 2 h 检查镜像

鼓膜水肿相对较轻

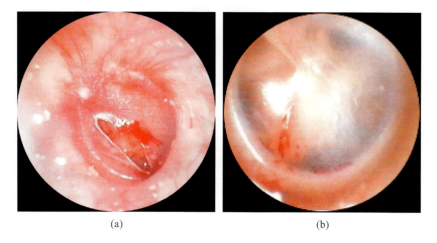

(a)   (b)

图 3-1-26 伤后 6 h 检查镜像

鼓膜充血，轻度水肿

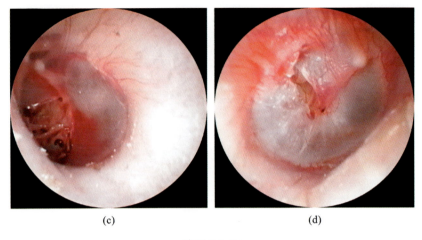

(c) (d)

续图 3-1-26

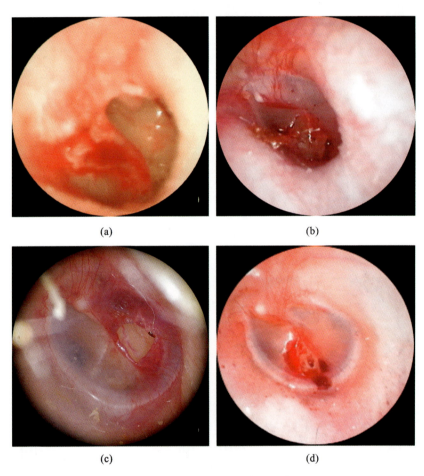

(a) (b)

(c) (d)

图 3-1-27　伤后 12 h 检查镜像

鼓膜穿孔残缘、残瓣及周围鼓膜水肿

第三章 耳内窥镜下常见鼓膜病理表现

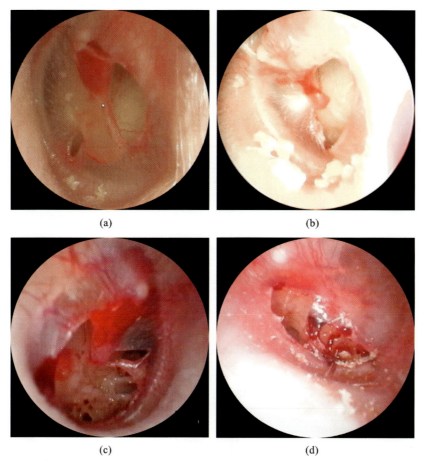

图 3-1-28 伤后 24 h 检查镜像
鼓膜穿孔残缘、残瓣及周围鼓膜水肿

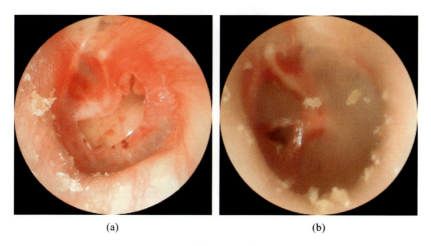

图 3-1-29 伤后 48 h 检查镜像
鼓膜穿孔残缘及周围鼓膜水肿减轻

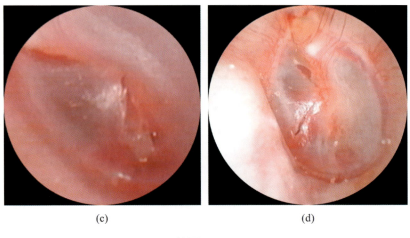

(c)   (d)

续图 3-1-29

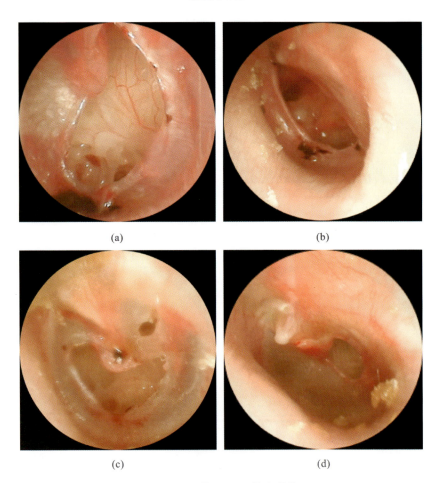

图 3-1-30 伤后 72 h 检查镜像
鼓膜穿孔残瓣及周围鼓膜水肿减轻

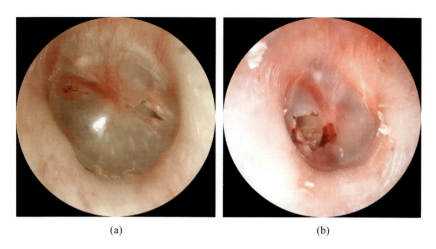

图 3-1-31　伤后 4 天检查镜像

水肿基本消失

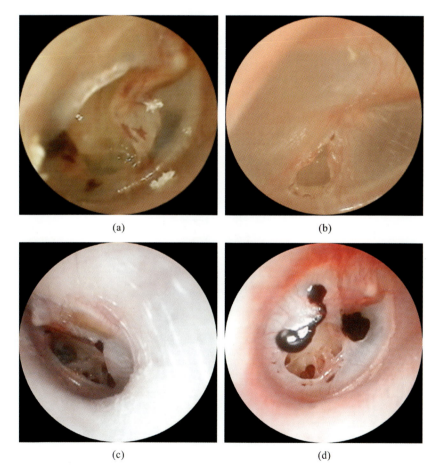

图 3-1-32　伤后 5 天检查镜像

水肿基本消失

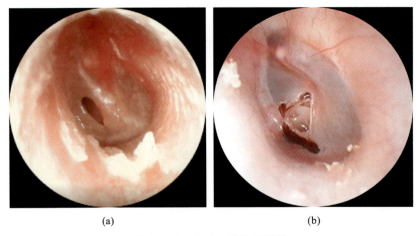

(a)   (b)

图 3-1-33　伤后 7 天检查镜像

水肿消失

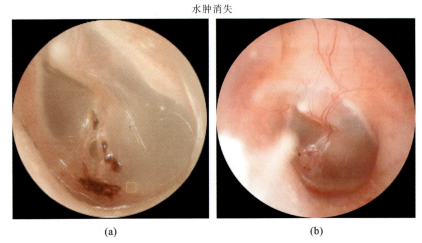

(a)   (b)

图 3-1-34　伤后 14 天检查镜像

水肿消失

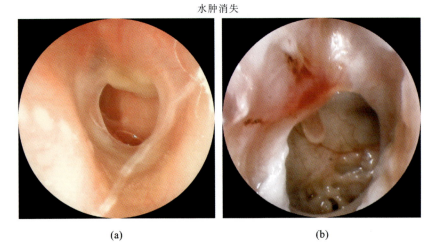

(a)   (b)

图 3-1-35　烧灼性损伤检查镜像

外耳道及鼓膜水肿

(a)伤后 20 天；(b)伤后 39 天

第二节 鼓膜出血

鼓膜以鼓环及松弛部血供最为丰富,鼓膜中央部位血液供应明显减少。鼓膜后部侧支循环丰富,尤其是后上象限与鼓膜松弛部及锤骨短突相连,血供更为丰富,而前部血供相对较差。

鼓膜出血是由外部因素作用于鼓膜导致血管壁破裂,血液溢出鼓膜所致。最常见于急性炎症与外伤。

一、炎性鼓膜穿孔出血

急性化脓性中耳炎性鼓膜穿孔或慢性化脓性中耳炎性鼓膜穿孔急性发作时,由于鼓室内的炎性作用,镜检可以显示脓血性的分泌物溢出穿孔,积存于鼓膜与外耳道(图3-2-1)。

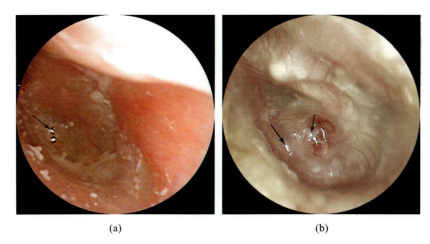

图3-2-1　急性化脓性中耳炎性鼓膜穿孔后鼓室自穿孔处溢出脓血性分泌物

二、外伤性鼓膜穿孔出血

外伤性鼓膜穿孔的出血现象从病理学角度讲是应该出现的。致伤方式及作用力不同,出血表现也不同。根据鼓膜穿孔以后的出血量、血迹流向以及血性分泌物色泽,可以大致推断成伤方式及成伤时间,这具有极高的法医学诊断意义。需要注意的是,由于影像工作站技术条件的限制,对于色彩还原的真实性及损伤的具体情况尚需要综合辨析,尤其是对于不清晰的镜像,充血与出血可能不易辨别。

(一)出血与凝固

血液离开血管在较短的时间内即可发生凝固,并逐渐干燥形成血痂。一般情况下,鼓膜穿孔边缘出血在0.5 h内自行停止,24 h凝血块就会完全收缩,析出血清。新鲜的出血呈液体状,而后随着时间的延长逐渐变为血痂(图3-2-2至图3-2-13)。

(二)血迹的色泽变化

血痂色泽的改变会因为出血量的不同以及静脉血或动脉血的颜色差异而有所差异。一般情况下,鼓膜穿孔边缘出血停止30~60 min,逐渐凝固的血痂色泽就可以发生变化,由鲜

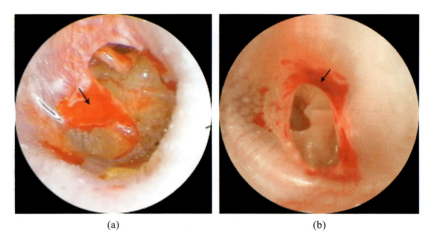

(a)   (b)

图 3-2-2　伤后 2 h 检查镜像
间接伤致鼓膜穿孔后边缘出血

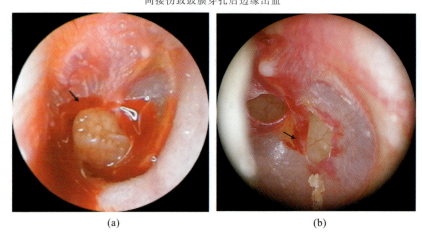

(a)   (b)

图 3-2-3　伤后 3 h 检查镜像
间接伤致鼓膜穿孔后边缘出血凝固为新鲜血痂

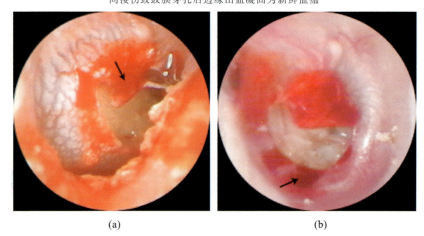

(a)   (b)

图 3-2-4　伤后 4 h 检查镜像
间接伤致鼓膜穿孔后边缘出血基本凝固为新鲜血痂

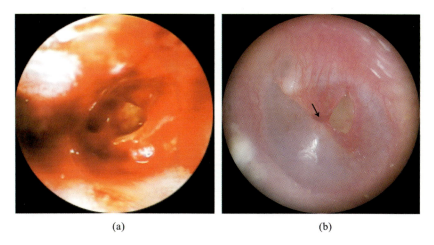

图 3-2-5 伤后 5 h 检查镜像
直接伤致鼓膜穿孔后的边缘出血凝固为新鲜血痂

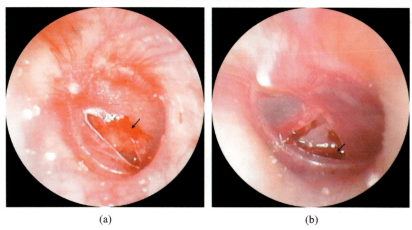

图 3-2-6 伤后 6 h 检查镜像
鼓膜穿孔后缘附着少许新鲜血痂

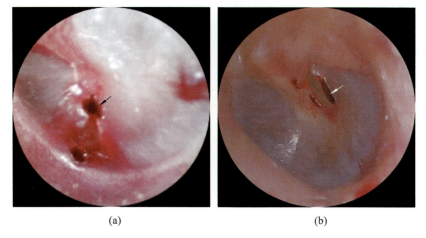

图 3-2-7 伤后 7 h 检查镜像
鼓膜穿孔边缘星点状出血凝固，血痂色泽暗红

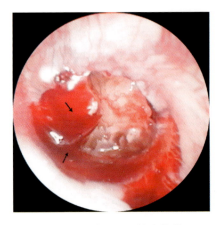 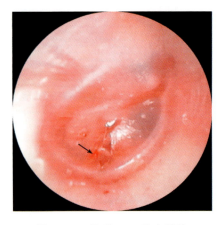

图 3-2-8　伤后 8 h 检查镜像
鼓膜穿孔后出血血液凝固为新鲜血痂

图 3-2-9　伤后 12 h 检查镜像
鼓膜穿孔边缘附着星点状新鲜血痂

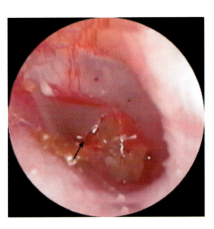 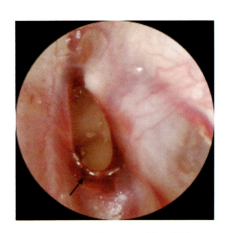

图 3-2-10　伤后 13 h 检查镜像
鼓膜穿孔边缘附着少许新鲜血痂

图 3-2-11　伤后 16 h 检查镜像
鼓膜穿孔边缘血液凝固为新鲜血痂

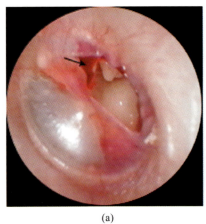 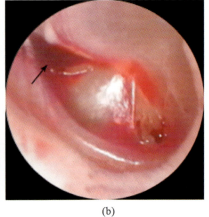

(a)　　　　　　　　　　　　　　　　(b)

图 3-2-12　伤后 24 h 检查镜像
鼓膜穿孔边缘血液凝固为新鲜血痂，血痂色泽相对发暗

润的红色逐渐变暗;渐变为干燥的红褐色、褐色、暗褐色;伤后 2~3 天呈紫褐色;3 天以后逐渐呈黑色;14 天左右血痂脱落,自鼓膜穿孔边缘向鼓膜边缘移行,最终由外耳道排出(图 3-2-14 至图 3-2-21)。

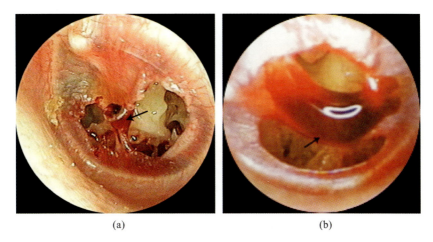

图 3-2-13　伤后 27 h 检查镜像
鼓膜穿孔边缘血液凝固为新鲜血痂,血痂色泽相对发暗

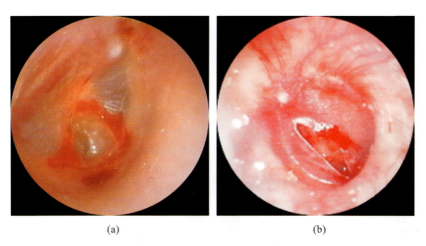

图 3-2-14　伤后 6 h 检查镜像
血液凝固为新鲜血痂

另外,损伤后开始流出来的血液会很快凝固,颜色变暗,但是,后来流出来的血液由于凝血因子的减少,凝固速度变慢,所以颜色变暗的时间也比较长。一般情况下,鼓膜点状出血 4 天内部分被吸收,7 天内大部分被吸收。片状出血 3~4 天可形成血痂,7 天内大部分被吸收,血痂开始脱落,伤后 14 天内为血痂逐渐脱落过程,血痂自鼓膜穿孔边缘向鼓膜边缘移行,最终由外耳道排出(图 3-2-20)。

由于检查条件限制,伤后渗血、充血、淤血在镜检影像中较难辨析,常见伤后复查时偶然发现新的"血迹"征象。这种现象也可能是由于鼓膜伤后渗血,或检查后伤者鼓膜剧烈振动(如伤者打喷嚏、擤鼻涕等所致),鼓膜穿孔边缘继发渗血,这种血迹量不大,多呈星点状(图 3-2-21)。

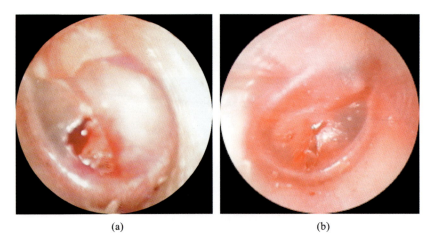

图 3-2-15 伤后 12 h 内检查镜像

(a)伤后 8 h；(b)伤后 12 h 穿孔边缘鲜红色血痂附着

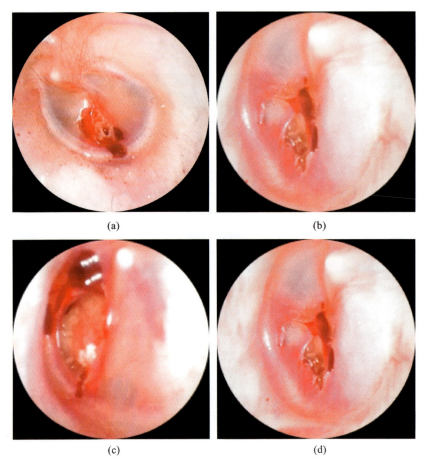

图 3-2-16 伤后 24 h 检查镜像

血色较为鲜艳,远端呈暗红色

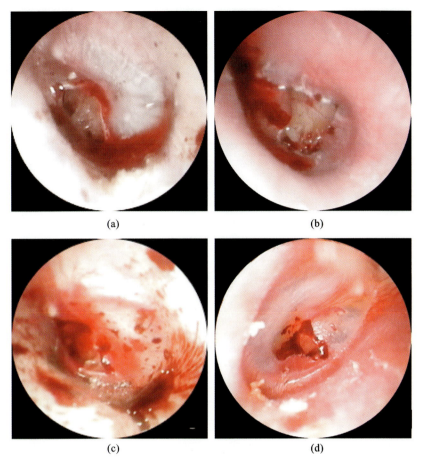

图 3-2-17　伤后 48 h 检查镜像

血痂色泽变暗

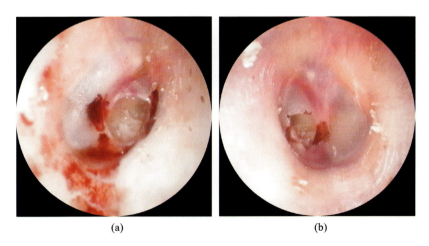

图 3-2-18　伤后 72 h 检查镜像

血痂色泽呈紫褐色

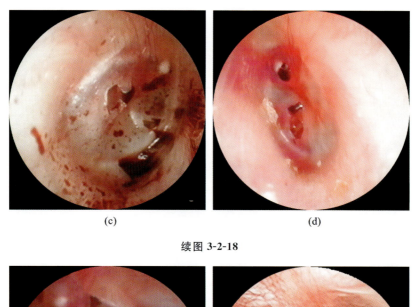

(c)   (d)

续图 3-2-18

(a)   (b)

图 3-2-19　伤后 4 天检查镜像

血痂呈黑色

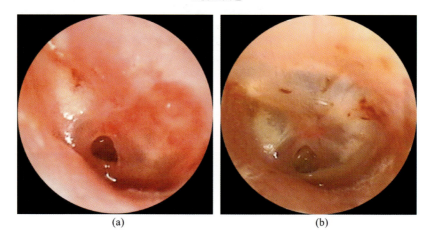

(a)   (b)

图 3-2-20　伤后鼓膜血迹表现

(a)伤后 2 h 镜像；(b)伤后 4 天镜像；(c)伤后 7 天镜像；(d)伤后 14 天镜像

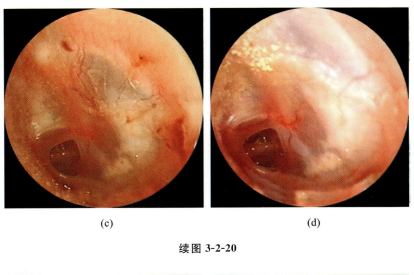

(c) (d)

续图 3-2-20

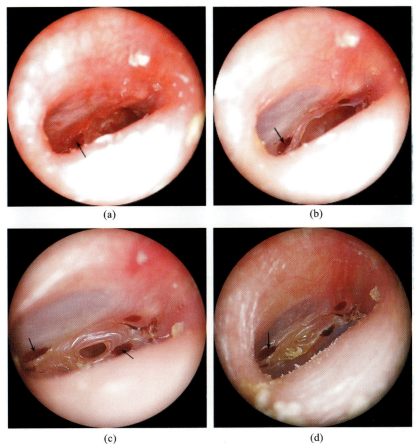

图 3-2-21 星点状血痂

(a)伤后 24 h,创后上缘、后下缘小片状血迹；(b)伤后 7 天,创上缘新增星点状血痂,原后缘血痂未脱落；(c)伤后 14 天,血痂移行离开原鼓膜穿孔边缘；(d)伤后 35 天,穿孔愈合,血痂与痂皮离开鼓膜

（三）出血量

直接损伤可以发生在鼓膜的任何直视部位，血管对直接外力的躲避性差，故直接损伤（鼓膜穿孔或未穿孔）均可以伴有出血表现，且往往出血量较大（图 3-2-22）。

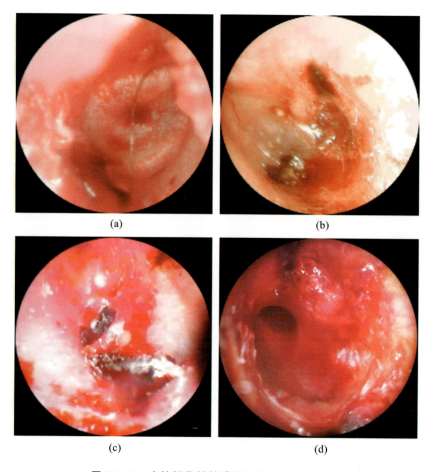

图 3-2-22　直接损伤性鼓膜穿孔出血量相对较大

由于气压伤导致的鼓膜穿孔一般发生于鼓膜最薄弱的部位，该部位血管较少，再有血管对外力的躲避作用，故间接损伤性鼓膜穿孔常常只伴有少量出血，甚至不伴出血。这一现象是法医用来推断致伤方式的主要依据之一（图 3-2-23）。

三、鼓室积血

外伤性鼓室积血如果较少，可能是由外力导致出血的穿孔残瓣进入鼓室，出血积存鼓室，或出血较为剧烈，血液流入鼓室积存所致。也不能排除穿孔边缘出血随着残瓣的摆动溅入鼓室的情况（图 3-2-24(a)）。如果伤后发现鼓室内积血较多，则不能排除鼓室黏膜损伤出血的情况（图 3-2-24(b)）。

第三章 耳内窥镜下常见鼓膜病理表现

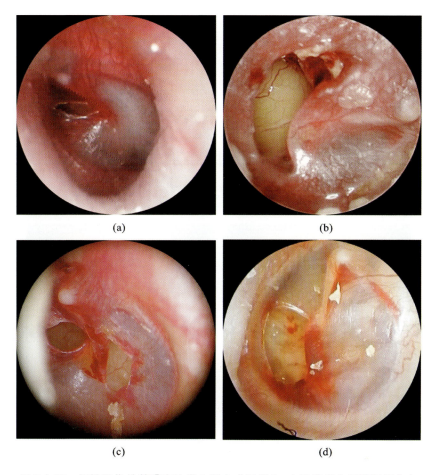

图 3-2-23 间接损伤性鼓膜穿孔出血量小或无出血,小动脉出血呈喷洒状分布

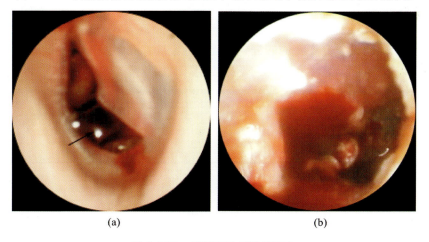

图 3-2-24 鼓膜穿孔后鼓室积血

第三节 鼓 膜 穿 孔

鼓膜穿孔一般是由炎症、外伤等因素作用于鼓膜导致。鼓膜穿孔常见于急、慢性化脓性中

耳炎、外伤等，法医鉴定的主要工作是甄别外伤性鼓膜穿孔。依据鼓膜穿孔形成时间，临床方面将其分类为急性鼓膜穿孔与慢性鼓膜穿孔。急性鼓膜穿孔是指发生于3个月以内的鼓膜穿孔，3~6个月未愈合的鼓膜穿孔则称之为慢性鼓膜穿孔。法医学所谓的新鲜鼓膜穿孔是指伤后5天以内保留损伤遗迹的鼓膜穿孔，急性鼓膜穿孔则是指伤后6周以内的鼓膜穿孔。法医学则将外伤性鼓膜穿孔分为新鲜鼓膜穿孔与陈旧性鼓膜穿孔。新鲜鼓膜穿孔是指伤后3天以内保留急性损伤表现的穿孔，而陈旧性鼓膜穿孔则是指不具有急性损伤表现的鼓膜穿孔。

一、急性炎性鼓膜穿孔（新鲜鼓膜穿孔）

上呼吸道感染时，鼻腔的细菌等很容易通过咽鼓管到达中耳腔引起感染而发生急性化脓性中耳炎，导致鼓膜穿孔（图3-3-1）。

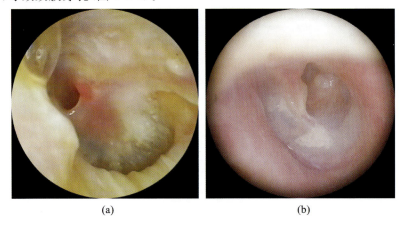

(a)　　　　　　　　　　(b)

图3-3-1　急性化脓性中耳炎性鼓膜穿孔

二、慢性炎性鼓膜穿孔（陈旧性鼓膜穿孔）

新鲜的鼓膜穿孔迁延不愈合，外层上皮组织越过并覆盖穿孔边缘，如果不进行手术治疗，穿孔将不能愈合，这类穿孔我们称之为慢性炎性鼓膜穿孔。这一类穿孔镜像典型表现为穿孔呈类圆形、边缘钝滑、鼓室黏膜可见炎性改变（图3-3-2）。

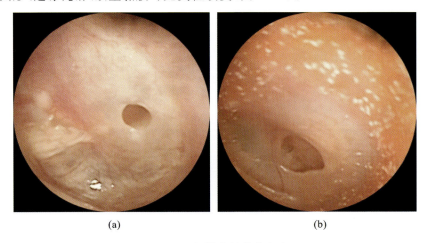

(a)　　　　　　　　　　(b)

图3-3-2　慢性炎性鼓膜穿孔

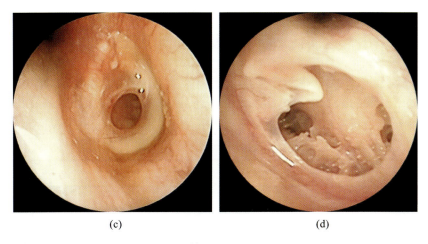

续图 3-3-2

三、外伤性鼓膜穿孔

由各种外力因素作用于鼓膜导致的穿孔。法医临床常见有直接损伤、间接损伤（气压伤），以及烧灼性损伤所致的穿孔等。除烧灼伤鼓膜穿孔之外，其他外伤性鼓膜穿孔大多数能够自行愈合（图 3-3-3）。

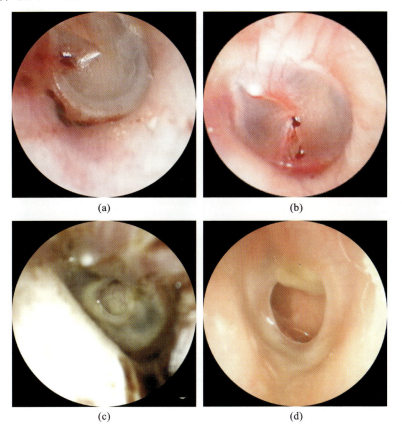

图 3-3-3 外伤性鼓膜穿孔

(a)直接损伤性鼓膜穿孔；(b)掌击伤鼓膜穿孔；(c)头外伤鼓膜穿孔；(d)烧灼伤鼓膜穿孔

第四节 鼓膜穿孔愈合

外伤性鼓膜穿孔多数能够在 6 周以内自行愈合，小穿孔愈合后基本不遗留瘢痕（图 3-4-1）。中等穿孔经逐渐修复，也可能不遗留愈合瘢痕（图 3-4-2），大面积的穿孔愈合以后由于纤维层减少可能遗留瘢痕或呈萎缩性鼓膜（图 3-4-3、图 3-4-4）。由于各种因素的限制，导致穿孔不能愈合，而遗留陈旧性鼓膜穿孔，需要手术治疗（图 3-4-5、图 3-4-6）。

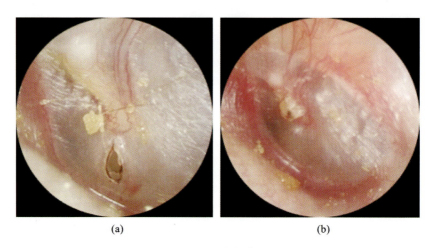

(a)　　　　　　　　　　　　　(b)

图 3-4-1　外伤性鼓膜小穿孔

伤后 7 天穿孔自行愈合，无瘢痕遗留

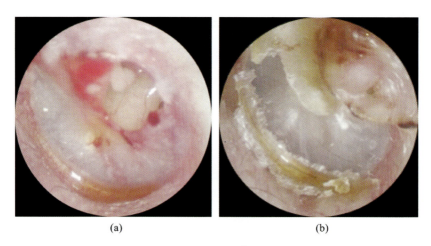

(a)　　　　　　　　　　　　　(b)

图 3-4-2　外伤性鼓膜中等穿孔

伤后 21 天自行愈合

第三章 耳内窥镜下常见鼓膜病理表现

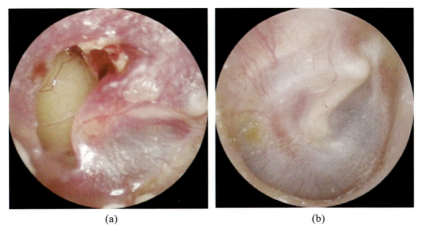

(a) (b)

图 3-4-3　外伤性鼓膜大穿孔

伤后 38 天自行愈合

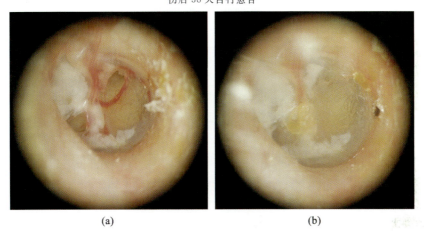

(a) (b)

图 3-4-4　外伤性鼓膜穿孔

伤后 6 周愈合后遗留瘢痕

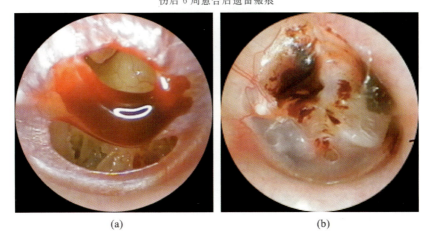

(a) (b)

图 3-4-5　萎缩性鼓膜外伤性穿孔

(a)鼓膜两个穿孔；(b)伤后 6 周方愈合处遗留瘢痕，前方穿孔未愈合

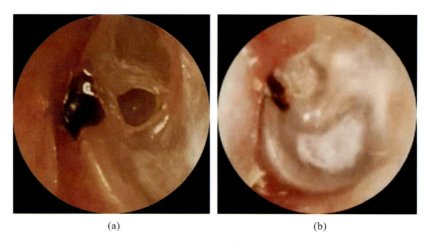

图 3-4-6　外伤性鼓膜紧张部两处穿孔

伤后 6 周小穿孔愈合，大穿孔未愈合

第五节　鼓膜混浊与鼓膜钙化

正常鼓膜为半透明薄膜，鼓膜混浊是一种鼓膜标志不清楚，透明度下降、混浊度增加的镜像表现，多数是因为曾经罹患中耳炎，炎症反复刺激鼓膜使之纤维化，鼓膜增厚变白。另外，年龄因素也可以导致鼓膜发生退行性变化。目前认为外力对一般程度的纤维化鼓膜的穿孔作用与正常鼓膜类似，纤维化对穿孔自行愈合影响也较小（图 3-5-1）。

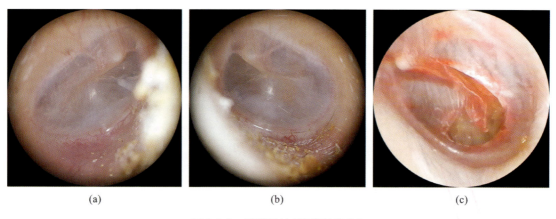

图 3-5-1　鼓膜混浊（鼓膜纤维化）

鼓膜钙化是指鼓膜固有层和（或）黏膜下层结缔组织发生的透明样变性、钙质沉着或骨化病变，鼓膜钙化是鼓室硬化症在鼓膜上的特殊表现。鼓室硬化症的病因与发病机制目前尚未明了，多认为与细菌感染、氧自由基、血钙、遗传、免疫、蛋白分子、解剖等因素相关。镜像表现为鼓膜有局限性白色斑块。鼓膜钙化斑的存在，会影响鼓膜紧张部的张力。目前尚没有发现鼓膜钙化斑发生撕裂的病例报道。鼓膜严重钙化可以影响外伤性鼓膜穿孔的愈合（图 3-5-2）。

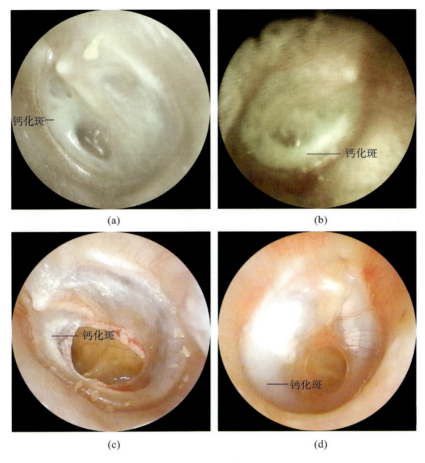

图 3-5-2　鼓膜钙化

第六节　萎缩性鼓膜

鼓膜穿孔的不良愈合可导致鼓膜弹力层纤维缺乏,从而使鼓膜发生萎缩等病理组织学改变。由于无正常的纤维再生,愈合的鼓膜结构菲薄,类似薄膜覆盖穿孔,部分萎缩性鼓膜的透亮度增加,镜像表现为如一层近乎透明的蜡纸。耳内窥镜清晰度不佳、影像采集条件不好,导致打印的报告的镜像照片较模糊,很容易与鼓膜穿孔相混淆(图 3-6-1、图 3-6-2)。萎缩性鼓膜在轻微外力作用下即可导致再穿孔,损伤程度鉴定时需要考虑伤病关系。

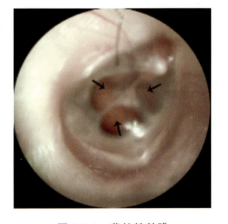

图 3-6-1　萎缩性鼓膜

该病例 1 年前接受"鼓膜切开置管术"脱管后鼓膜愈合

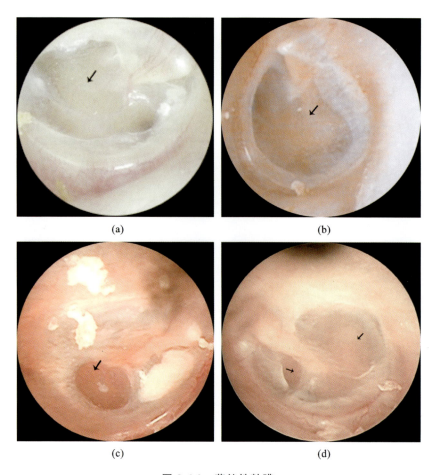

图 3-6-2 萎缩性鼓膜

第四章 直接损伤性鼓膜穿孔早期镜像表现

直接损伤性鼓膜穿孔是使用器械经过外耳道将外力直接作用于鼓膜引起的鼓膜破裂。临床多见于器械置于外耳道后不慎突然加力所为,也见于慢性分泌性中耳炎鼓膜切开术后。在法医临床实践中直接损伤性(不包括烧灼伤)鼓膜穿孔多见于造作伤。

第一节 致伤方式

直接损伤性鼓膜穿孔中多见于小型器械刺伤、外耳道异物(物理或化学性)致伤等。伤者或他人使用随手工具,如挖耳勺、牙签、火柴、棉签、编织用针、发卡及医疗器械等导致鼓膜穿孔较为常见(图4-1-1)。一般情况下,以硬性直杆尖细器械刺入鼓膜导致穿孔为主,穿孔也多呈小针尖样、小孔状或小类圆形;较大的钝头器械则以捅戳的方式形成穿孔,多为不规则形状的中等或中等以上穿孔(图4-1-2)。临床偶见昆虫进入外耳道导致穿孔(图4-1-3),微小型的玩具及电子设备(纽扣电池、微型电子信号接收器)存留外耳道内导致鼓膜穿孔在近年也时有发现(图4-1-4)。临床诊疗方面导致的鼓膜穿孔常见于治疗慢性分泌性中耳炎的鼓膜穿刺、鼓膜切开置入通风管等耳科手术后(图4-1-5)。

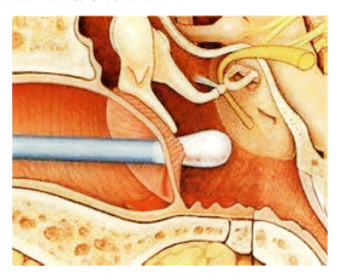

图 4-1-1 鼓膜戳伤示意图

法医临床多以造作伤常见,造作方式较为隐匿,致伤方式多样,但是造作工具也无外乎上述提及的那些较为常见的工具(图4-1-6)。

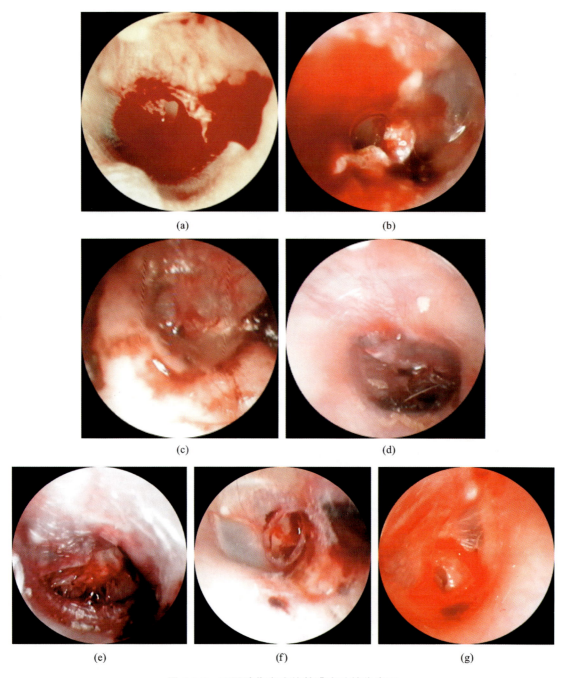

图 4-1-2　不同致伤方式的鼓膜穿孔镜像表现

(a)牙签戳伤;(b)竹签戳伤;(c)火柴头戳伤;(d)家用棉签戳伤;(e)医用棉签戳伤;(f)毛衣编织针戳伤;(g)医疗器具戳伤;(h)医源性损伤;(i)不明致伤物导致小圆形穿孔;(j)不明致伤物导致针尖样穿孔

第四章 直接损伤性鼓膜穿孔早期镜像表现

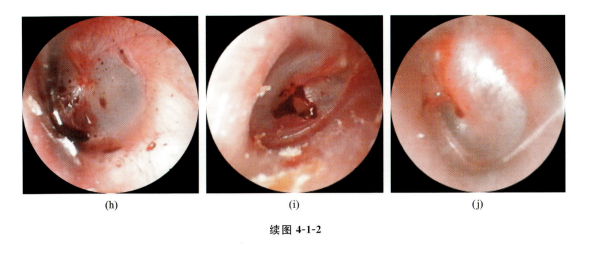

(h) (i) (j)

续图 4-1-2

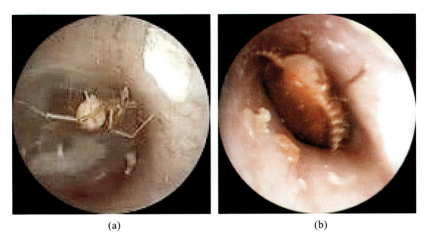

(a) (b)

图 4-1-3 昆虫进入外耳道

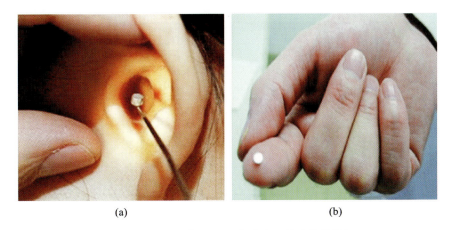

(a) (b)

图 4-1-4 外耳道异物(耳藏式电子信号接收器)

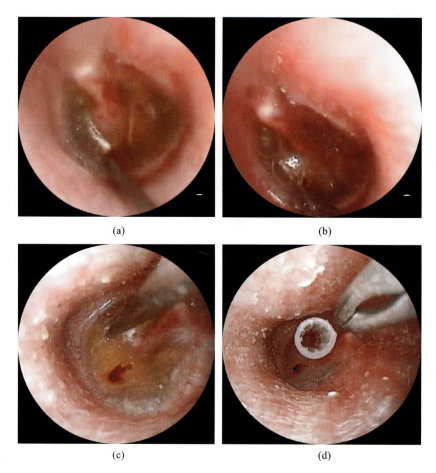

图 4-1-5 鼓膜切开引流术

(a)(b)(c)鼓膜切开;(d)鼓膜置入通风管

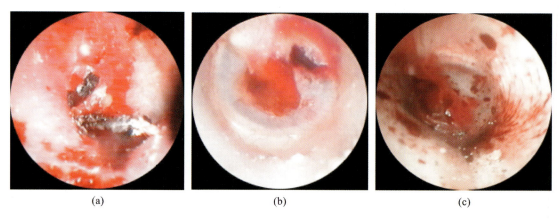

图 4-1-6 部分造作性鼓膜穿孔镜像

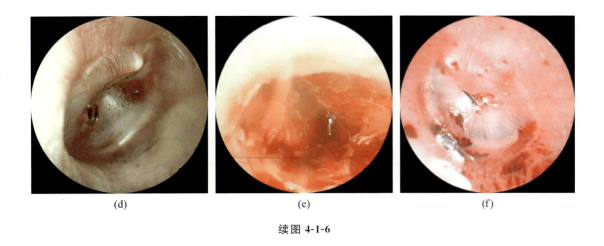

(d)　　　　　　　　　(e)　　　　　　　　　(f)

续图 4-1-6

第二节　外耳道表现

外耳道起自耳甲底的外耳道口，向内止于鼓膜连接处，是外耳与中耳（鼓膜）的连接通道，由外耳道软骨部及骨部组成，略呈 S 形弯曲，成人长 2.5～3.5 cm。在距离外耳道口 0.8～1.5 cm 及距离鼓膜 0.5 cm 处，形成两个较为狭窄的地方，其中内侧狭窄处称为外耳道峡。外耳道呈 S 形弯曲，若外力直接作用于鼓膜，鼓膜破裂瞬间出现明显疼痛，伤者会出现反射性的躲闪，致伤工具极易在导致鼓膜穿孔的同时，损伤外耳道壁皮肤，外耳道峡部擦伤较为常见（图 4-2-1）。

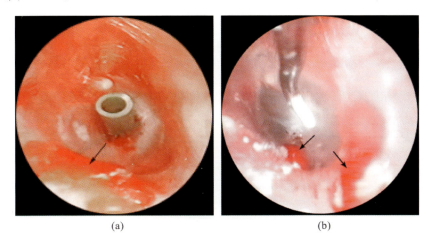

(a)　　　　　　　　　(b)

图 4-2-1　手术中的外耳道峡部擦伤

损伤早期，镜像表现为外耳道明显红肿，伴随损伤部位出血，出血量较多的损伤部位局部甚至外耳道大部被血性物覆盖，清理后显示皮肤黏膜有急性损伤痕迹。法医鉴定过程中，一定要明确形成擦伤的外力来源，耳内窥镜或医疗器械操作对外耳道，尤其是对外耳道峡部的摩擦也可以导致外耳道擦划伤，严重者也能看到外耳道积血，积血清除后可显示出外耳道擦划伤（图 4-2-2 至图 4-2-7）。

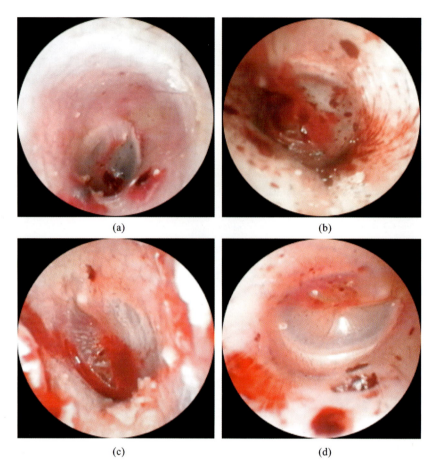

图 4-2-2　伤后早期（伤后 24 h 内）镜像
外耳道损伤与出血

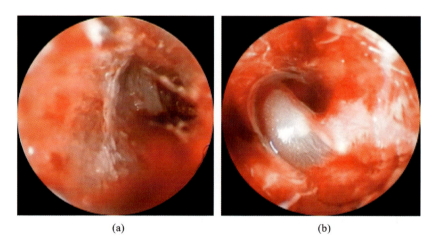

图 4-2-3　伤后早期（伤后 48 h 内）镜像
外耳道损伤

第四章　直接损伤性鼓膜穿孔早期镜像表现

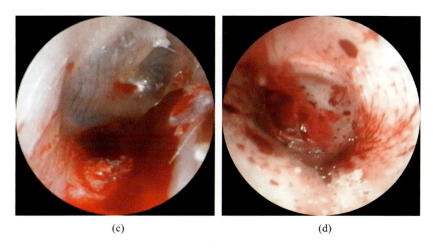

(c)　　　　　　　　　　　(d)

续图 4-2-3

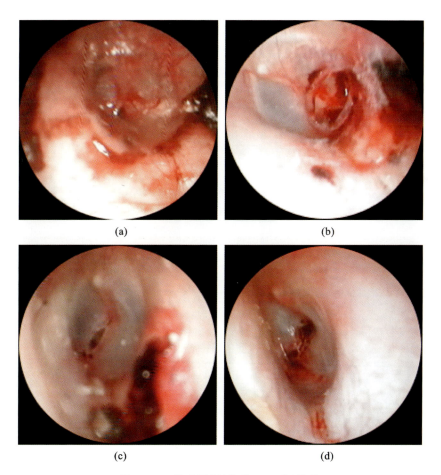

图 4-2-4　伤后早期(伤后 72 h 内)镜像

外耳道损伤

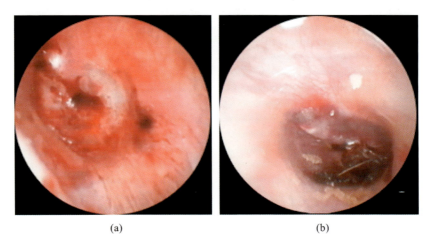

图 4-2-5　伤后 4 天镜像（一）

外耳道及鼓膜损伤

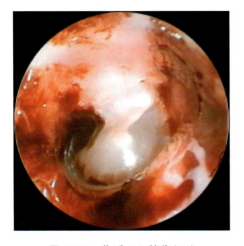

图 4-2-6　伤后 4 天镜像（二）

外耳道损伤，外耳道峡部皮肤黏膜破损明显，外耳道红肿，并附着大量血痂

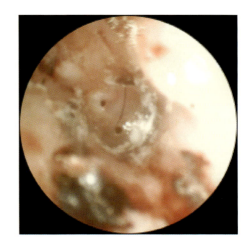

图 4-2-7　伤后 5 天镜像

外耳道擦划伤

第三节　穿孔部位

双耳鼓膜均可以发生鼓膜穿孔，鼓膜穿孔多见于单耳，左右耳发生率没有明确统计，倾向于右耳多与左耳，与伤者多使用右手操作有关。直接损伤性鼓膜穿孔可以发生在直杆器械能够送达鼓膜的位置，多见于紧张部近中央处，这是由操作时视野的局限性所决定的（图 4-3-1 至图 4-3-10）。

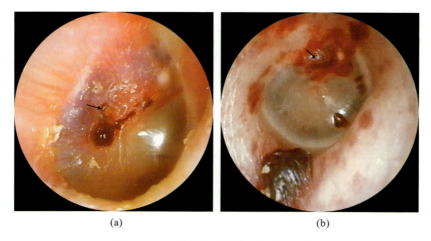

图 4-3-1　右耳鼓膜紧张部后上象限穿孔

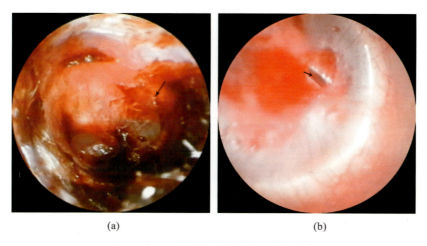

图 4-3-2　左耳鼓膜紧张部后上象限穿孔

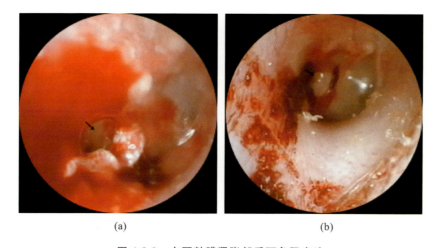

图 4-3-3　右耳鼓膜紧张部后下象限穿孔

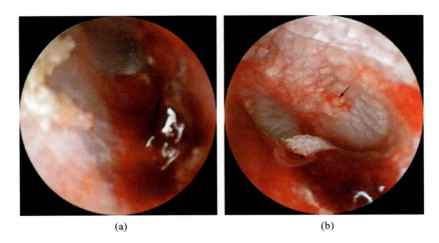

图 4-3-4　左耳鼓膜紧张部后下象限穿孔

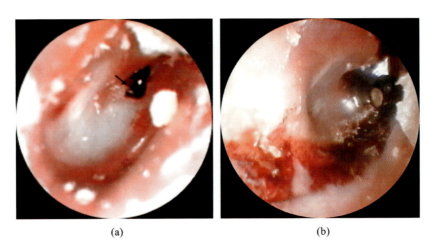

图 4-3-5　右耳鼓膜紧张部前上象限穿孔

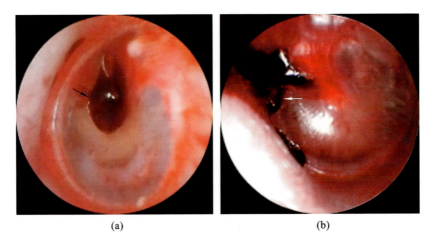

图 4-3-6　左耳鼓膜紧张部前上象限穿孔

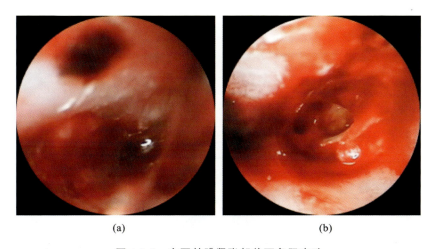

图 4-3-7　右耳鼓膜紧张部前下象限穿孔

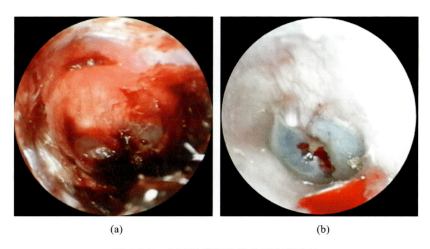

图 4-3-8　左耳鼓膜紧张部前下象限穿孔

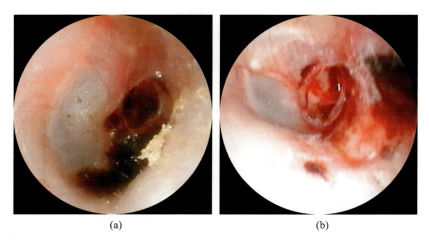

图 4-3-9　鼓膜紧张部跨象限穿孔

(a)右耳前上、前下象限(紧张部前方)穿孔;(b)左耳紧张部前下、后下象限(紧张部下方)穿孔

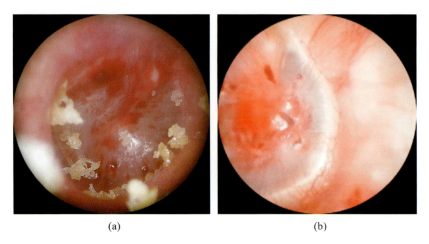

(a)　　　　　　　　　　　(b)

图 4-3-10　鼓膜紧张部多发性损伤与穿孔

第四节　穿 孔 面 积

一般情况下,直接损伤性鼓膜穿孔的穿孔面积与致伤物与鼓膜接触的截面积相关。实践中多见中等面积以下穿孔,尤其以针尖样的小穿孔居多,致伤物多见于针形器械(图 4-4-1、图 4-4-2);中等以上穿孔的致伤物多为如棉签、挖耳勺、粗大的编织针等(图 4-4-3、图 4-4-4)。

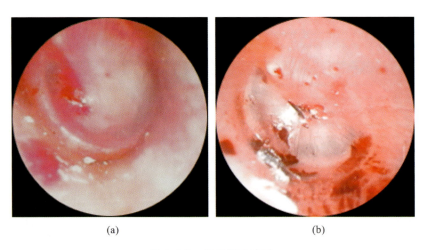

(a)　　　　　　　　　　　(b)

图 4-4-1　针尖样小穿孔

第四章 直接损伤性鼓膜穿孔早期镜像表现

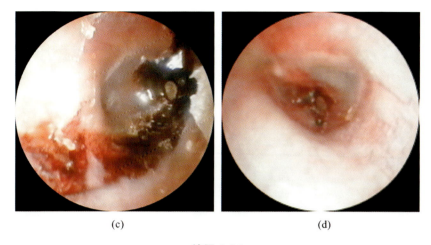

续图 4-4-1

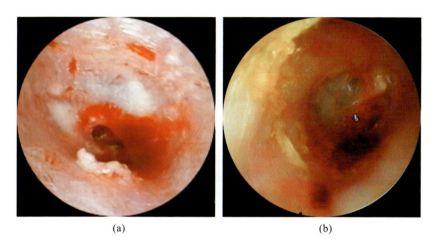

图 4-4-2 紧张部不规则形小穿孔

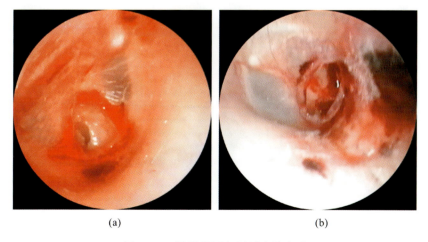

图 4-4-3 紧张部不规则形中等穿孔

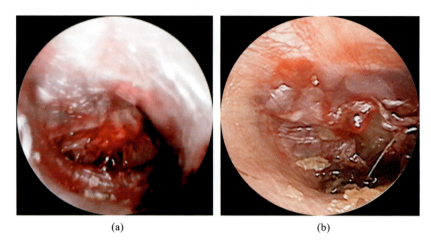

图 4-4-4 紧张部不规则形较大穿孔

第五节 穿孔数量

直接损伤性鼓膜穿孔可单耳单发、单耳多发、双耳单发或多发。多发性穿孔多见于造作伤,多发性穿孔的发生与操作时的视野光照度低、实施人操作技巧差等有关。临床方面最常见单耳单发鼓膜穿孔,造作伤鼓膜穿孔中偶见有双耳单发或多发(一耳损伤一耳穿孔或双耳穿孔)、单耳多发、单耳单发鼓膜穿孔,多伴随其他损伤表现(图 4-5-1 至图 4-5-4)。

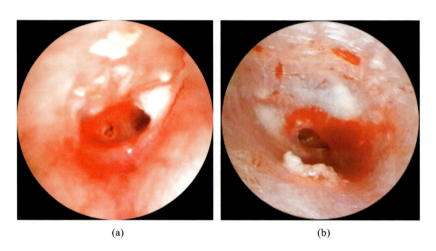

图 4-5-1 双耳鼓膜各有 1 个外伤性穿孔

第四章 直接损伤性鼓膜穿孔早期镜像表现

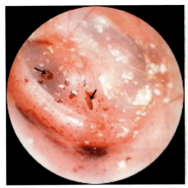 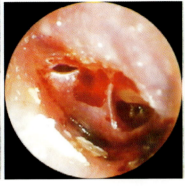 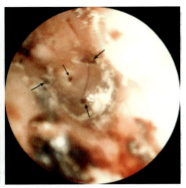

图 4-5-2　左耳鼓膜紧张部前方有 2 个穿孔　　图 4-5-3　鼓膜紧张部有 3 个穿孔　　图 4-5-4　鼓膜紧张部多发针尖样穿孔

第六节　穿孔形态

由于直接损伤导致穿孔不是撕裂伤，因此穿孔形态的走行多僵硬而不自然。虽然可以形成不同形状的鼓膜穿孔，但是，穿孔形态与刺入物横截面及作用方式关系密切，穿孔形态类似于锐利刺入物横截面，伤后初期穿孔形态能够反映刺入物横截面的基本形态，以小穿孔常见。

由直接外力形成的裂隙样撕裂状穿孔形态罕见，多以针尖样、缝隙样、类圆形为主（图 4-6-1 至图 4-6-3）。

钩针形物刺入鼓膜后拉出时也可致穿孔边缘受第二次创伤，可以导致穿孔边缘不整齐（图 4-6-4）。

刺入物（如棉签、医用探针等）刺入部位较钝，对鼓膜受力部位的外力作用形式是一种钝性挤压形式，穿孔形态主要为不规则形，边缘可以整齐也可以不整齐（图 4-6-5）。

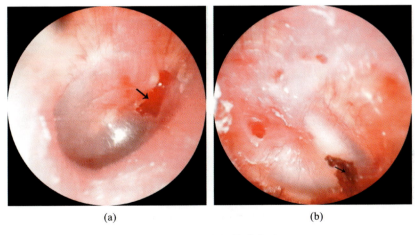

(a)　　(b)

图 4-6-1　针尖样鼓膜穿孔

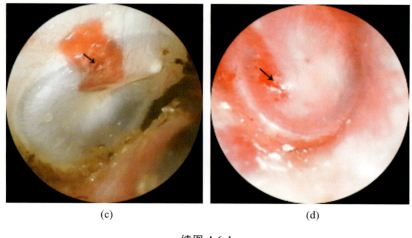

(c)　　　　　　　　　　　(d)

续图 4-6-1

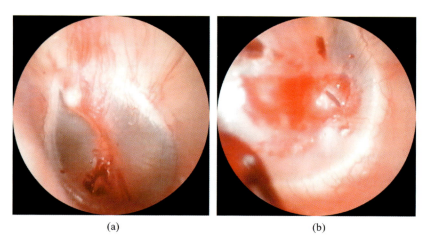

(a)　　　　　　　　　　　(b)

图 4-6-2　缝隙样鼓膜穿孔

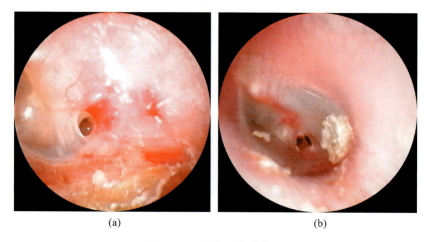

(a)　　　　　　　　　　　(b)

图 4-6-3　类圆形鼓膜穿孔

第四章 直接损伤性鼓膜穿孔早期镜像表现

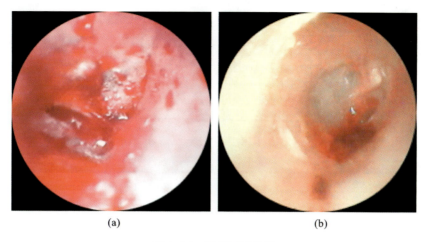

图 4-6-4　不规则形穿孔

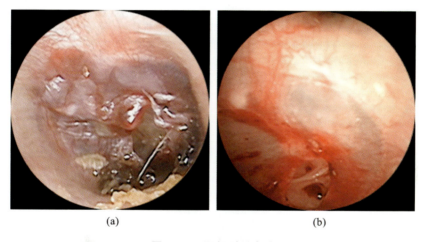

图 4-6-5　不规则形穿孔

第七节　损伤后出血

上颌动脉分支耳后深动脉呈放射状分布于鼓膜。由于直接外力无法避开其鼓膜上的血管网络，因此较间接外力作用导致的鼓膜穿孔周围出血量相对较大（图4-7-1、图4-7-2）。出血量大是直接损伤性鼓膜穿孔的典型征象。出血不一定是穿孔边缘出血，也可能是外部出血经外耳道进入，也可以是外耳道、鼓膜甚至鼓室黏膜损伤后出血。出血量大时，小穿孔可以被血迹覆盖无法窥视（图4-7-3），中等以上穿孔可见外耳道及鼓室大量积血（图4-7-4）。直接损伤后损伤部位出血时间也相对较长。

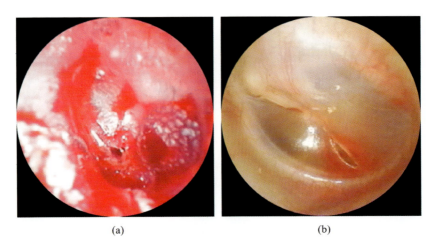

(a) (b)

图 4-7-1　鼓膜小穿孔出血

(a)直接损伤性鼓膜穿孔;(b)间接损伤性鼓膜穿孔

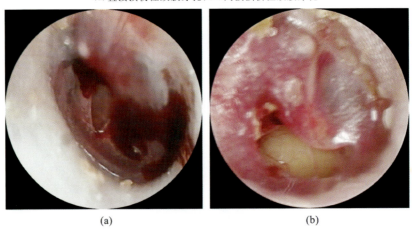

(a) (b)

图 4-7-2　鼓膜中等穿孔出血

(a)直接损伤性鼓膜穿孔;(b)间接损伤性鼓膜穿孔

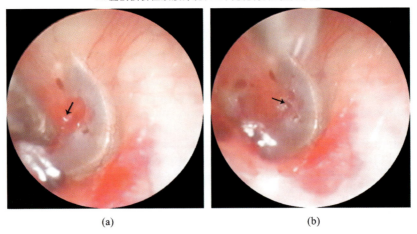

(a) (b)

图 4-7-3　小穿孔被血迹覆盖

血性物覆盖穿孔区域,清理后暴露小穿孔

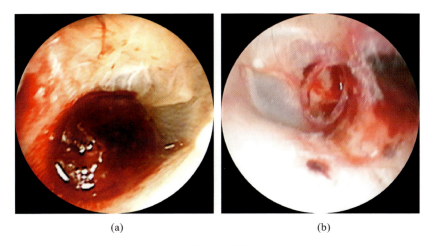

(a)　　　　　　　　　　　　(b)

图 4-7-4　穿孔后外耳道及鼓室积血

第八节　鼓膜穿孔边缘早期镜像表现

直接损伤性鼓膜穿孔的边缘形态表现与刺入物关系密切。多认为其边缘较气压伤鼓膜穿孔边缘更整齐、僵硬（图 4-8-1、图 4-8-2）。

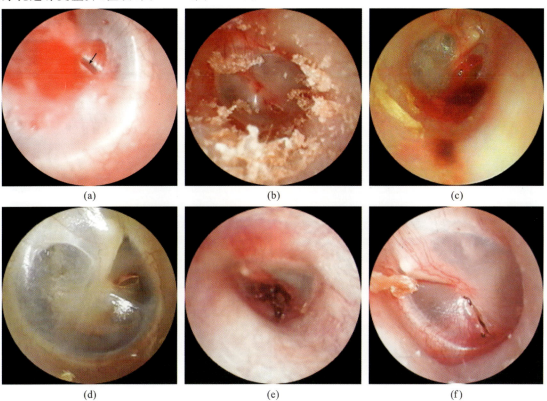

(a)　　　　　　　　(b)　　　　　　　　(c)

(d)　　　　　　　　(e)　　　　　　　　(f)

图 4-8-1　同时期外伤性鼓膜小穿孔边缘比较

直接损伤性鼓膜穿孔边缘僵硬，明显肿胀

(a)(c)(e)为直接损伤性鼓膜穿孔；(b)(d)(f)为间接损伤性鼓膜穿孔

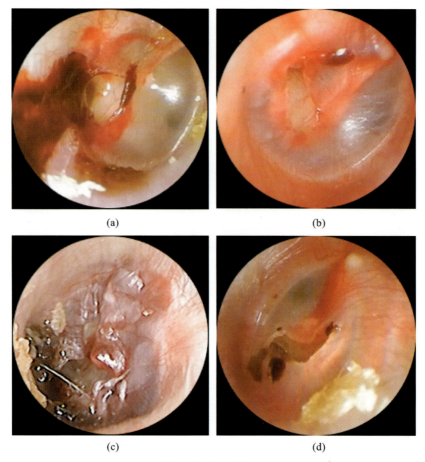

图 4-8-2　同时期外伤性鼓膜较大穿孔边缘比较

直接损伤性鼓膜穿孔边缘僵硬，明显肿胀

(a)(c)为直接损伤性鼓膜穿孔；(b)(d)为间接损伤性鼓膜穿孔

直接性损伤导致的穿孔不是撕裂伤，如果不是锐器刺划伤，或接触面较大，捅伤而成的较大穿孔也可以表现出边缘不整齐、形态不规则、面积较大等特征。这种不整齐与气压伤的残瓣翻卷镜像表现具有明显区别(图 4-8-3)。

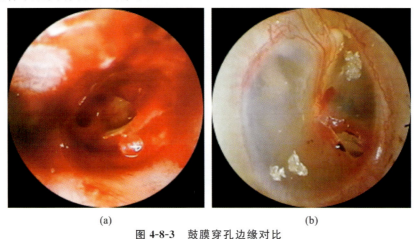

图 4-8-3　鼓膜穿孔边缘对比

(a)(c)为直接损伤性鼓膜穿孔；(b)(d)为气压伤鼓膜穿孔

第四章　直接损伤性鼓膜穿孔早期镜像表现

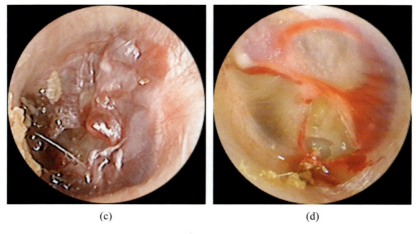

(c)　　　　　　　　　　　(d)

续图 4-8-3

第九节　残余鼓膜早期镜像表现

伤者由于疼痛、恐惧等因素可能在鼓膜穿孔时产生躲避反应,这种反应可以造成鼓膜表面外层的上皮损伤或导致多发性穿孔,镜像表现为有一个或多个鼓膜擦刺征象,该征象是直接性损伤的典型体征,可以作为判断直接性鼓膜损伤的依据之一(图 4-9-1)。

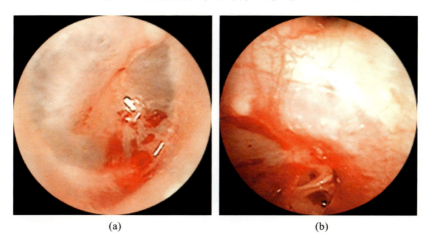

(a)　　　　　　　　　　　(b)

图 4-9-1　鼓膜穿孔,残余鼓膜表面有多处擦划伤

第十节　鼓　室　表　现

由于刺入物有经过鼓膜进入鼓室的过程,鼓室积血一般在直接穿孔伤中能够见到(图 4-10-1)。由于刺入物戳刺过深,某些直接穿孔伤还可以看到鼓室损伤(图 4-10-2)。

直接损伤性鼓膜穿孔一般在损伤早期(伤后 72 h 内)镜检特殊征象明显,随着创伤的修复,一段时间之后则判断困难。尤其是造作伤,有一些案例由于报案时间靠后,判断受伤时间困难,加之造作工具多未经过严格消毒处理,极易继发伤后感染,特别要提醒在鉴定时需要谨慎行事(图 4-10-3)。

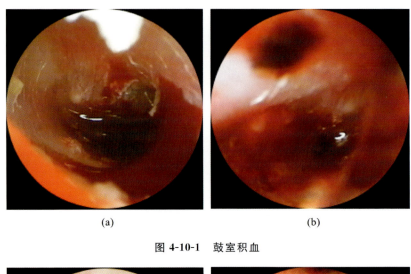

图 4-10-1 鼓室积血

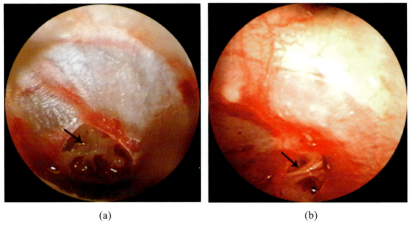

图 4-10-2 鼓室黏膜刺伤

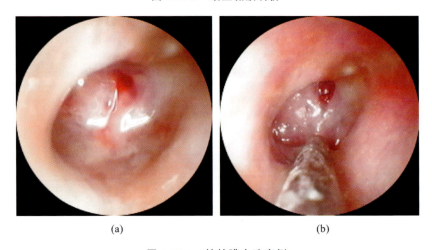

图 4-10-3 某鼓膜穿孔案例

(a)伤者自诉掌击伤后3天,中耳感染后镜像;

(b)无创清理分泌物以后,除穿孔上缘显示外伤征象外,其他征象已经不明确

第五章　间接损伤性鼓膜穿孔早期的镜像表现

间接损伤性鼓膜穿孔是法医临床损伤程度鉴定业务中的常见损伤,多是由外耳道闭合气流冲击鼓膜导致的鼓膜撕裂。由于损伤部位隐蔽,多不易与造作伤鉴别,因此,一直也是法医鉴定工作的难点。

间接损伤性鼓膜穿孔与直接损伤性鼓膜穿孔在穿孔部位、大小、形状、裂伤边缘状态、裂伤边缘出血状态、外耳道损伤等方面具有一定程度的差异,法医鉴定时,可以借助穿孔早期的镜像特征进行鼓膜穿孔性质的甄别。

鼓膜上皮干细胞具有极强的外伤修复能力,鼓膜穿孔以后会即刻进入穿孔修复过程,而修复过程也具有典型自行愈合的镜像表现。因此,鼓膜穿孔以后进行定期复查无论是对临床诊疗的预后评估,还是对法医学鉴定都具有十分重要的价值。

为了方便观察,根据受伤时间,我们将间接损伤性鼓膜穿孔伤后 24 h 内称为损伤初期,伤后 24~72 h 称为损伤早期,伤 72 h 以后称为损伤修复期。

第一节　致伤方式与成伤机制

间接损伤性鼓膜穿孔多是气压伤鼓膜穿孔。常在遭受他人用掌扇击、拳击、脚踢等时形成,此外还见于用平面器物、球类拍击、吸吮等时,头部撞击也是导致间接损伤性鼓膜穿孔的常见方式。此外,耳鼻咽喉科门急诊也可以见到由于跳水、潜水、航空、爆炸性气浪冲击以及高压氧舱治疗导致的鼓膜穿孔伤者。可以将以上举例的致伤气压冲击方式具体分类为逐渐加压及减压、猛烈加压及减压方式。

气压伤导致鼓膜穿孔目前认为有两种作用机制。一是当外力击打耳部使外耳道口封闭,外耳道内形成高压气流,而咽鼓管处于闭合状态,此时,鼓膜外侧压力高于中耳(鼓膜内侧)内压力,压力超过鼓膜的弹性限度,气流压力作用于鼓膜,引起鼓膜破裂、充血、出血等一系列损伤性变化。研究正常及病变鼓膜的破裂压发现,正常鼓膜破裂压中位数为 1~3 kPa/cm²,范围是 0.7~2.3 kPa/cm²。当鼓膜受到 2.25 kPa/cm² 的压力时,即可发生破裂,在 6.75 kPa/cm² 的压力下,将导致 50% 成人正常鼓膜穿孔。二是外力作用导致外耳道口封闭,外耳道内空气压力急剧变化,在外耳道内形成短时正压波,在此作用下,鼓膜向内移位,鼓室内的空气可以经咽鼓管排出。正压作用后,外耳道口开放,外耳道内气压急剧下降形成负压,鼓膜向外移动,由于鼓膜向外移位的能力有限,在外耳道强大负压的作用下,容易发生鼓膜破裂(图 5-1-1)。

研究发现,逐渐增压与突然增压所致鼓膜穿孔无显著差异,纤维化鼓膜与正常鼓膜破裂压大致相同(图 5-1-2)。而萎缩性瘢痕鼓膜破裂压中位数为 0.6 kPa/cm²,范围为 0.3~0.8 kPa/cm²,在气压作用下极易穿孔(图 5-1-3)。

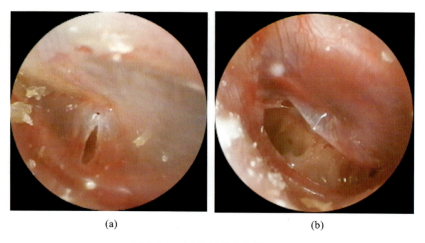

(a)　　　　　　　　　　　　　　(b)

图 5-1-1　正常鼓膜气压伤穿孔

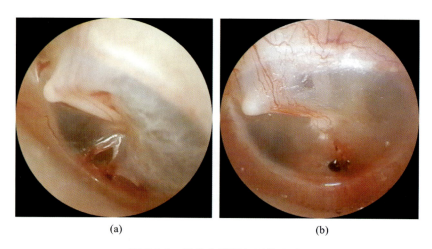

(a)　　　　　　　　　　　　　　(b)

图 5-1-2　纤维化鼓膜气压伤穿孔

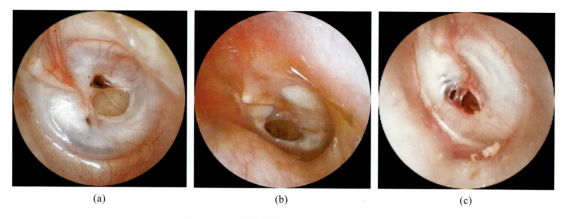

(a)　　　　　　　(b)　　　　　　　(c)

图 5-1-3　萎缩性瘢痕鼓膜气压伤穿孔

间接损伤性鼓膜穿孔后的临床表现常伴随伤侧耳廓、颞部或面部被钝性外物击打后体征,但是该体征与鼓膜穿孔没有必然关系(图 5-1-4)。

第五章　间接损伤性鼓膜穿孔早期的镜像表现

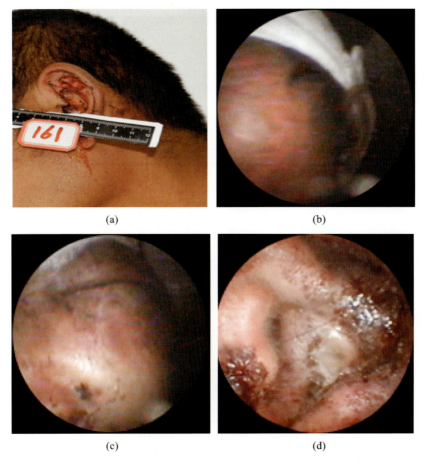

图 5-1-4　头部、面部、耳廓损伤

穿孔瞬间伤者会表现出伤耳剧烈疼痛、耳闷胀、耳鸣、短时听力下降等一系列症状,部分伤者还可以伴发眩晕,甚至恶心、呕吐及平衡障碍,甚至伤后会遗留高调性耳鸣以及轻、中度以下的听力下降及心理障碍。除非特殊原因,伤者一般会及时就诊。损伤早期穿孔形态及外伤性反应镜像表现具体(图 5-1-5 至图 5-1-7),能够对法医进行致伤方式及穿孔时间推断提供帮助。

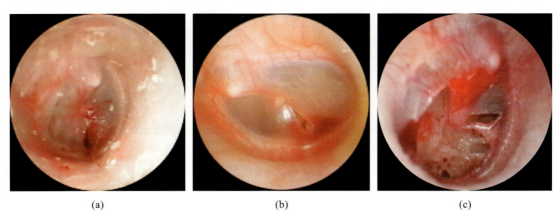

图 5-1-5　伤后 24 h 的鼓膜穿孔镜像表现

(a)(c)(e)为右耳鼓膜穿孔;(b)(d)(f)为左耳鼓膜穿孔;(d)为多发性穿孔

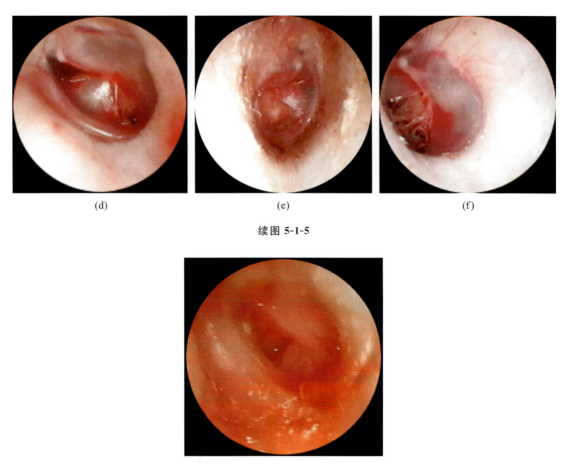

(d) (e) (f)

续图 5-1-5

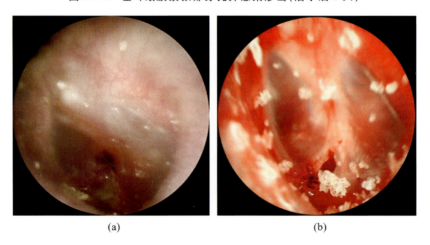

图 5-1-6 左耳鼓膜紧张部穿孔并感染渗出(潜水后 2 天)

(a) (b)

图 5-1-7 高压氧舱治疗过程中发现的鼓膜穿孔

(a)耳不适 2 天时的镜像;(b)耳不适 3 天时的镜像

头部撞击导致的鼓膜穿孔为特殊的间接损伤性鼓膜穿孔,外力通过颞骨的传递作用于鼓膜,导致穿孔撕裂,颞骨骨折时外耳道镜像多表现为外耳道肿胀或狭窄(图 5-1-8、图 5-1-9)。

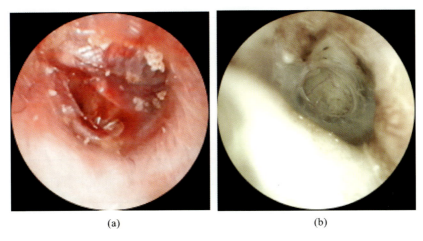

图 5-1-8　交通事故导致左侧颞骨骨折并鼓膜穿孔伤者检查前存在脑脊液耳漏病史,并伴发外耳道中段前方狭窄

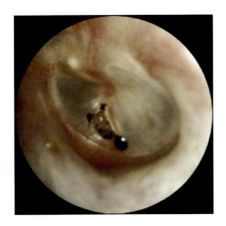

图 5-1-9　头部左侧闭合性损伤 4 天,耳科会诊时发现左耳鼓膜穿孔

第二节　外耳道表现

气流冲击外耳道与皮肤黏膜摩擦不会导致皮肤破损,严重者可以出现稍微红肿,这种红肿表现呈弥漫性,一般情况下,在伤后 24 h 内消失。外耳道充血表现多不会引起临床检查者的重视,甚至不予描述(图 5-2-1 至图 5-2-4)。

需要注意的是,在日常工作中经常遇到下列现象:其一,内窥镜检查时操作者不慎用内窥镜镜头等医疗器械损伤外耳道(图 5-2-5)。其二,外耳道以外部位或穿孔边缘出血后的外耳道有少量血迹聚积附着(图 5-2-6)。其三,伤前或伤后挖耳所致外耳道损伤(图 5-2-7)。上述情况均不是导致鼓膜穿孔的外力作用所形成的损伤,血迹的色泽与穿孔边缘分布的血迹表现不一致,需要仔细甄别。其四,外耳道若出血量较多或有水样液体流出,提示有脑脊液耳漏可能,这一种情况存在于明确的头外伤伤者中。

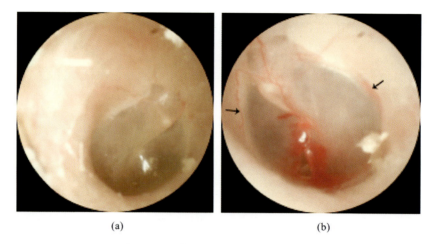

(a)   (b)

图 5-2-1　伤后 6 h 外耳道镜像（一）
伤耳外耳道与健耳外耳道对比稍显急性充血

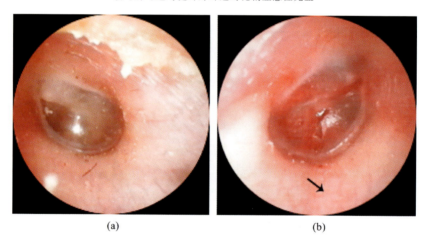

(a)   (b)

图 5-2-2　伤后 6 h 外耳道镜像（二）
伤耳外耳道底部呈急性弥漫性充血

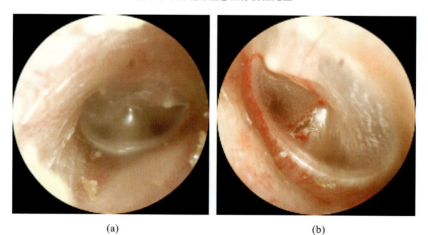

(a)   (b)

图 5-2-3　伤后 24 h 外耳道镜像
伤耳外耳道底稍显急性充血

第五章　间接损伤性鼓膜穿孔早期的镜像表现

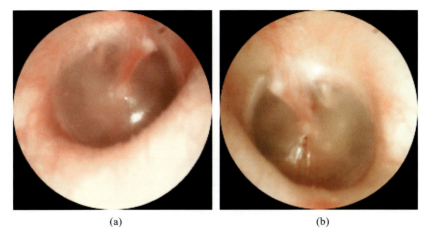

(a)　　　　　　　　　　　(b)

图 5-2-4　伤后 72 h 外耳道镜像

伤耳外耳道无急性充血征象

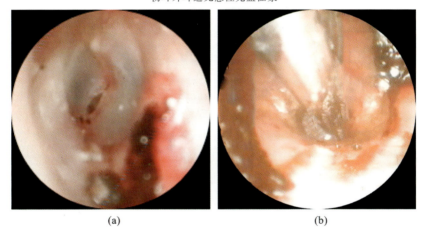

(a)　　　　　　　　　　　(b)

图 5-2-5　外耳道损伤镜像

(a)伤后 72 h,外耳道擦伤,鼓膜穿孔呈梭形,穿孔处有星点状血迹;(b)术中损伤外耳道

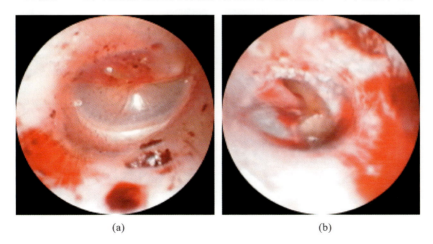

(a)　　　　　　　　　　　(b)

图 5-2-6　伤后 24 h 外耳道损伤镜像

伤耳外耳道有血迹附着

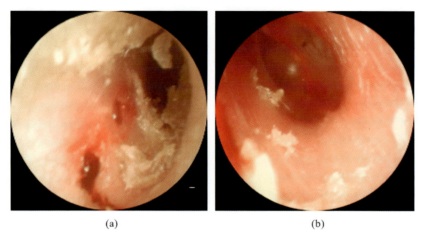

图 5-2-7　挖耳所致外耳道损伤伤后 24 h 镜像

健耳外耳道擦伤,穿孔耳外耳道急性充血(外耳道前壁疑似皮肤擦伤)

第三节　穿孔部位

根据致伤方式,法医临床可见到单耳或双耳鼓膜穿孔,单耳鼓膜穿孔的发生率较高。左耳多于右耳,这是伤者的左耳容易受到对方使用右手攻击的缘故。

穿孔部位以鼓膜紧张部前下象限发生率最高,有统计显示 80% 的鼓膜穿孔位于鼓膜紧张部前下象限(图 5-3-1),仅有 20% 位于鼓膜其他部位。主要是由于外耳道呈 S 形弯曲,鼓膜与外耳道成 45°倾斜角,紧张部前下象限为气压改变时受力最为集中的部位;另外,鼓膜的特殊振动方式也是重要的结构性因素,鼓膜不同的部位振动幅度不同,以锤骨柄下方近鼓环处振幅最大。正常情况下,鼓膜此部位发生破裂的概率较大(图 5-3-1)。其次为后下象限、后上象限、前上象限(图 5-3-2 至图 5-3-4)。松弛部弹性纤维较多,发生在此部位的外伤性穿孔罕见,该部位穿孔多与自身疾病引起鼓膜结构发生异常关系密切。

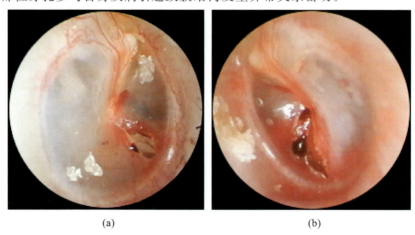

图 5-3-1　鼓膜紧张部前下象限穿孔

(a)右耳;(b)左耳

第五章 间接损伤性鼓膜穿孔早期的镜像表现

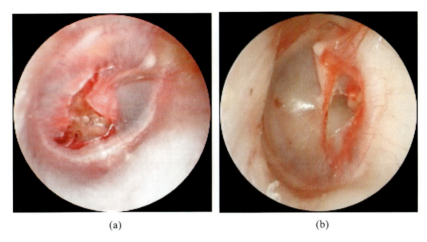

图 5-3-2 鼓膜紧张部后下象限穿孔
(a)右耳鼓膜紧张部前下及后下象限穿孔;(b)左耳鼓膜紧张部后下象限穿孔

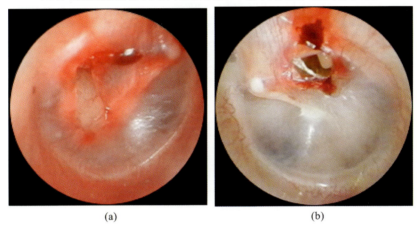

图 5-3-3 鼓膜紧张部后上象限穿孔
(a)右耳鼓膜紧张部后上及后下象限穿孔;(b)左耳鼓膜紧张部后上象限穿孔

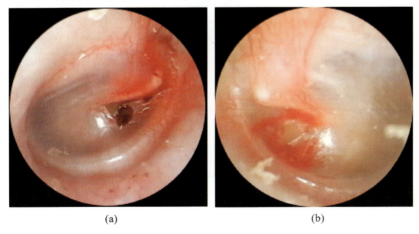

图 5-3-4 鼓膜紧张部前上象限穿孔
(a)右耳;(b)左耳

需要强调的是,鼓膜紧张部四个象限是人为划分的,鼓膜穿孔不会仅仅局限于某一个象限,而是可以骑跨于相邻象限的(图5-3-5至图5-3-10),所以,有时候因检查者不同、内窥镜视角不同等因素,对穿孔部位的描述可能会出现少许差异。

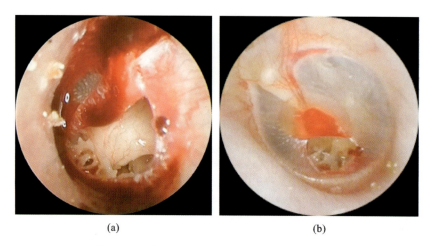

图 5-3-5　穿孔骑跨紧张部前下象限与后下象限
一般描述为紧张部下方穿孔

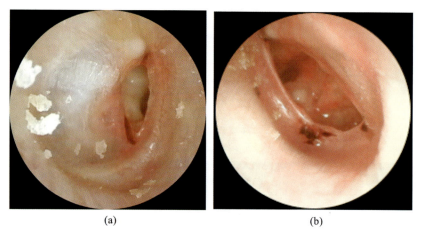

图 5-3-6　穿孔骑跨紧张部前上象限与前下象限
一般描述为紧张部前方穿孔

正常鼓膜周边厚而中央薄,从而使紧张部具有更好的抗张力强度。一般情况下,鼓膜穿孔集中于鼓膜紧张部中央部位,只是破裂涉及鼓膜的边缘(图5-3-11(a))。仅仅局限于边缘部的小穿孔除与鼓膜存在的病理基础有关之外,也要考虑非间接损伤的可能(图5-3-11(b)(c)(d))。

第五章　间接损伤性鼓膜穿孔早期的镜像表现

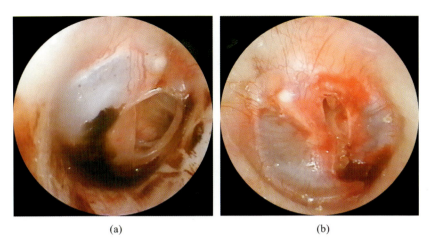

(a)　　　　　　　　　　　　(b)

图 5-3-7　穿孔骑跨紧张部后上象限与后下象限

一般描述为紧张部后方穿孔

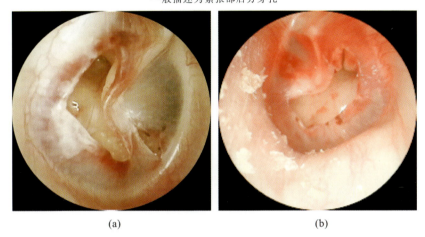

(a)　　　　　　　　　　　　(b)

图 5-3-8　穿孔骑跨鼓膜紧张部前下、后上及后下象限

一般描述为紧张部后方及下方穿孔

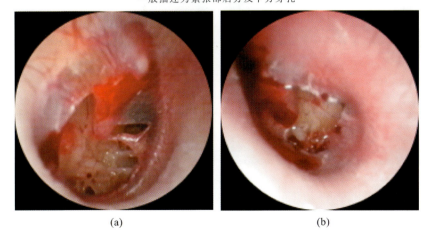

(a)　　　　　　　　　　　　(b)

图 5-3-9　穿孔骑跨鼓膜紧张部前上、前下及后下象限

一般描述为紧张部前方及下方穿孔

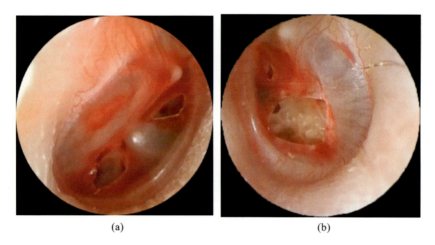

图 5-3-10 鼓膜紧张部多发性穿孔,2 个穿孔不在同一象限
(a)右耳前上象限与前下象限穿孔;(b)左耳前上象限与下方穿孔

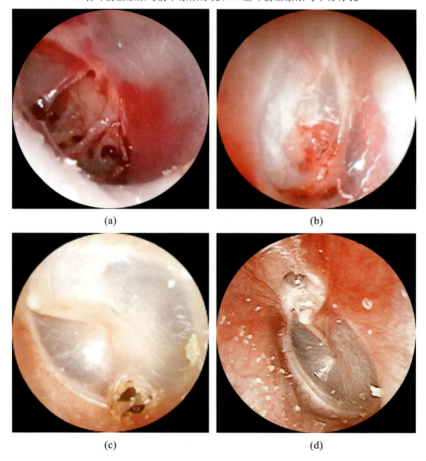

图 5-3-11 鼓膜穿孔镜像
(a)气压伤鼓膜穿孔;(b)边缘部鼓膜穿孔;(c)边缘部鼓膜穿孔;(d)慢性炎性松弛部穿孔

第四节 穿孔面积

穿孔面积与鼓膜破裂压(导致鼓膜穿孔的压力)成正比。此外,还与头部位置、外耳道是否存在耵聍、耳部是否有保护措施以及先前鼓膜是否有病理基础等一系列因素有关。国内有人做的模拟试验结果显示,外耳道逐渐加压,当压力刚刚达到正常鼓膜裂伤压力值低限时,95%的鼓膜穿孔为面积<5 mm^{2}的小穿孔;而在猛烈加压时,40%的鼓膜穿孔面积>5 mm^2。

实际工作中,最常见的是鼓膜紧张部裂隙样或梭形穿孔,也可以见到仅遗留鼓膜残迹的大穿孔。

为了便于描述与记录鼓膜穿孔面积大小,按照 Saliba 法将鼓膜穿孔面积大小划分为下列几类。

(1) 小穿孔:穿孔面积约等于或小于1个象限面积(图 5-4-1)。

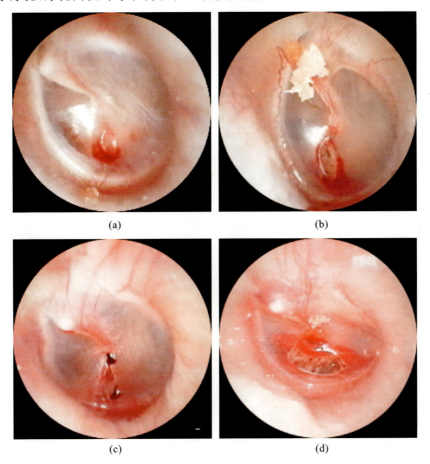

图 5-4-1 鼓膜小穿孔

(2) 中等穿孔:穿孔面积约等于或小于2个象限但大于1个象限面积(图 5-4-2)。
(3) 大穿孔:穿孔面积超过2个象限面积(图 5-4-3)。

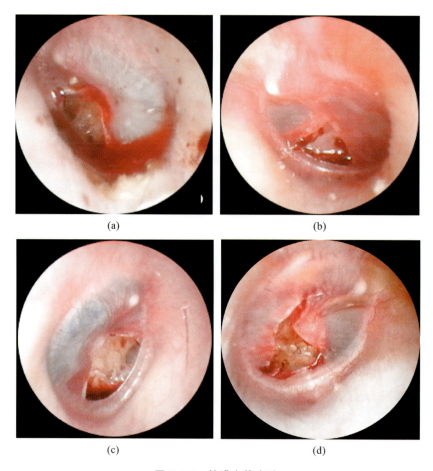

图 5-4-2　鼓膜中等穿孔

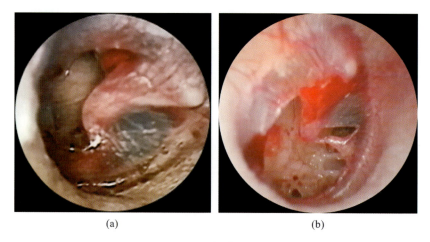

图 5-4-3　鼓膜大穿孔

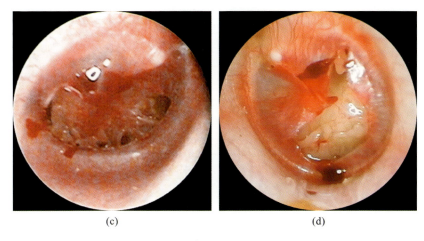

(c)　　　　　　　　　　　　　(d)

续图 5-4-3

第五节　穿孔数量

间接损伤性鼓膜穿孔常见于单耳,也有双耳间接损伤性鼓膜穿孔。最常见的为单耳单孔(图 5-5-1),也可以见到单耳两孔(图 5-5-2),甚至更多数量的穿孔(图 5-5-3)。多发性鼓膜穿孔常为两个或两个以上分布于紧张部的穿孔,既可以是两个及两个以上的小穿孔,也可以见到一个大的穿孔伴发数个小穿孔。

造成两个及以上的多发性鼓膜穿孔可能与以下因素有关。

(1) 闭合气流作用压强大。

(2) 短时间内连续多次打击。纤薄的鼓膜在短时间内遭受多次强大的压力冲击,使鼓膜顺应性下降,最终在压力作用下致鼓膜薄弱处发生多处破裂穿孔。

(3) 外耳道及鼓膜等解剖生理结构因素,如鼓膜的厚度、弹性以及外耳道的走行方向等,可能对造成多发性鼓膜穿孔有一定程度的影响。

(4) 鼓膜存在病理基础,如鼓膜硬化造成的鼓膜局限性抗张力改变、萎缩性鼓膜等。

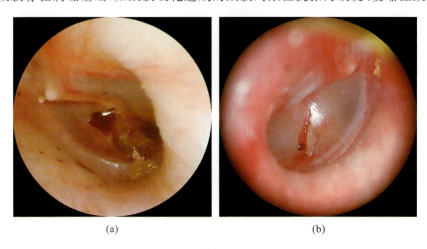

(a)　　　　　　　　　　　　　(b)

图 5-5-1　鼓膜紧张部 1 个穿孔

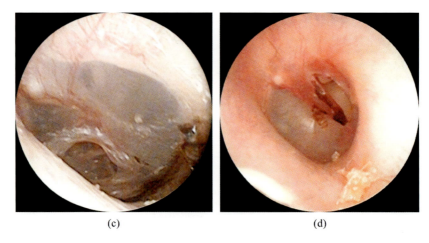

(c)   (d)

续图 5-5-1

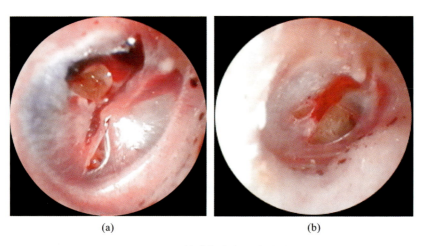

(a)   (b)

图 5-5-2 鼓膜紧张部 2 个穿孔

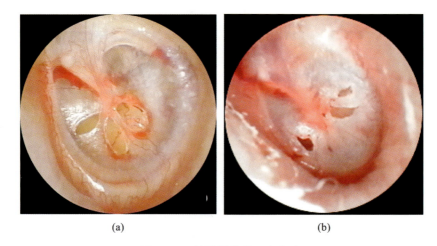

(a)   (b)

图 5-5-3 鼓膜紧张部 3 个穿孔

有一些穿孔中残留细小的残余鼓膜结构（未断开的鼓膜残余条索）时，一般不统计为两个穿孔（图 5-5-4）。

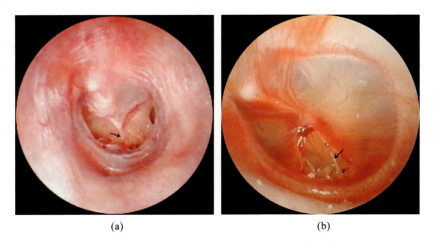

图 5-5-4　鼓膜内存在未断开的细小条索状残余鼓膜组织

第六节　穿 孔 形 态

正常鼓膜纤维组织部分呈环状与辐射状分布于鼓膜紧张部，外耳道内形成的闭合气流产生异常压力作用于正常鼓膜，导致中间层的纤维组织断裂，鼓膜穿孔表现出特殊的撕裂形态。

有统计表明，气压伤鼓膜穿孔形态 99% 为裂隙样或类三角形。镜像表现为裂隙一端朝向鼓膜脐（图 5-6-1），较大穿孔形态则表现为一个成角形成的尖端朝向鼓膜脐，底向鼓膜外侧的类三角形镜像。

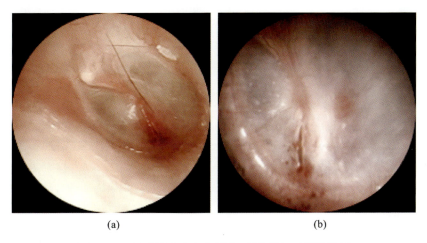

图 5-6-1　左耳鼓膜下方有裂隙，捏鼻鼓气时裂隙明显

鼓膜穿孔顺辐射状纤维组织走行形成撕裂，穿孔两侧张力不大时，仅以一种"线状"裂隙形态表现，有描述为"劈裂"状穿孔，伤后初期镜像不易发现穿孔，在捏鼻鼓气时可表现出"漏气"征象（图 5-6-1）。有一部分极小的穿孔镜检也不易观察到，也只有在捏鼻鼓气时可表现

出"漏气"的情况(图 5-6-2)。

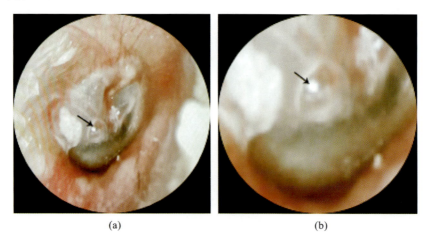

图 5-6-2　左耳鼓膜脐部下方疑似有针尖样穿孔,捏鼻鼓气时见漏气"气泡"征象

还有部分案例,由于痂皮遮挡,在伤后 6 周复查时小穿孔不易发现,只有在捏鼻鼓气时可表现出"漏气"征象(图 5-6-3)。

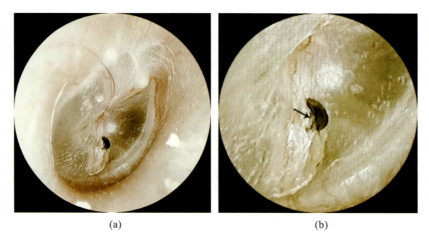

图 5-6-3　左耳后上象限原穿孔痂皮遮挡,捏鼻鼓气时见痂皮冲开,小穿孔漏气

随着压力的逐渐增大,裂孔(穿孔)随外耳道内压力增加与纤维组织牵拉而增大。

气压伤鼓膜穿孔形状是由外力作用形式、外力压强大小、鼓膜穿孔位置、鼓膜张力等因素决定的。正常鼓膜撕裂后,穿孔呈现大小不一的不规则形状。由于检查者的观察视角及描述习惯不同,对穿孔形状的描述可能出现少许差异。小穿孔多描述为针尖样、裂隙样、类梭形、类三角形等(图 5-6-4 至图 5-6-7),中等及以上穿孔多呈类三角形、半月形、肾圆形、类椭圆形、类圆形等(图 5-6-8 至图 5-6-12)。模拟试验结果也显示,逐渐加压导致的鼓膜穿孔 75% 为类三角形穿孔、20% 为条形(裂隙样、梭形)穿孔,仅有 5% 为大而不规则形穿孔;猛烈加压时,15% 为类三角形穿孔,15% 为条形(裂隙样、梭形)穿孔,70% 为不规则形较大穿孔。

由于鼓膜自身结构发生病理性变化,鼓膜纤维层缺少或分布异常(如存在鼓膜硬化、鼓膜萎缩等),鼓膜破裂压力值要求降低,导致鼓膜穿孔形态有异于正常鼓膜穿孔时表现,穿孔边缘易致破碎。镜像表现为非撕裂形态的类椭圆形、类圆形或无锐性成角形状，穿孔面积大小不等（图 5-6-13）。

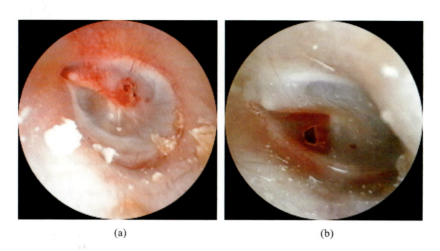

图 5-6-4　鼓膜紧张部针尖样穿孔

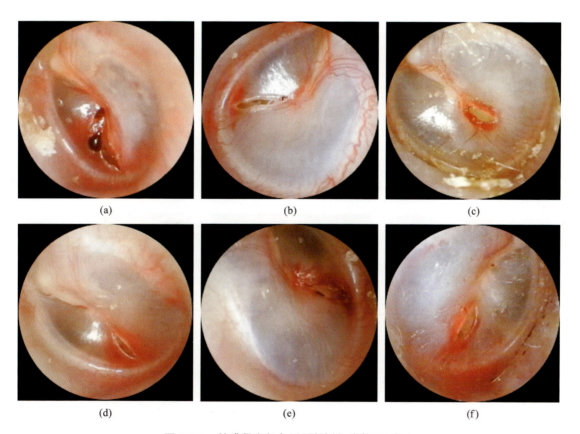

图 5-6-5　鼓膜紧张部条形（裂隙样、类梭形）穿孔

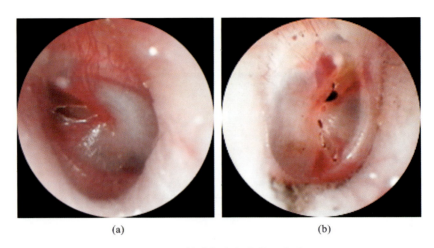

图 5-6-6　鼓膜紧张部类梭形穿孔

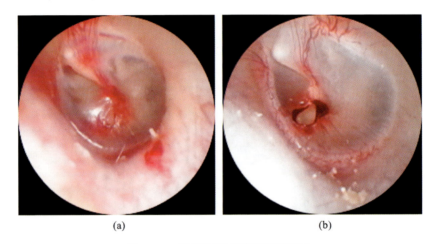

图 5-6-7　鼓膜紧张部"雨滴"状穿孔

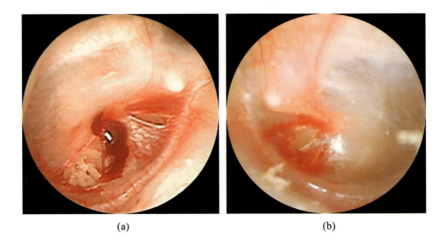

图 5-6-8　鼓膜紧张部类三角形（扇形）穿孔

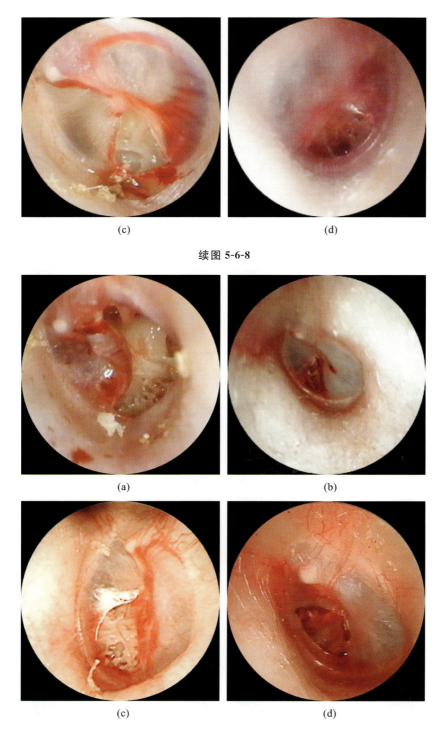

续图 5-6-8

图 5-6-9 鼓膜紧张部半月形(肾圆形)穿孔

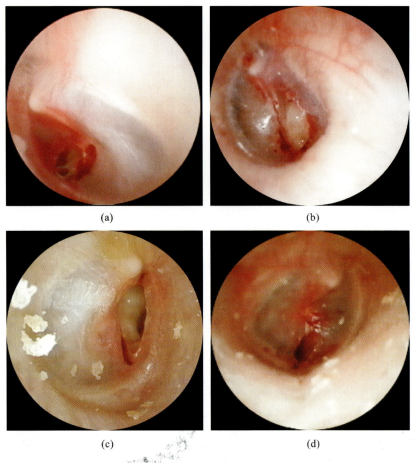

图 5-6-10 鼓膜紧张部类椭圆形穿孔

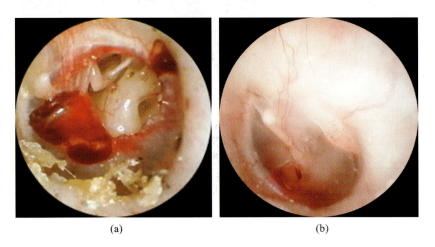

图 5-6-11 鼓膜紧张部类圆形穿孔

第五章 间接损伤性鼓膜穿孔早期的镜像表现

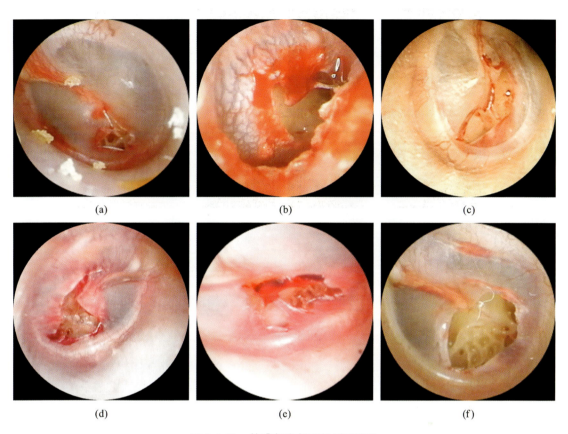

图 5-6-12 鼓膜紧张部不规则形穿孔

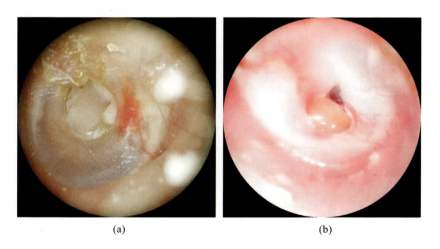

图 5-6-13 病理性鼓膜外伤性穿孔

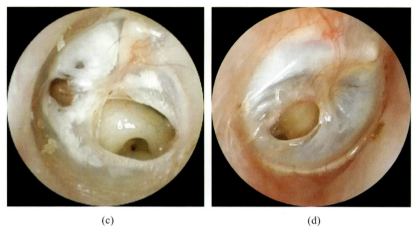

(c)　　　　　　　　　　　　(d)

续图 5-6-13

第七节　鼓膜穿孔边缘早期镜像表现

正常鼓膜纤维层具有韧性和弹性,即使鼓膜破裂但不易完全破碎。气压伤导致鼓膜辐射状纤维组织破坏,鼓膜上皮层、黏膜层撕裂。早期穿孔两侧边缘镜像多呈锯齿状,较粗糙,薄锐而鲜红,并且穿孔边缘之间可能残余一些未完全断开的条索样鼓膜组织相连(图 5-7-1)。伤后边缘呈锯齿状形态是气压伤正常鼓膜穿孔初期典型的镜像特征。

由于鼓膜组织的韧性,穿孔边缘撕裂时遗留瓣状残迹,在鼓膜张力的作用下,残瓣向穿孔外翻折或向内卷曲,从而形成不同形状的鼓膜"孔洞",由于残瓣卷折,镜像显示穿孔边缘常光滑而增厚。这些特殊表现,尤其是残瓣外翻(比较容易辨认),能为法医判断损伤性质提供客观依据(图 5-7-2)。

鼓膜残瓣的翻折方向与鼓膜生物学特性、外力大小及穿孔部位有关。统计结果显示,气压伤鼓膜穿孔以鼓膜残瓣外翻最常见,鼓膜紧张部后上象限内侧鼓室内容纳听骨链、镫骨底板及内耳结构,空间相对较小,发生鼓膜残瓣内卷的概率较小,多为残瓣外翻,这是判断气压伤鼓膜穿孔的典型镜像表现之一(图 5-7-3)。

鼓膜紧张部下方内侧鼓室相对空间较大,咽鼓管鼓室口也在前下方鼓室内侧,所以随着呼吸咽鼓管开放既容易发生鼓膜残瓣外翻又能够导致残瓣内卷(图 5-7-4)。

正常鼓膜破裂的严重程度与外力方向、强度和压力持续时间有关。一般情况下,基底部较宽的残瓣生存时间也较长(图 5-7-5)。

硬化性鼓膜及萎缩性鼓膜穿孔后撕裂形状可能不典型,也会呈现出薄锐不整齐的毛糙样改变,一般不会出现尖锐的锯齿状改变及残瓣卷曲的镜像(图 5-7-6、图 5-7-7)。

第五章　间接损伤性鼓膜穿孔早期的镜像表现

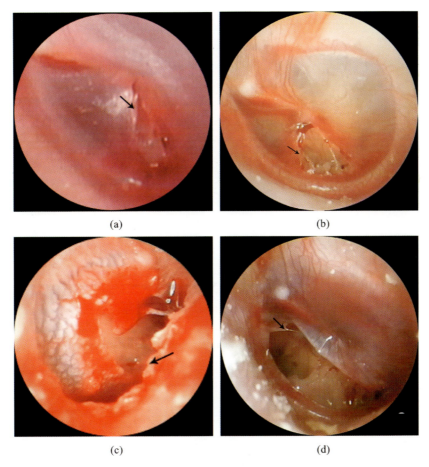

图 5-7-1　穿孔边缘呈薄锐的锯齿状，穿孔中间残余鼓膜条索组织联系

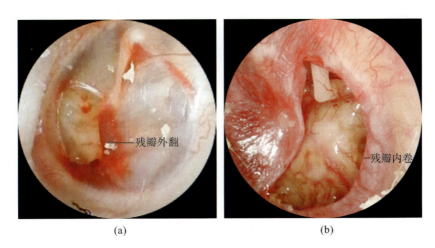

图 5-7-2　残瓣外翻与内卷

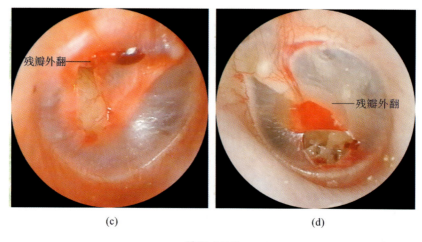

(c) (d)

续图 5-7-2

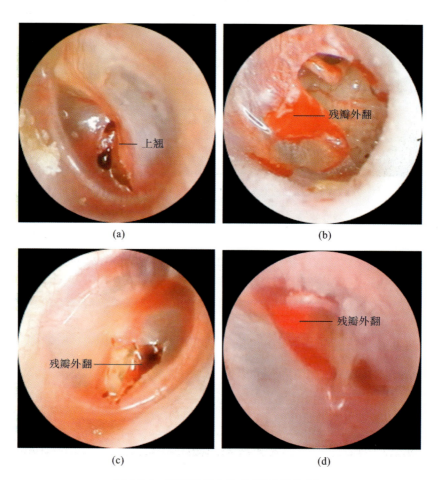

图 5-7-3 鼓膜残瓣向外翻折（残瓣外翻）

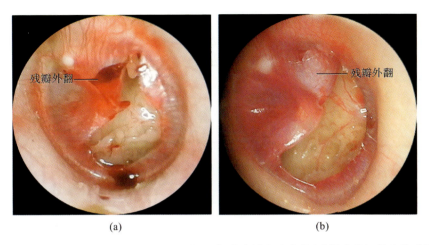

图 5-7-4　鼓膜内侧和外侧穿孔边缘光滑、增厚,部分残瓣向内卷曲(残瓣内卷);前上缘残瓣外翻

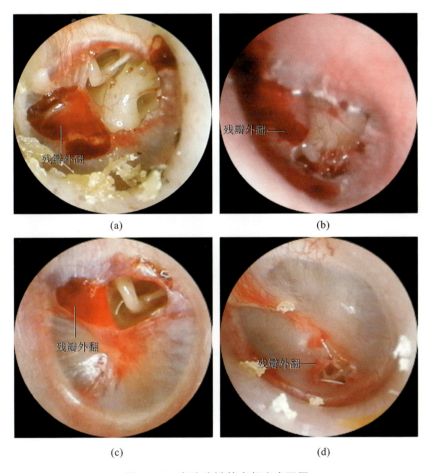

图 5-7-5　穿孔残瓣基底部宽窄不同

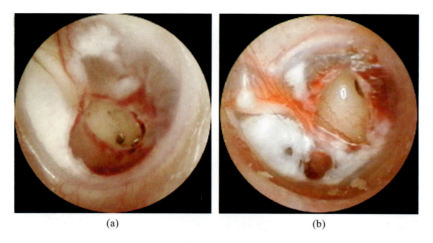

(a)　　　　　　　　　　　(b)

图 5-7-6　萎缩性鼓膜气压伤穿孔后无明显残瓣卷曲

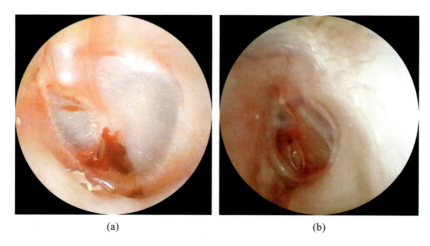

(a)　　　　　　　　　　　(b)

图 5-7-7　硬化性鼓膜气压伤穿孔后无明显残瓣卷曲

第八节　残余鼓膜早期镜像表现

一般情况下，间接损伤性鼓膜穿孔发生以后的不同时间段，镜像表现往往能够显示出不同的损伤征象，尤其是在穿孔急性期与早期，即发生穿孔至伤后的3天内表现较为特殊，这为法医学推断致伤方式及损伤时间提供了客观依据。

根据受伤时间，我们将间接损伤性鼓膜穿孔伤后24 h内称为损伤急性期（初期），急性期穿孔形态基本保留成伤时的形态，穿孔边缘基本无变化；伤后24～72 h称为损伤早期，此阶段有一些穿孔边缘已经开始了初期的修复；受伤72 h以后称为损伤修复期，穿孔均已经进入修复状态，部分穿孔边缘出现了痂皮附着。

一、鼓膜充血、水肿

鼓膜紧张部血管分布少，穿孔刚刚发生时（0.5 h以内）反应轻微，仅表现为穿孔边缘轻微充血，水肿反应并不明显（图5-8-1）。伤后2 h左右，开始出现明显的充血反应，在穿孔处周围开始出现局限性充血表现,而此时镜像也可以显现出轻度的水肿,表现为在损伤组织充血的背景下的肿胀与湿润感(图5-8-2)。伤后3~5 h镜像见图5-8-3至图5-8-5。

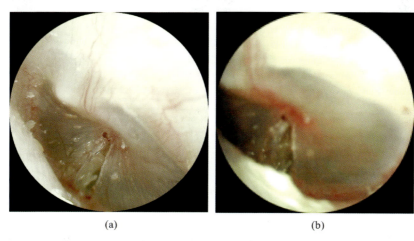

图 5-8-1 损伤急性期镜像

鼓膜周围充血轻微

(a)伤0.5 h;(b)伤24 h

研究表明,鼓膜上皮干细胞主要分布于松弛部、锤纹及鼓环等部位,穿孔以后上述部位毛细血管扩张,这种表现不是炎性反应,而是干细胞增殖的镜像表现。观察发现,上述部位的毛细血管扩张持续于整个穿孔修复过程。

伤后6~12 h,穿孔边缘充血明显、淤血加重,组织水肿明显,呈鲜亮感;部分镜像显示出沿鼓膜锤纹、相近鼓环处毛细血管扩张(图5-8-6至图5-8-8)。

伤后12~24 h,穿孔边缘充血明显、淤血加重;组织肿胀明显,渗出逐渐停止;鼓膜松弛部、锤骨柄、穿孔相近鼓环处毛细血管扩张性反应明显(图5-8-9至图5-8-12)。

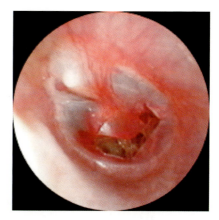

图 5-8-2 伤后2 h镜像

穿孔周围鼓膜局限性红肿,松弛部、锤纹及鼓环毛细血管扩张

伤2天(48 h)以后,穿孔边缘充血明显,渗出停止;表现出干燥感;鼓膜松弛部、锤骨柄、穿孔相近鼓环处毛细血管扩张性反应明显(图5-8-13)。

伤3天(72 h)以后,穿孔边缘鼓膜肿胀消退,鼓膜充血区减少变暗;穿孔边缘开始出现白色痂皮;鼓膜松弛部、锤骨柄、穿孔相近鼓环处毛细血管扩张性反应明显(图5-8-14)。

伤4天以后,鼓膜充血肿胀基本消退;鼓膜松弛部、锤骨柄、穿孔相近鼓环处毛细血管扩张;穿孔边缘附着痂皮(图5-8-15)。

伤5天以后,穿孔周围鼓膜充血水肿征象基本消失。鼓膜松弛部、锤骨柄及穿孔相近鼓环处滋养血管扩张,这种表现是外伤性鼓膜穿孔愈合过程中的典型镜检现象,可以持续至穿孔完成修复以后的一段时间(图5-8-16)。

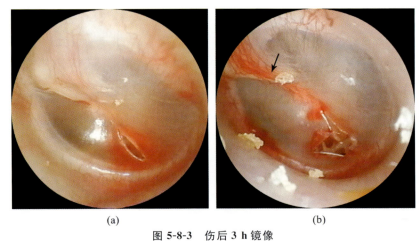

(a) (b)

图 5-8-3　伤后 3 h 镜像

穿孔周围局限性鼓膜充血,松弛部、锤纹及鼓环毛细血管扩张

(a)裂隙样穿孔;(b)不规则形穿孔

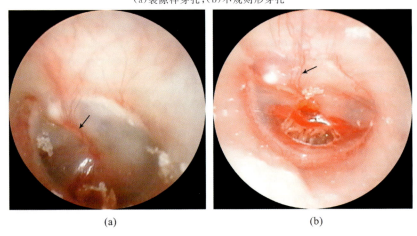

(a) (b)

图 5-8-4　伤后 4 h 镜像

鼓膜穿孔边缘局限性充血,松弛部、锤纹及鼓环处毛细血管扩张

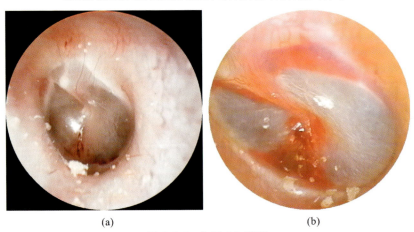

(a) (b)

图 5-8-5　伤后 5 h 镜像

(a)穿孔边缘充血反应轻;(b)紧张部前下象限穿孔,穿孔充血反应显现,出血停止,新鲜血痂在穿孔边缘附着,松弛部、锤纹及鼓环等部位毛细血管扩张

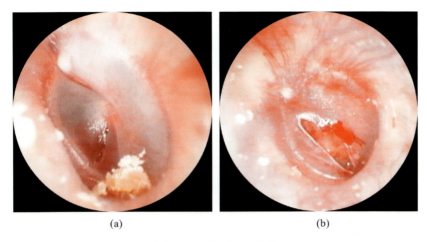

(a)   (b)

图 5-8-6　伤后 6 h 镜像

穿孔周围局限性充血

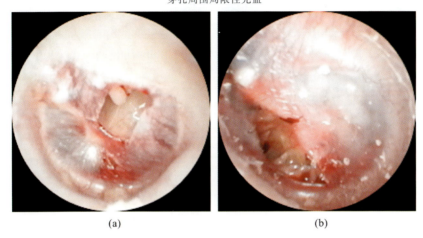

(a)   (b)

图 5-8-7　伤后 8 h 镜像

穿孔边缘渗血停止，有星点状的新鲜血痂附着，充血、水肿明显

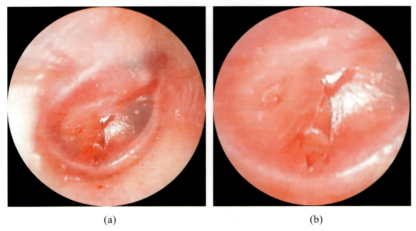

(a)   (b)

图 5-8-8　伤后 12 h 镜像

穿孔后鼓膜充血、水肿

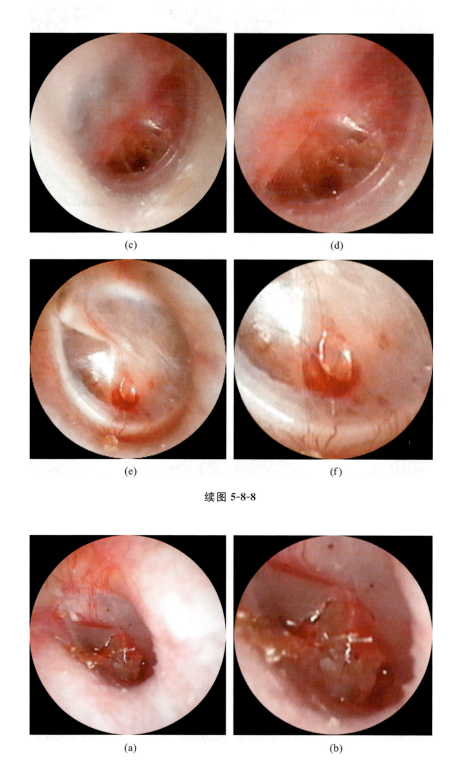

(c) (d)

(e) (f)

续图 5-8-8

(a) (b)

图 5-8-9　伤后 13 h 镜像

穿孔后鼓膜充血水肿

第五章　间接损伤性鼓膜穿孔早期的镜像表现

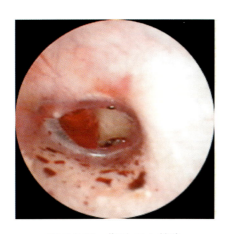

图 5-8-10　伤后 16 h 镜像

穿孔后鼓膜充血水肿

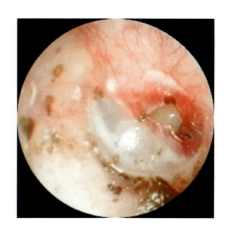

图 5-8-11　伤后 21 h 镜像

穿孔后鼓膜充血水肿

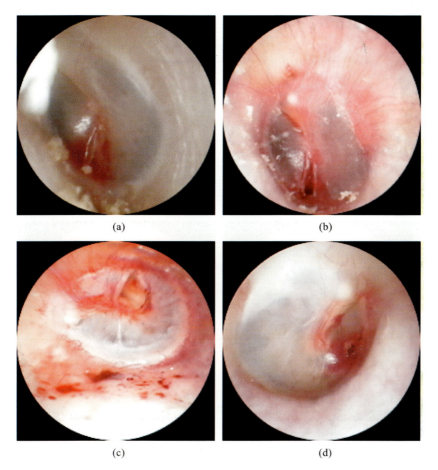

图 5-8-12　伤后 24 h 镜像

鼓膜充血肿胀表现明显，一部分小穿孔渗出停止，穿孔边缘镜像显现出干燥感

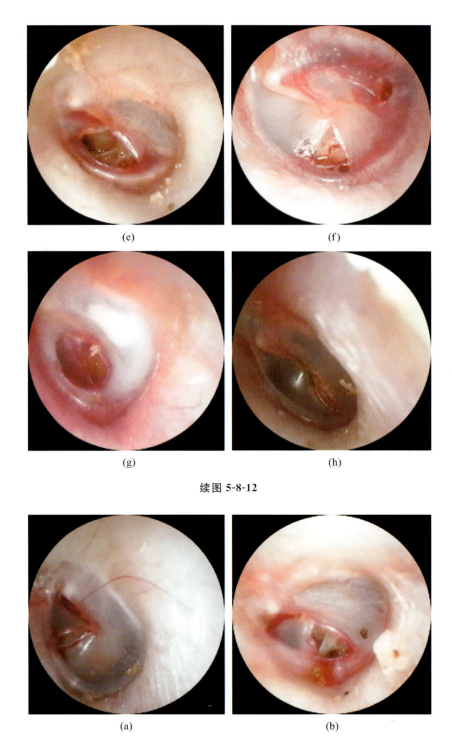

(e)　　　　　　　　　(f)

(g)　　　　　　　　　(h)

续图 5-8-12

(a)　　　　　　　　　(b)

图 5-8-13　伤 48 h 以后镜像

穿孔边缘及穿孔周围鼓膜充血明显，部分穿孔边缘略显干燥、结痂

第五章 间接损伤性鼓膜穿孔早期的镜像表现

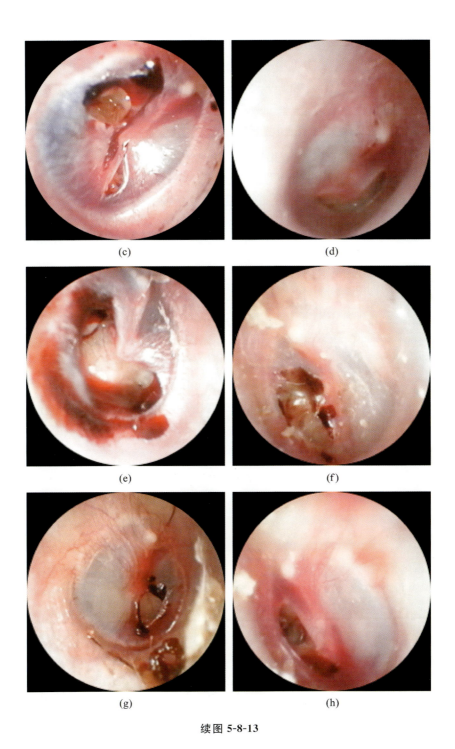

续图 5-8-13

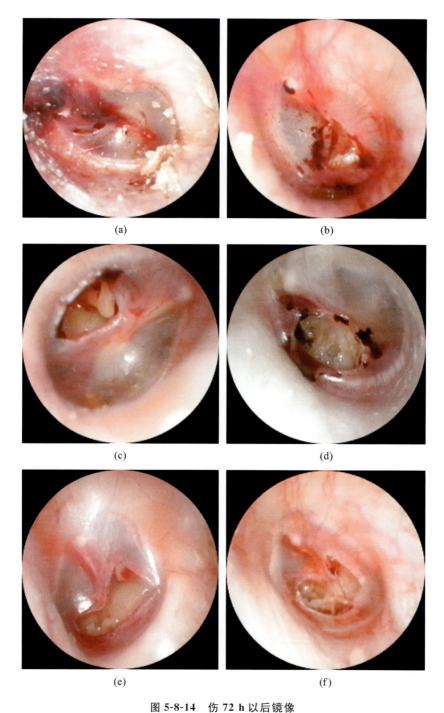

图 5-8-14　伤 72 h 以后镜像

穿孔边缘周围充血减轻,渗血凝为星点状血痂,水肿减轻,锤纹及穿孔相近鼓环处充血明显

第五章　间接损伤性鼓膜穿孔早期的镜像表现

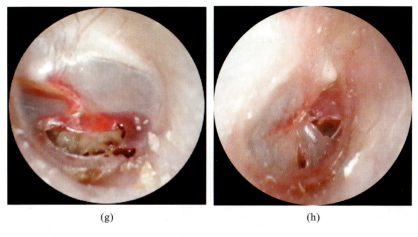

(g)　　　　　　　　　　　　(h)

续图 5-8-14

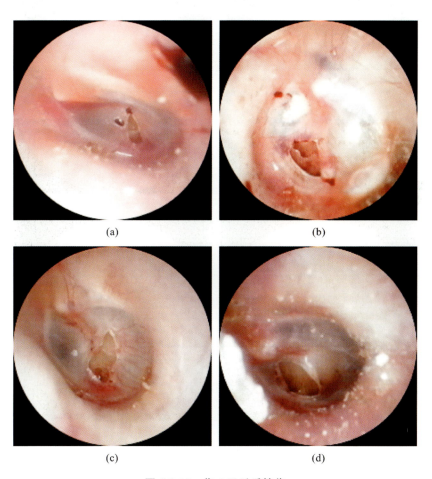

(a)　　　　　　　　　　　　(b)

(c)　　　　　　　　　　　　(d)

图 5-8-15　伤 4 天以后镜像

穿孔边缘充血减轻,渗血凝为星点状血痂,水肿减轻,锤纹及可见穿孔相近鼓环处充血明显

133

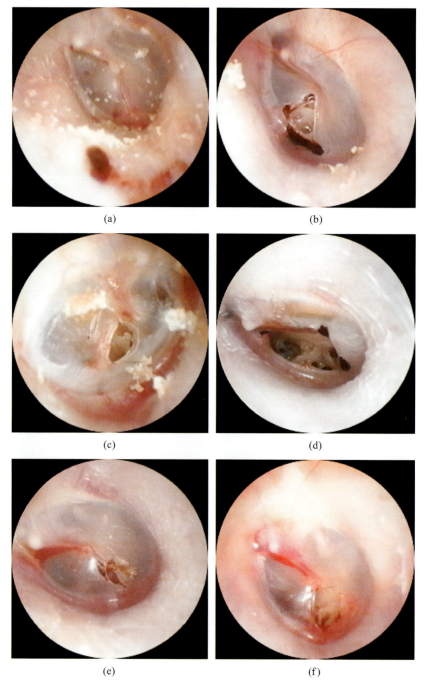

图 5-8-16　伤 5 天以后镜像

穿孔周围鼓膜充血水肿征象基本消失

二、鼓膜出血

在气流压力作用下,韧性相对较小的区域(血管网络间隙区域)易发生裂伤,鼓膜紧张部血管分布较少,加之血管对外力作用的躲避,间接损伤导致鼓膜穿孔以后,穿孔边缘可以出现少许出血或不出血的现象,这种现象不止局限于小穿孔,即便是大穿孔边缘也能看到(图5-8-17、图5-8-18)。只是在逐渐加压或高频率反复击打,或鼓膜存在病理基础的情况下可见到相对较多的出血,但与直接伤导致的鼓膜穿孔后表现比较,这种出血表现仍然是轻微的(图5-8-19(c)、图5-8-20(b))。部分镜像在外耳道深部或鼓膜表面可以看到星点状分布的血痂,此为小动脉破裂血液飞溅形成(图5-8-8(a)、图5-8-8(d))。

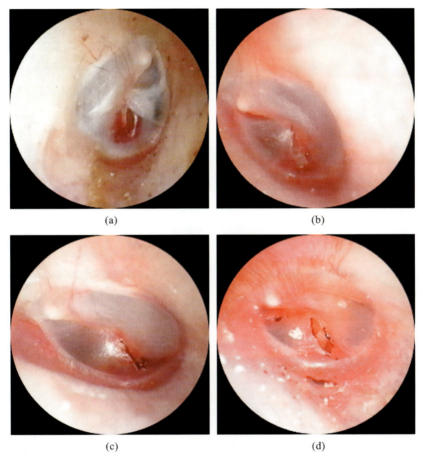

图 5-8-17　伤后 24 h 鼓膜镜像(一)

鼓膜小穿孔不伴出血,或仅有星点状出血

(a)为硬化性鼓膜穿孔;(b)(c)(d)为正常结构鼓膜穿孔

一般情况下,人类的血液离体以后,10 min 左右血液里面的凝血因子就会凝固。伤后 12 h 内鼓膜穿孔边缘新鲜出血表现为星点的液体状,穿孔边缘逐渐淤血、肿胀,出血停止,血液凝固,逐渐干燥,形成黏稠的新鲜血痂,呈鲜红色。在此期间的镜检影像中血液与新鲜血痂不易辨识(图 5-8-19、图 5-8-20)。随着时间延长,血痂逐渐变化成为固体状,血迹的颜色

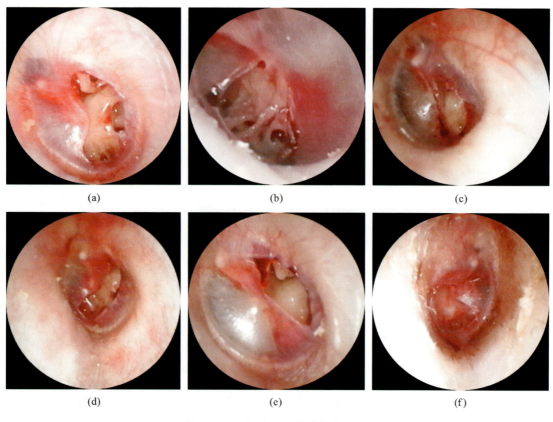

图 5-8-18 伤后 24 h 鼓膜镜像(二)
大、中等穿孔不伴出血或仅伴少许出血

逐渐加深,由鲜红色,逐渐变化为暗红色、红褐色、褐色、绿褐色、黑褐色、黑色(图 5-8-21 至图 5-8-23)。

血迹干燥及颜色演变的精确时间有待进一步研究,也有人观察发现受伤 24 h 以后新鲜血痂可转变成为暗红色干燥血痂。

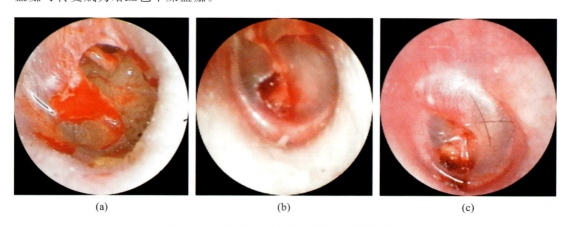

图 5-8-19 伤后 24 h 内穿孔边缘血迹镜像表现
(a)伤后 2 h;(b)伤后 8 h;(c)伤后 10 h;(d)伤后 12 h;(e)伤后 13 h;(f)伤后 20 h

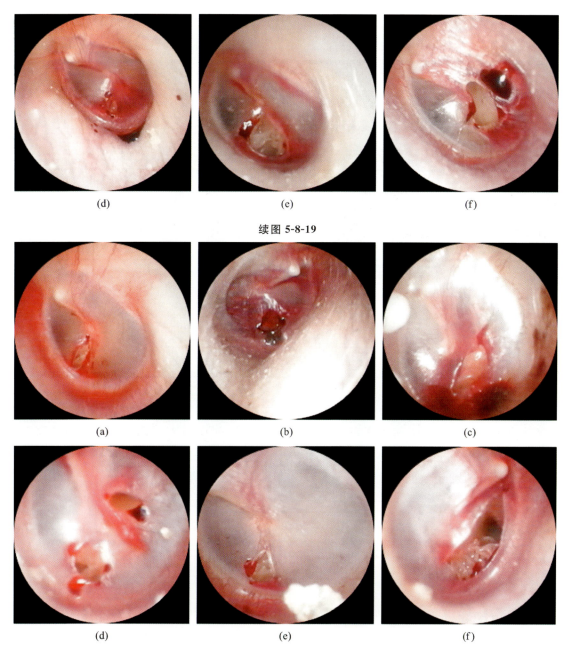

图 5-8-20　伤后 24 h 左右的穿孔边缘血迹镜像表现

血痂色泽新鲜，部分色泽变暗

有的初次检查较早，穿孔边缘没有发现出血征象，由于伤后渗血、打喷嚏或剧烈活动，再次检查时在原充血的穿孔边缘可以出现星点状出血迹象或出血量较原来有少许增多。这种现象多发生于伤后早期，伤后 72 h 以后发生继发性较多出血的少见。

受伤 72 h 以后检查仍表现为新鲜血性物者较为特殊，法医推断致伤时间时还要与案情、病理生理情况结合，确定伤者有无第二次受伤、有无伤后持续剧烈运动，以及有无导致出血时间延长或出血量大的条件，如女性的月经期、服用抗凝血药物、患凝血功能障碍性疾病等（图 5-8-24、图 5-8-25）。

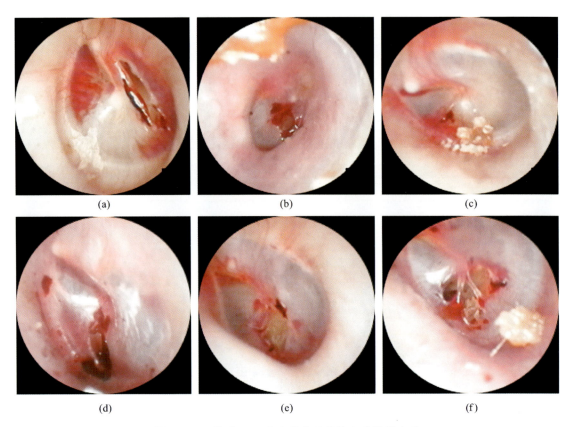

图 5-8-21　伤后 48 h 左右的穿孔边缘血迹镜像表现

血痂颜色较前加深变暗

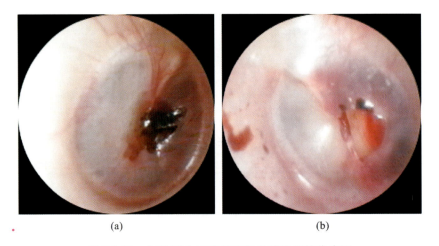

图 5-8-22　伤后 72 h 左右的穿孔边缘血迹镜像表现

血性物基本上呈陈旧性血痂表现

第五章 间接损伤性鼓膜穿孔早期的镜像表现

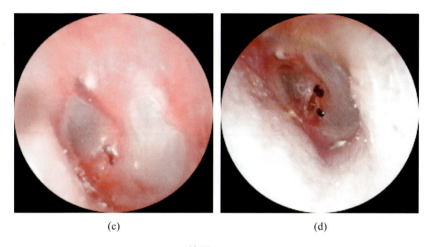

续图 5-8-22

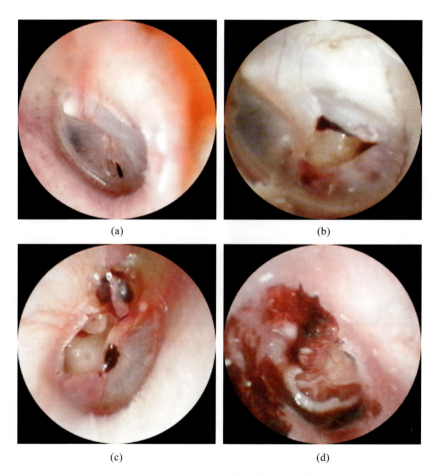

图 5-8-23 伤后 4 天左右的穿孔边缘血迹镜像表现

血性物呈陈旧性血痂表现

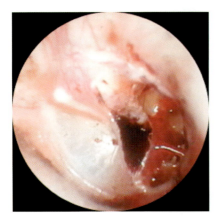
图 5-8-24　伤者诉伤后 6 天鼓膜镜像
穿孔周围陈旧性血迹与鼓室内新鲜血迹均存在

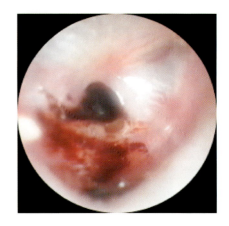
图 5-8-25　伤者诉伤后 9 天鼓膜镜像
穿孔已经部分修复,穿孔周围陈旧性血迹与较新鲜血迹均存在

法医通过穿孔边缘处的血迹色泽可以判断穿孔与伤者诉损伤时间是否大体一致。如果受伤 72 h 以后检查镜像仍显示为新鲜血迹,或伤后 6 h 内检查镜像显示出黑色的陈旧性血痂表现等征象均应该审慎对待。考虑到耳内窥镜录像及影像报告形成过程中的色彩失真,可能会影响对血性物色泽的判断,所以需要与健耳镜像色彩进行对比分析(图5-8-26)。

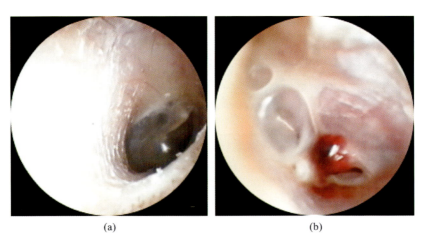
(a)　　　　　　　　　　(b)

图 5-8-26　诉伤后 6 天鼓膜边缘血迹,对比健耳外耳道及鼓膜色泽
(a)健侧;(b)伤侧

第九节　鼓室表现

由于气压伤致鼓膜穿孔是由于闭合的外耳道突然开放导致外耳道负压形成,故气压伤鼓膜穿孔后鼓室干燥,鼓室黏膜无损伤表现(图 5-9-1),即便是硬化性鼓膜或萎缩性鼓膜穿孔以后也无明显的鼓室积血(图 5-9-2)。

第五章　间接损伤性鼓膜穿孔早期的镜像表现

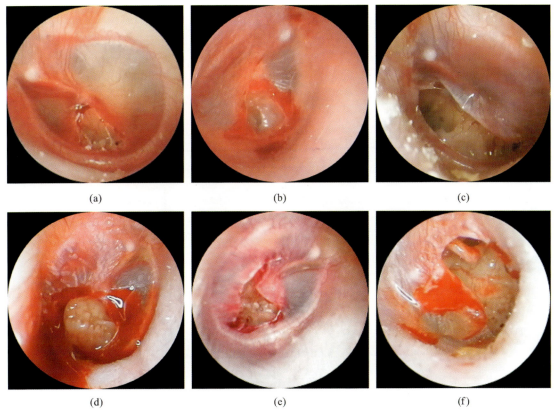

图 5-9-1　伤后 24 h 鼓膜穿孔镜像
鼓室干燥、洁净

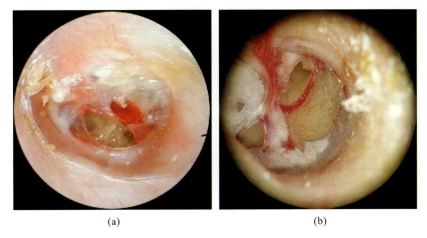

图 5-9-2　伤后 24 h 萎缩性鼓膜穿孔镜像
鼓室干燥、洁净

穿孔导致鼓膜残瓣向鼓室内卷曲，或连续多次击打时，也存在鼓室轻度充血的镜像（图 5-9-3）。由于穿孔边缘摆动，剧烈运动后伤者接受检查时从镜像中也可以看到穿孔内侧鼓室黏膜存在少许血迹分布的现象（图 5-9-4）。

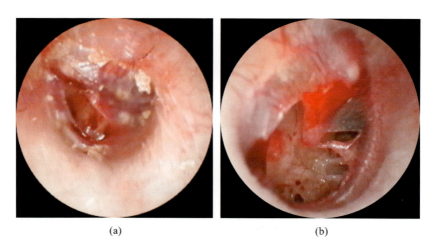

图 5-9-3　伤后 24 h 鼓膜穿孔镜像

连续击打致鼓室黏膜轻度充血，穿孔边缘未显示大量出血的直接损伤性鼓膜穿孔特征

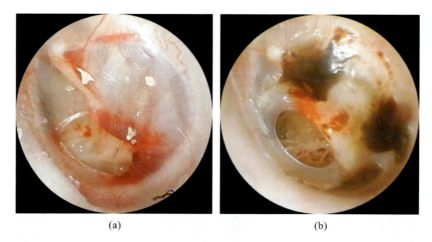

图 5-9-4　伤后 7 天与伤后 24 h 鼓室镜像对比

外耳道底部、鼓膜表面及鼓室内出现少许新增血痂

(a)伤后 24 h；(b)伤后 7 天

第六章 烧灼性鼓膜穿孔的镜像表现

烧灼性鼓膜穿孔是一种特殊类型的外伤性鼓膜穿孔,是指各种物理或化学因素经过外耳道作用于鼓膜导致的穿孔,这种穿孔并非单纯的机械性损伤,而是鼓膜组织结构坏死的结果。临床实践中,伤者多由于其他部位的烧烫伤较重需要抢救性诊疗,烧灼性鼓膜穿孔往往发现较迟,而这种穿孔又被公认为是自愈率最低的穿孔,且往往伴有严重并发症。

第一节 致伤方式

在法医临床鉴定中常见的多为物理因素导致的损伤,也可见于应用高温液体或强酸、强碱等导致的伤害案件中。伤者就诊多集中于烧伤科,鼓膜损伤发现较迟。多发生于热水烫伤及爆炸事故的高温颗粒烧烫伤中。

第二节 外耳道表现

早期临床表现常常伴随耳廓、面部及或其他体表烧烫伤体征。由于耳科就诊较迟,多在伤后时间不等、烧伤科急危重病情控制以后会诊发现,故鼓膜损伤早期表现镜像较少,多为伤后修复期镜像。因为外耳道肿胀甚至不能进镜窥及鼓膜(图 6-2-1),伤后严重者可以导致外耳道狭窄甚至闭锁(图 6-2-2)。耳内窥镜检查常见到伤耳外耳道皮肤红肿、糜烂、渗出、结

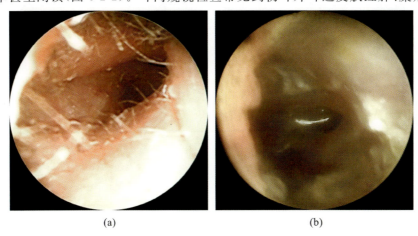

(a)　　　　　　　　　　　(b)

图 6-2-1　伤后 7 天检查镜像

进镜困难,鼓膜不能窥及

(a)外耳道高度充血肿胀,鼓膜未窥及;(b)外耳道底部渗出液积存,鼓膜未窥及

痂等表现,而且爆炸伤所致烧灼性鼓膜穿孔伤耳外耳道常见异物存留(图 6-2-3)。

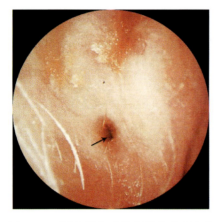

图 6-2-2　耳部烧伤后的外耳道重度狭窄

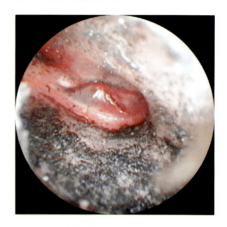

图 6-2-3　爆炸伤后外耳道黑色尘粒附着
穿孔考虑为气压伤

第三节　鼓膜穿孔表现

烧灼性鼓膜穿孔发现时多为身体其他部位烧烫伤治疗基本稳定后。鼓膜穿孔多为继发性穿孔,即便烧烫伤损伤较轻的伤者早期也仅能观察到鼓膜红肿,或鼓膜被渗出物覆盖(图 6-3-1)。继之发生鼓膜坏死,穿孔多位于紧张部,呈类圆形,可有针尖样的小穿孔至仅遗留鼓膜残迹的大穿孔不等,边缘钝滑(图 6-3-2)。

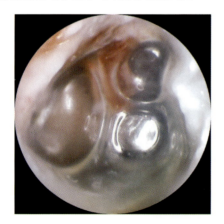

图 6-3-1　热水烫伤后 48 h 镜像
鼓膜广泛充血水肿及渗出物覆盖

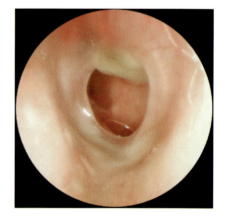

图 6-3-2　热水烫伤后 20 天镜像
外耳道红肿减轻,紧张部类圆形穿孔,边缘呈钝滑状,鼓室积存渗出液

穿孔以后的耳内窥镜复查中会发现中耳容易继发感染,形成鼓室肉芽肿、鼓室粘连、听骨链中断(图 6-3-3、图 6-3-4)。

烧灼性鼓膜穿孔边缘因为组织坏死及瘢痕形成导致鼓膜多不能自行愈合,被公认为是所有外伤性鼓膜穿孔类型中自愈率最低的,多需要通过鼓室成形手术进行治疗(图 6-3-5)。

第六章　烧灼性鼓膜穿孔的镜像表现

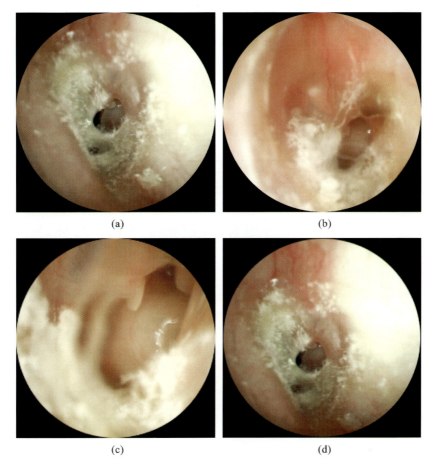

图 6-3-3　热水烫伤后复查镜像表现

外耳道及鼓膜表面有大量白色痂皮,鼓膜充血,穿孔边缘肿胀,鼓室潮湿

(a)伤后 36 天;(b)伤后 43 天;(c)伤后 46 天;(d)伤后 65 天

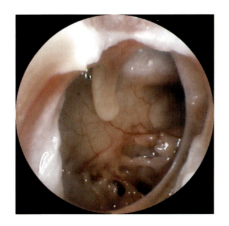

图 6-3-4　烧烫伤后 48 天鼓室镜像

鼓室潮湿,黏膜水肿

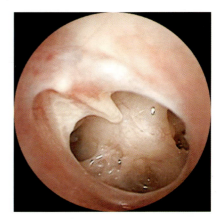

图 6-3-5　烧烫伤 1 年余镜像

鼓膜大穿孔,残余鼓膜钙化,鼓室黏膜增生

第七章 特殊的外伤性鼓膜穿孔

导致外伤性鼓膜穿孔具体的致伤方式有很多,尽管掌(拳)击伤或医用器械导致的穿孔最为常见,但恰恰是某些特殊少见的致伤方式对于法医而言更值得探究。

第一节 颞骨骨折致鼓膜撕裂性穿孔

头部猛烈撞击致颞骨骨折,常见于颞骨纵行骨折,骨折线延及鼓沟附近,对鼓膜产生的牵引力作用致鼓膜撕裂性穿孔和(或)外耳道皮肤裂伤(图7-1-1)。

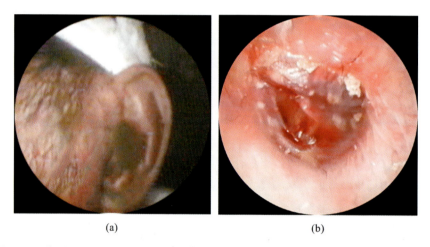

(a) (b)

图 7-1-1 伤后24 h,头部被硬物击打致左侧颞骨骨折,外耳道峡部后份膨隆、皮肤裂伤、
渗血,鼓膜紧张部前方穿孔,残余鼓膜弥漫性充血,鼓室潮湿

伤者多以颅脑外伤救治,常规耳科检查较迟,多在伤者意识清醒后因耳聋、眩晕而要求耳科会诊时发现。伤后严重者可见外耳道血液溢出,若有水样或淡红色液体溢出,则提示有脑脊液耳漏发生。常可伴随听力下降、眩晕或面神经损伤等表现。

耳内窥镜检查常在颅脑部位伤情稳定以后,甚至更长时间后进行。镜检可发现外耳道狭窄,血迹附着等征象(图7-1-2)。

颞骨骨折致鼓膜撕裂性穿孔常位于鼓膜紧张部,穿孔形状表现不一,多呈中等不规则形或类圆形大穿孔。穿孔多伴出血,鼓室积液或积血。恢复期镜检可以发现脑脊液耳漏停止以后穿孔具有愈合趋势(图7-1-3)。

第七章 特殊的外伤性鼓膜穿孔

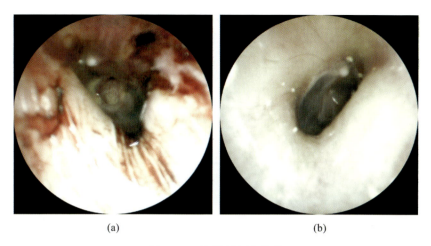

图 7-1-2 颞骨骨折伤镜像
(a)伤后 9 天,外耳道肿胀、狭窄、血迹附着、皮肤裂伤,进镜困难,鼓膜穿孔;(b)伤后 18 天,外耳道肿胀、狭窄,鼓膜穿孔

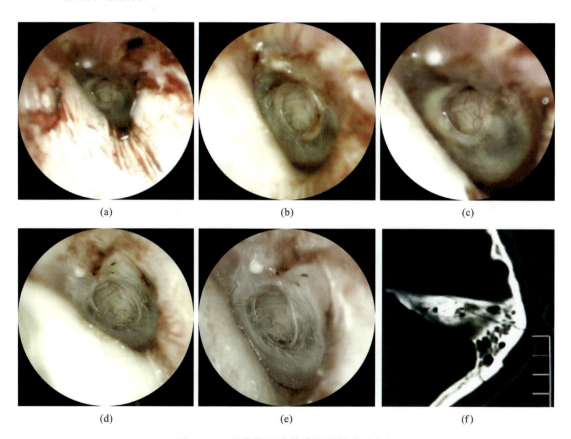

图 7-1-3 颞骨骨折致鼓膜撕裂性穿孔案例
(a)(b)伤后 9 天,颞骨骨折,外耳道皮肤裂伤,脑脊液耳漏,鼓膜有中央型不规则大穿孔;(c)(d)住院期间脑脊液耳漏逐渐停止,充血反应逐渐消失,鼓膜穿孔未愈合;(e)伤后 62 天复查,鼓膜穿孔边缘愈合中,可见到上皮组织生长,穿孔未愈合;(f)伤者颞骨 CT 显示颞骨骨折

第二节　头部撞击导致鼓膜穿孔

临床工作中常见到的一类较为特殊的鼓膜穿孔,伤者只有头部被撞击史,没有确切的颅底骨折征象。头部撞击导致的鼓膜穿孔也是在紧张部,镜像类似气压伤鼓膜穿孔。损伤机制可能与颞骨骨折致鼓膜撕裂性穿孔的形成机制相类似,是由于强大的作用力传递至鼓膜引发的撕裂;也可能是鼓膜周围软组织发生极速移动,从而牵拉鼓膜导致鼓膜撕裂。

这一类损伤除头部外伤或耳廓外伤体征以外,或伴有耳鸣、耳闷症状。耳科检查时不伴有外耳道损伤体征,或伴随伤耳听力下降、眩晕或面神经损伤等表现。

耳内窥镜检查可见这种鼓膜穿孔,鼓膜充血范围较普通气压伤穿孔广泛,穿孔多为裂隙样、三角形等撕裂样小穿孔,也可以表现为不规则形大穿孔。穿孔不伴大量出血,鼓室洁净。伤后没有感染的情况时,穿孔多能够自行愈合(图7-2-1)。

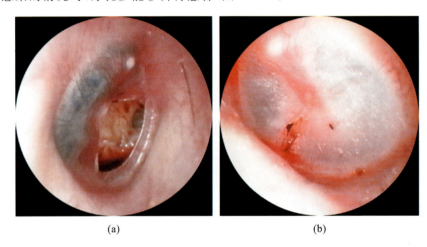

图 7-2-1　头部撞击导致鼓膜穿孔的镜像

(a)右侧头部撞击伤后24 h镜像表现:右耳鼓膜紧张部前方穿孔;(b)左侧头部撞击伤后48 h镜像表现:鼓膜紧张部前下象限穿孔

第三节　特殊气压伤鼓膜穿孔

一、爆炸气流冲击伤鼓膜穿孔

固体、液体或气体爆炸导致的鼓膜穿孔,常见于鞭炮、气球及特殊工作事故爆炸等情况。爆炸发生时耳部周围的空气发生强烈压缩及稀疏现象,压缩期压力大但是为时甚短,稀疏期压力弱而时间较长,对外耳道有向外的吸引作用,使外耳道气压瞬间升高。伤者鼓膜对这种爆炸所致的冲击波十分敏感,当压力超过鼓膜的弹性限度时即可造成穿孔。

根据爆炸强度,伤者临床表现为不同程度的头面部及呼吸道损伤,可伴有头痛、耳痛、耳鸣、听力下降及眩晕等。

耳内窥镜检查常在伤情稳定以后进行。检查时可以发现伤者外耳道附着固体爆炸物残迹(图7-3-1),鼓膜边缘残存极少的大穿孔为其所特有的征象,但是以梭形、不规则形多见,空气经穿孔外逸从而导致鼓膜撕裂、穿孔边缘外翻且不整齐(图 7-3-1)。

穿孔的位置应该是血管网络之间韧性相对较差的区域,所以穿孔周围出血量不大。高压气流冲击不会导致外耳道壁的擦伤,故外耳道出血、血肿罕见,少见外耳道及鼓膜周围有大量血性分泌物、鼓室潮湿等镜像表现(图 7-3-2)。

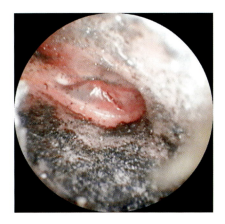 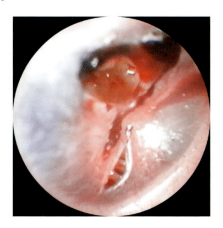

图 7-3-1　鞭炮炸伤后 5 h 检查镜像　　　图 7-3-2　液化气爆炸伤后 30 h,右耳鼓膜多发性穿孔
外耳道附着大量黑色尘粒,鼓膜紧张部穿孔

二、吸吮伤鼓膜穿孔

伤者多为女性,多为在违背其意志的情况下强吻所伤。吸吮时形成的外耳道负压超过鼓膜的弹性限度时即可造成穿孔。临床表现可以有耳闷、听力下降及眩晕等。

耳内窥镜检查时多发现其紧张部裂隙样或中小不规则形穿孔,穿孔边缘外翻。穿孔周围无明显出血。外耳道壁无明显红肿或裂伤,鼓室洁净。穿孔伤后多能够自行愈合(图 7-3-3、图 7-3-4)。

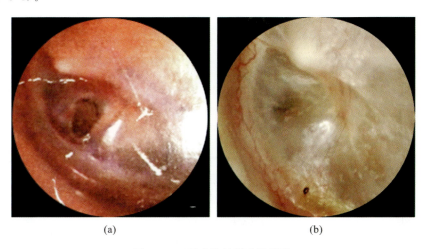

图 7-3-3　吸吮伤鼓膜穿孔镜像
(a)左耳 24 h 镜像:鼓膜紧张部弥漫性充血,前方不规则形穿孔,穿孔边缘残瓣呈喇叭状外翻,鼓室干燥;
(b)伤后 35 天复查时穿孔愈合

三、水压伤鼓膜穿孔

常见于跳水、潜水等活动后,因为迅速入水,外耳道形成闭合气流猛烈冲击以致鼓膜穿孔(图7-3-5)。由于外耳道及中耳腔进入污水,耳科检查时多见鼓室积液、中耳感染。

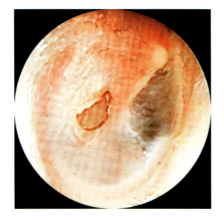

图 7-3-4 右耳吸吮伤,紧张部后方不规则形穿孔

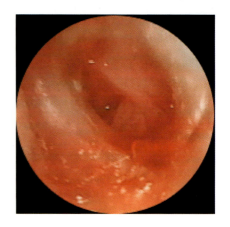

图 7-3-5 海潜后 2 天镜像
左耳鼓膜紧张部穿孔并有感染渗出

第四节 异物伤鼓膜穿孔

这一类损伤较为罕见,临床常见的是昆虫进入外耳道致伤,也可见其他异物存留外耳道后感染,如橡皮头、笔头、玩具、纽扣电池等,考试前将微型电子作弊工具置入外耳道导致鼓膜穿孔近年偶有发现。

伤者多有耳闷及听力下降等不适。镜检时常常在外耳道发现上述异物,常伴外耳道擦伤、外耳道红肿、鼓膜充血、鼓膜穿孔等。昆虫致鼓膜穿孔镜检影像显示出因虫爪搔扒导致的点状损伤及穿孔。伤后易感染,感染后的鼓膜不易愈合(图7-4-1)。

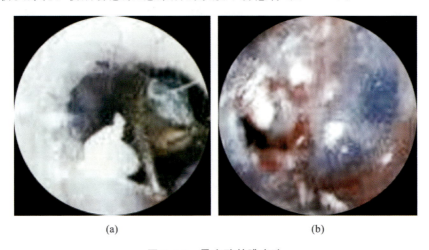

(a)　　　　　　　　　(b)

图 7-4-1 昆虫致鼓膜穿孔

第八章 外伤性鼓膜穿孔自行愈合过程中的镜像表现

鼓膜穿孔愈合过程的观察重点主要包括愈合率与修复速度。外伤性鼓膜穿孔形成的同时,也是穿孔自行愈合过程的开始。鼓膜穿孔后的愈合是一个复杂的生物学过程,它涉及上皮组织的增生和移行、成纤维细胞的增生及血管组织的重塑等复杂的组织修复过程。外伤性鼓膜穿孔在自然愈合的过程中,鼓膜征象随着时间的推移而变化,动态观察这些特征变化,从形态学方面评估鼓膜穿孔的自行愈合结果,对鼓膜穿孔损伤程度法医学鉴定具有重要意义。

根据不同时期镜像观察需要,我们将鼓膜自行愈合过程划分为五个阶段,即穿孔初期(伤后1天内)、急性期(伤后1~3天)、早期(伤后3~7天)、中期(伤后7~42天)及后期(伤后42天以后)。

第一节 鼓膜穿孔的修复机制

鼓膜穿孔愈合过程中,最先出现的愈合现象是鳞状上皮角质层和渗出物显现,然后上皮角质层和渗出物作为支架封闭穿孔,接着才是纤维结缔组织的修复,最后是黏膜层的修复(图8-1-1)。

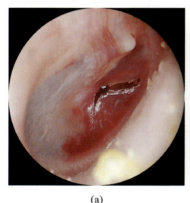
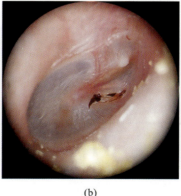
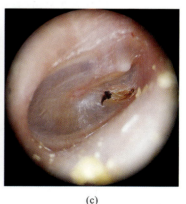

(a)   (b)   (c)

图 8-1-1 鼓膜穿孔自行愈合过程镜像观察
(a)伤后24h镜像,穿孔鼓膜急性损伤状态,穿孔边缘及周围鼓膜充血、水肿及渗出;(b)伤后7天,鼓膜充血水肿消失,穿孔边缘上皮组织生长;(c)伤后14天,穿孔愈合,痂皮附着于原穿孔区域

鼓膜穿孔的自行愈合是通过上皮细胞的移行来完成的。鼓膜上皮干细胞主要分布于血供丰富的鼓环、锤骨柄和锤骨前后襞处(图8-1-2)。穿孔后上皮干细胞增生并移行,进而穿

孔边缘上皮组织增生，接着以上皮组织为支架，纤维层和黏膜层增生（图 8-1-3）。

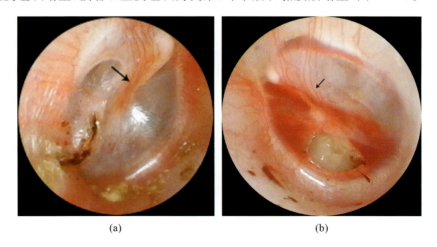

(a)　　　　　　　　　　　　(b)

图 8-1-2　鼓膜穿孔后镜像（一）

除穿孔周围充血之外，鼓环、锤骨柄和锤骨前后襞处毛细血管扩张

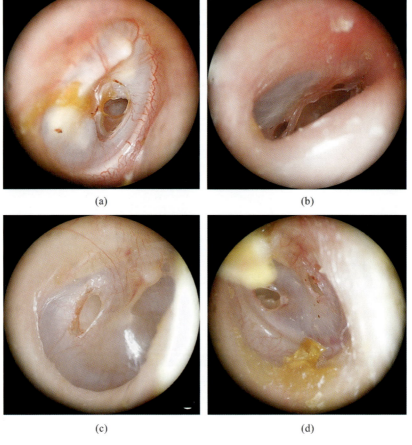

(a)　　　　　　　　　　　　(b)

(c)　　　　　　　　　　　　(d)

图 8-1-3　鼓膜穿孔后镜像（二）

鼓膜穿孔边缘上皮组织生长

第八章 外伤性鼓膜穿孔自行愈合过程中的镜像表现

人类鼓膜外伤性穿孔自然愈合过程中，鼓膜上皮组织修复的模式包括发生向心性移行与离心性移行。离心性移行仅仅是上皮移行的异常现象，而不是鼓膜愈合的另一种方式，只有当离心性移行转换为向心性移行模式，才是鼓膜穿孔的愈合方式。鼓膜穿孔后穿孔边缘外上皮层向穿孔中央方向移行封闭穿孔，中间纤维层及内黏膜层沿着外上皮层"支架"移行，最后穿孔愈合，这种形式的愈合称为良性愈合，镜像表现为鼓膜外侧的新生上皮组织逐渐向穿孔中央生长至穿孔愈合（图 8-1-4）。

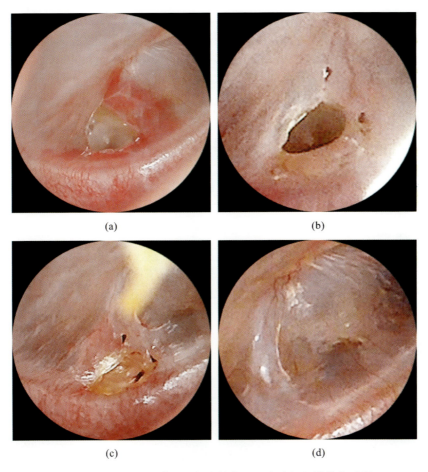

图 8-1-4 外伤性鼓膜穿孔复查镜像——上皮组织的修复过程

鼓膜表层为复层鳞状上皮，具有较强的增殖再生能力。有观察发现，鼓膜上皮组织每日可由鼓膜脐向外周移行生长 0.05 mm。穿孔修复过程中，鳞状上皮细胞向心性移行与纤维细胞向心性增生的同步性可能存在差异，鳞状上皮在无支撑依附的情况下容易向鼓室内翻折包卷穿孔边缘，阻挡鼓膜穿孔愈合（图 8-1-5）。

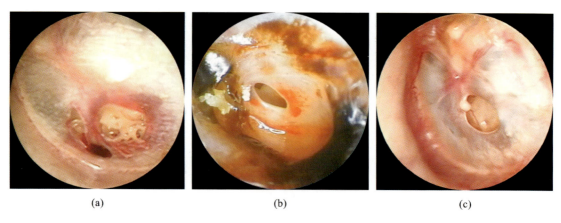

图 8-1-5 外伤性鼓膜穿孔镜像

(a)伤后初期的穿孔镜像;(b)修复期继发感染镜像;(c)穿孔边缘上皮组织覆盖,阻止穿孔愈合

第二节 伤后 24 h 内的镜像表现

外伤性鼓膜穿孔初期(伤后 24 h 内),穿孔形态基本保持伤后的原发形态,这对于法医临床学观察尤其重要。

一、鼓膜穿孔 6 h 内

穿孔形状不变,穿孔边缘多呈锯齿状,不整齐;创伤性炎症反应相对较轻,充血表现为鲜红色,水肿相对轻微;穿孔边缘的毛细血管破裂出血,在穿孔边缘及附近呈星点状附着。穿孔边缘向鼓环及锤骨柄方向退缩褶皱,在裂隙样穿孔中镜像表现为裂缝增宽(图 8-2-1)。

二、鼓膜穿孔 6~24 h

穿孔仍基本维持伤时状态;残余鼓膜及穿孔边缘肿胀逐渐加重,鼓环和锤骨柄等上皮干细胞生发中心部位鼓膜变白、不透明和增厚,尤其以鼓膜的上半部分明显,镜像可见毛细血管扩张(图 8-2-2)。

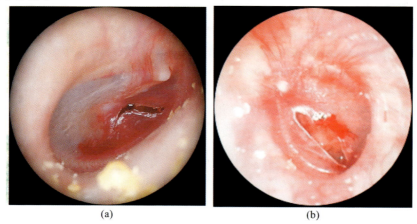

图 8-2-1 伤后 6 h 内镜像

裂隙样穿孔,鼓膜穿孔边缘不整齐,急性充血,稍肿胀

第八章 外伤性鼓膜穿孔自行愈合过程中的镜像表现

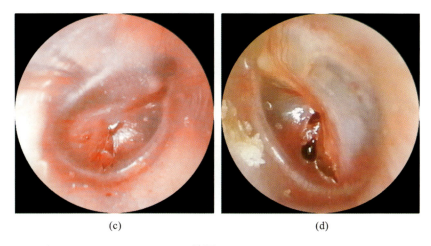

(c)　　　　　　　　　　　(d)

续图 8-2-1

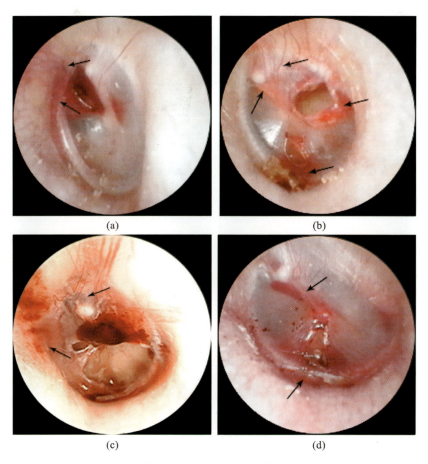

(a)　　　　　　　　　　　(b)

(c)　　　　　　　　　　　(d)

图 8-2-2　伤后 6～24 h 镜像

鼓膜裂隙样穿孔,穿孔边缘及穿孔周围充血肿胀更明显,生发中心部位(松弛部、锤纹、邻近的鼓环区域)毛细血管扩张

155

第三节　伤后 7 天内鼓膜穿孔的镜像表现

外伤性穿孔鼓膜的修复能力很强，多数小裂隙样穿孔可以在 7～10 天愈合。资料显示，伤后早期的鼓膜穿孔镜像表现也是最为明显的。

一、鼓膜穿孔 24～72 h

鼓膜伤后 24～72 h 这个时期穿孔形态变化较大，鼓膜穿孔修复已经在镜像表现方面有所显示。穿孔边缘逐渐变钝有环状透明带形成，表面可看到角质层，大穿孔边缘的上皮堆积比小穿孔明显。穿孔内侧缘坏死变白发干，穿孔外侧缘有数量不等的白色或灰白色角化物堆积，可能由鼓膜上皮细胞增殖和移行挤压所致。外翻的鼓膜残瓣由于与鼓膜粘连逐渐变薄萎缩，逐渐形成灰白色痂皮（图 8-3-1、图 8-3-2）。

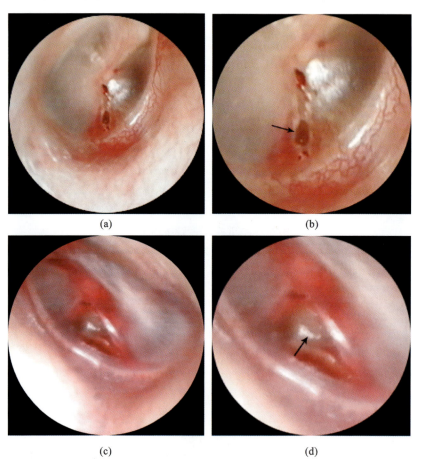

图 8-3-1　鼓膜穿孔 48 h 内镜像

穿孔边缘变钝，透明带形成，穿孔边缘角化痂皮附着

不良鼓膜（萎缩性鼓膜）再次穿孔者穿孔初期穿孔边缘无明显退缩褶皱，修复时穿孔边缘呈痂皮样增生（图 8-3-3）。

第八章 外伤性鼓膜穿孔自行愈合过程中的镜像表现

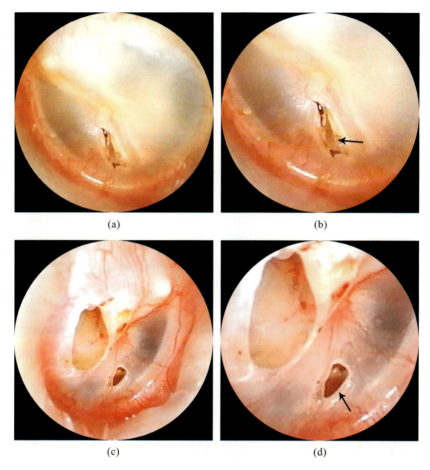

图 8-3-2 鼓膜穿孔 72 h 内镜像

穿孔边缘变钝,透明带形成,穿孔边缘角化痂皮附着,外翻残瓣干燥萎缩

(b)(d)为穿孔局部镜像

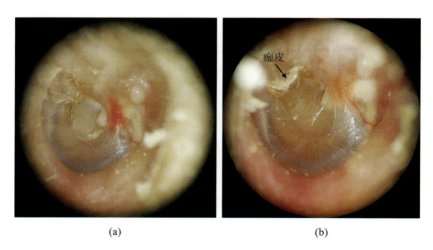

图 8-3-3 不良鼓膜穿孔镜像

(a)伤后 24 h 穿孔镜像,穿孔边缘无残瓣征象,未发生退缩现象;(b)伤后 7 天,穿孔边缘呈痂皮样增生

二、鼓膜穿孔 3～4 天

伤后 3～4 天,穿孔边缘经过初期的修复变钝,鼓膜充血肿胀逐渐消退,穿孔边缘上皮增生,薄而透明的新生上皮增生。外翻的鼓膜残瓣变薄萎缩,形成灰褐色痂皮。由于自然修复及鼓膜退缩,边缘上翘,距鼓环或锤骨柄方向较近处鼓膜片状或点状淡红色充血(图 8-3-4、图 8-3-5)。

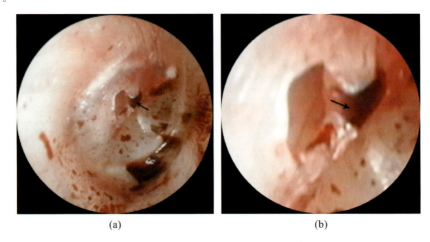

(a) (b)

图 8-3-4　伤后 3 天镜像

穿孔边缘变钝,鼓膜残瓣萎缩、变干呈痂皮样。鼓膜充血肿胀减轻,穿孔边缘上皮增生,穿孔自然修复,鼓膜边缘上翘

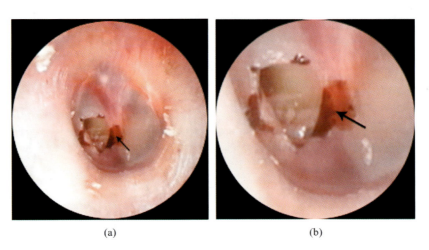

(a) (b)

图 8-3-5　伤后 4 天镜像

穿孔边缘进一步变钝,鼓膜残瓣萎缩、变干呈痂皮样。鼓膜充血肿胀基本缓解,穿孔边缘上皮增生,边缘上翘,鼓环、锤骨柄处鼓膜充血

三、鼓膜穿孔后 5 天

穿孔后 5 天,大部分鼓膜充血消退,鼓环及锤骨柄条索状充血,部分小穿孔愈合,未愈穿孔边缘上皮增多,穿孔形状由不规则形向类圆形变化,外侧增生上皮混浊。鼓膜残瓣形成黑痂(图 8-3-6)。

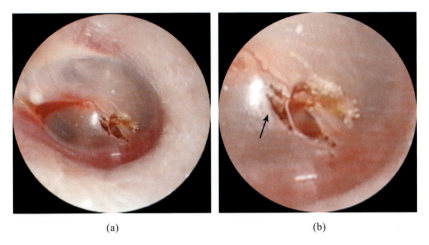

图 8-3-6 伤后 5 天镜像

穿孔缩小,形状由不规则形向类圆形变化,穿孔边缘上皮增多,下缘近鼓环处增生上皮混浊,外翻鼓膜残瓣形成黑痂

四、鼓膜穿孔后 6 天

穿孔后 6 天,有的穿孔基本愈合,有的呈裂隙样,较大的不规则形穿孔成角变钝趋圆形变化,残余穿孔的位置在原来穿孔的中心(图 8-3-7、图 8-3-8)。

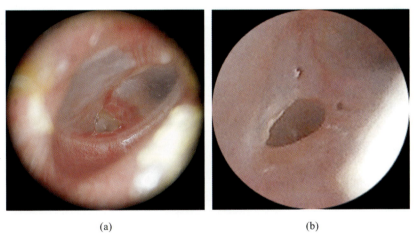

图 8-3-7 伤后 1 天、6 天镜像对比(一)

右耳鼓膜穿孔变小,由类三角形趋圆形变化,穿孔中心位置无变化,穿孔近鼓膜脐处边缘上皮增生更加明显

五、鼓膜穿孔后 7 天

伤后 7 天,小穿孔自行愈合,未愈合穿孔进一步缩小,形状趋于圆形或裂隙样,原鼓膜上附着的痂皮推移至鼓膜边缘或处于向边缘推移过程中(图 8-3-9)。

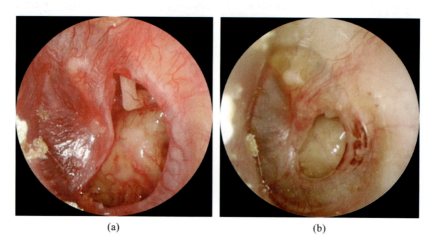

图 8-3-8　伤后 1 天、6 天镜像对比（二）

左耳鼓膜穿孔变小，成角变钝趋圆形，穿孔中心位置无变化，穿孔上方及下方边缘上皮增生旺盛，修复速度快

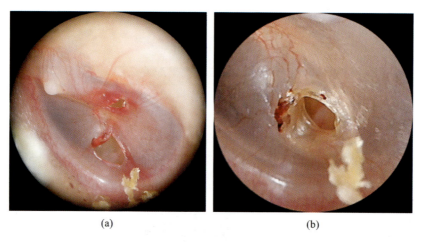

图 8-3-9　伤后 1 天、7 天镜像对比

紧张部后方小穿孔愈合；前下方穿孔缩小、形状趋于圆形，穿孔边缘新生上皮组织，鼓膜残瓣明显萎缩，淡黄色痂皮外翘，部分脱离边缘向外侧移行

第四节　伤后 2～4 周鼓膜穿孔的镜像表现

大多数外伤性鼓膜穿孔在伤后 2～4 周能够自行愈合，没有愈合的大或较大穿孔在形状上由不规则形状逐渐变为圆形或类圆形，这一变化与鼓膜自身的张力有关。在该阶段，上皮增生速度因人而异，穿孔边缘痂皮一般表现为逐渐减少，部分小穿孔残缘干性痂皮增多，则会影响穿孔愈合（图 8-4-1）。

第八章　外伤性鼓膜穿孔自行愈合过程中的镜像表现

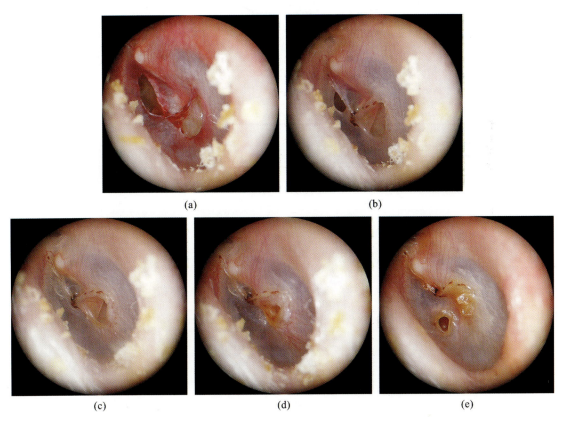

图 8-4-1　伤后 1 天、7 天、14 天、21 天、28 天鼓膜穿孔镜像变化

(a)伤后 1 天,2 个穿孔;(b)伤后 7 天,穿孔缩小,边缘变钝,可见干性痂皮,充血消失;(c)伤后 14 天,前上方穿孔基本愈合,下方穿孔变小,残瓣萎缩;(d)穿孔逐渐缩小,前上方穿孔愈合,前下方穿孔呈类圆形,鼓膜残瓣进一步萎缩;(e)伤后 28 天,下方穿孔周围痂皮减少

第五节　伤后 5~6 周鼓膜穿孔的镜像表现

伤后 5~6 周,穿孔修复进入中、后期,原来类圆形或类肾形的中等以上穿孔逐渐缩小,逐渐变化为裂隙样、针孔状穿孔,而且类条状穿孔的愈合两边是对等的,残余穿孔的中心位置还在相当于原来穿孔的中心位置。穿孔愈合后鼓膜遗留的痂皮向鼓环、外耳道迁移,以保持鼓膜的清洁(图 8-5-1)。

统计资料显示,大穿孔较小穿孔愈合率低;也有统计表明大穿孔愈合率与小穿孔无明显差别,但大穿孔愈合时间相对较长。在法医临床观察中,上述结果均不绝对,可能存在个体差异。较大穿孔愈合后早期在穿孔区域可见愈合痕迹(图 8-5-2、图 8-5-3)。

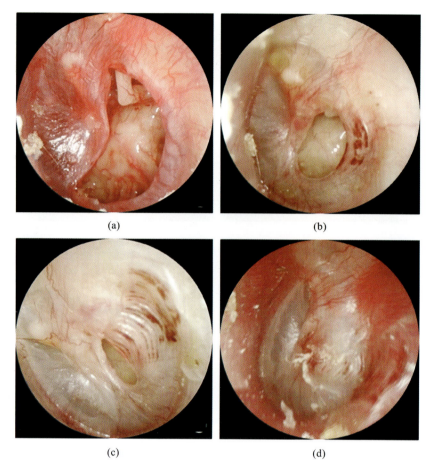

图 8-5-1 伤后 1 天、14 天、28 天、35 天穿孔鼓膜愈合镜像变化

(a)保持损伤时穿孔状态;(b)穿孔由肾圆形修复为类圆形,穿孔中心位置无变化;(c)穿孔明显缩小,变为裂隙样,穿孔中心位置无变化;痂皮向外耳道移行;(d)穿孔愈合,新生鼓膜表面有少许薄层干痂附着

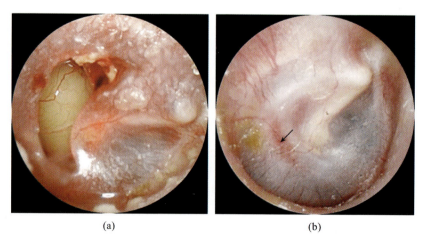

图 8-5-2 伤后 2 天、30 天鼓膜穿孔镜像变化

鼓膜穿孔愈合,遗留新鲜瘢痕

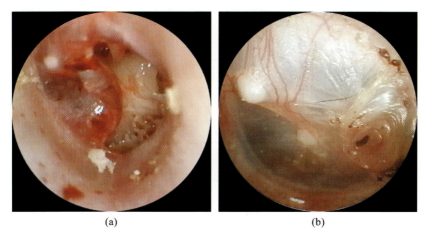

图 8-5-3 伤后 24 h、42 天鼓膜穿孔镜像变化

伤后 42 天,遗留孔洞状小穿孔,位于原穿孔中心

第六节 病理性鼓膜外伤穿孔愈合过程中的镜像表现

在炎症性鼓膜穿孔自然愈合过程中,由于微生物及其他因素的作用,穿孔愈合速度减缓,甚至不能愈合,迁延为慢性中耳炎。

一、穿孔伤后继发感染

鼓膜穿孔修复期间继发感染影响愈合速度及愈合成功率,感染及时控制后部分穿孔可以愈合(图 8-6-1)。

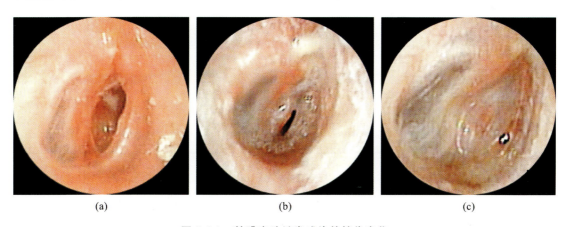

图 8-6-1 鼓膜穿孔继发感染的镜像变化

(a)伤后 24 h,右耳外伤性鼓膜穿孔;(b)伤后 21 天,原穿孔呈裂隙样,鼓膜继发感染;(c)伤后 28 天,原穿孔呈缝隙状,鼓膜表面出现少许稀薄无色分泌物;(d)伤后 35 天,原穿孔区域被白色分泌物覆盖;(e)伤后 42 天,原穿孔区域被薄层淡黄色干痂覆盖;(f)伤后 45 天,原穿孔愈合,鼓膜洁净

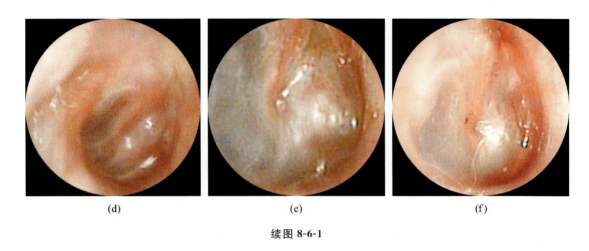

(d)   (e)   (f)

续图 8-6-1

二、不良鼓膜穿孔愈合

不良鼓膜（萎缩性鼓膜）再次穿孔时，伤者的镜像表现为穿孔边缘无明显残缘退缩褶皱，修复时穿孔边缘呈痂皮样增生（图 8-6-2、图 8-6-3）。

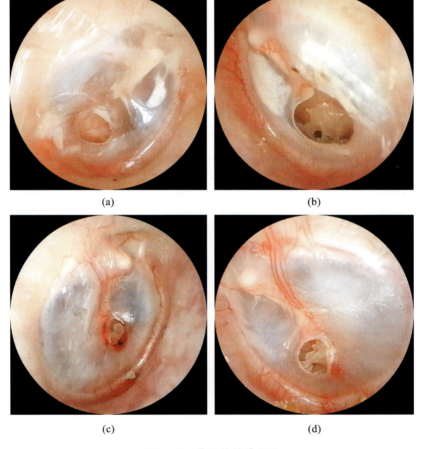

(a)   (b)

(c)   (d)

图 8-6-2 萎缩性鼓膜穿孔

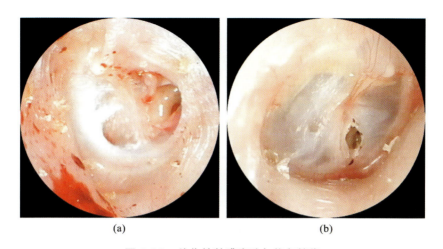

图 8-6-3　外伤性鼓膜穿孔与修复镜像
(a)萎缩性鼓膜穿孔边缘无撕裂征象；(b)修复时穿孔边缘呈痂皮样增生

不良鼓膜穿孔愈合率相对较低，愈合速度因为硬化程度等因素不同也不相同，愈合也表现为透明膜状愈合（形成萎缩性鼓膜）(图 8-6-4)。

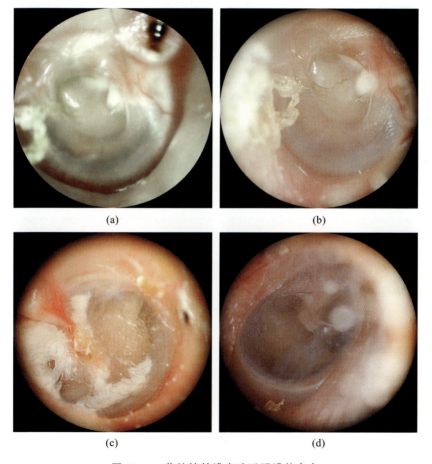

图 8-6-4　萎缩性鼓膜穿孔透明膜状愈合

第九章　鼓膜穿孔残瓣的镜像表现

传统认为外伤性鼓膜穿孔是穿孔处鼓膜的缺损，而随着耳内窥镜检查的应用普及，已经逐渐意识到多数外伤性正常鼓膜的较大穿孔是由于外力作用导致鼓膜破裂及破裂残片发生卷曲后的镜像表现。

鼓膜残瓣是鼓膜穿孔边缘破裂时鼓膜撕裂形成的残迹。正常鼓膜纤维层具有柔韧性和弹性，有抵抗力强的特点，气压作用虽然可以使鼓膜撕裂，但不易导致鼓膜完全破碎，往往在穿孔边缘形成锯齿样不整齐表现，严重者可以形成鼓膜残瓣（图9-0-1）。鼓膜残瓣镜像表现为向鼓室内翻卷或者向鼓膜外侧翻折，这是判断气压伤鼓膜穿孔的重要依据之一。

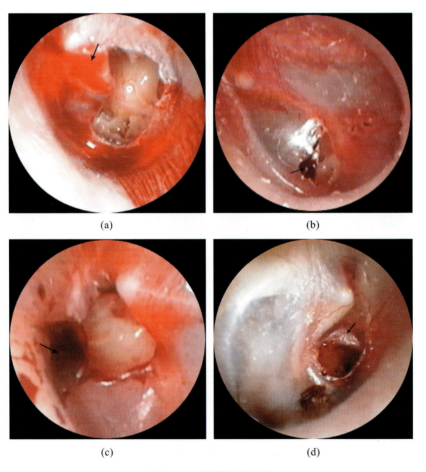

图 9-0-1　鼓膜残瓣外翻

第一节　气压伤鼓膜残瓣

鼓膜的上皮层与黏膜层没有融合在一起，而纤维组织包括环状纤维组织与辐射状纤维组织有序地分布于上述两层组织之间，气压伤导致鼓膜纤维组织断裂，在强烈气压冲击下，鼓膜的张力作用将鼓膜撕扯形成了不同形状的"孔洞"。新鲜的穿孔边缘呈现出成角尖锐、粗糙、薄锐的急性损伤表现，检查者对其镜像多描述为"残缘呈锯齿状"(图9-1-1)。

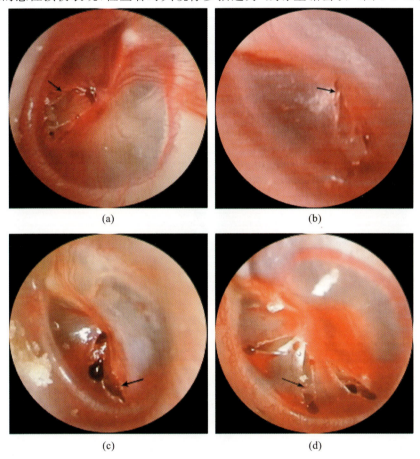

图 9-1-1　裂隙样鼓膜穿孔初期镜像

穿孔成角锐利，穿孔边缘薄锐、呈锯齿状

由于鼓膜中间层纤维组织作用，较大的外伤性鼓膜穿孔边缘呈残瓣卷曲状态，即向鼓室内翻卷与鼓膜外侧翻折。卷曲镜像表现包括外翻、内卷，或外翻与内卷共同存在，对侧边缘可以表现出不整齐，或者卷曲。向内侧翻卷的鼓膜穿孔边缘明显增厚、光滑，无锯齿状特征(图9-1-2)。

正常鼓膜破裂的严重程度，穿孔时鼓膜受力方向、外力强度、压力持续时间，以及穿孔以后的鼓膜残瓣活动等因素决定了残瓣大小与卷曲方向(图9-1-3)。

鼓膜残瓣的翻折方向也与穿孔部位、鼓膜生物学特性有关。翻折的形态包括残瓣向鼓室内翻卷(内卷)、向鼓膜外侧翻折(外翻)、在穿孔边缘同一侧既发生内卷又发生外翻等(图9-1-4、图9-1-5)。气压伤鼓膜穿孔多发生在鼓膜紧张部前下象限，由于此处鼓室空间较大，鼓膜残瓣既可以发生内卷,也可以发生外翻。由于耳内窥镜检查镜像容易发现残瓣的外翻征象,故在以往的统计资料中以鼓膜残瓣外翻最常见,这是判断气压伤鼓膜穿孔的典型表现之一(图 9-1-4,图9-1-5)。

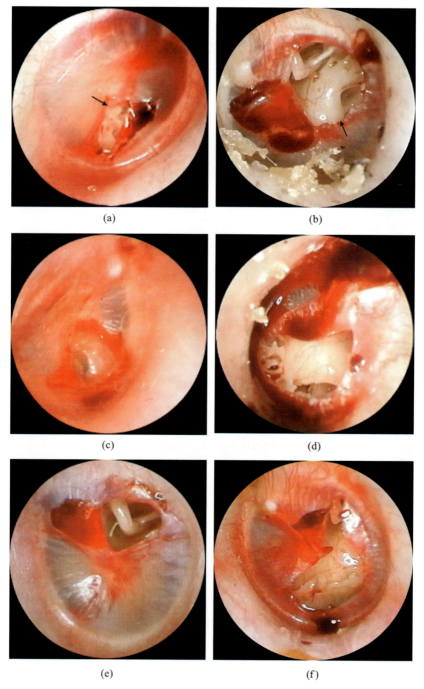

图 9-1-2　较大鼓膜穿孔初期镜像

穿孔边缘残瓣外翻,同侧穿孔边缘光滑、增厚,对侧穿孔边缘薄锐、不整齐

第九章 鼓膜穿孔残瓣的镜像表现

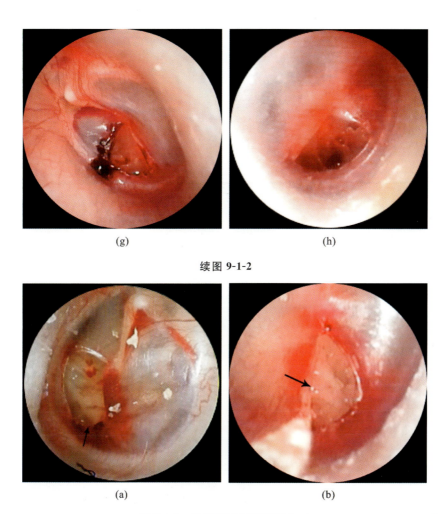

(g)　　　　　　　　(h)

续图 9-1-2

(a)　　　　　　　　(b)

图 9-1-3　鼓膜穿孔初期镜像（一）

穿孔边缘残瓣内卷，反折缘增厚

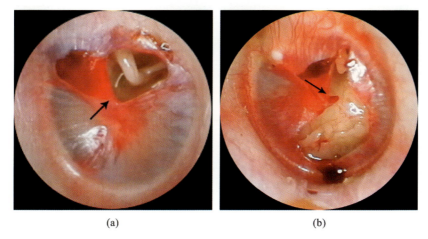

(a)　　　　　　　　(b)

图 9-1-4　鼓膜穿孔初期镜像（二）

穿孔边缘残瓣外翻

169

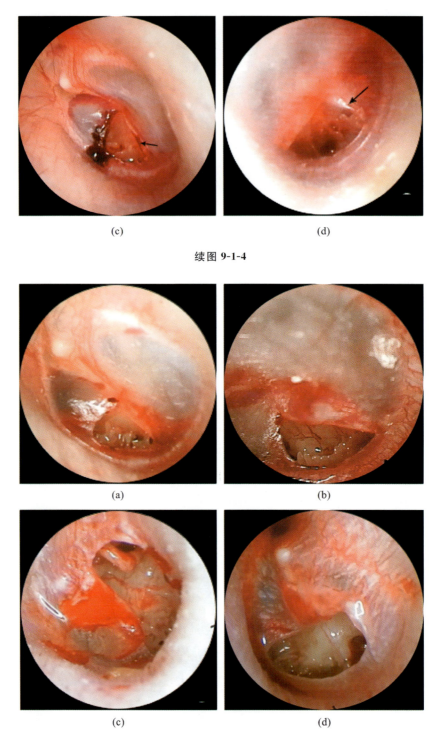

(c)   (d)

续图 9-1-4

(a)   (b)

(c)   (d)

图 9-1-5　鼓膜穿孔初期镜像（三）

穿孔边缘残瓣外翻，对侧内卷

无论残瓣内卷或外翻，翻折处穿孔边缘镜像均显示出整齐光滑状。残瓣内卷，相对的穿孔边缘显露的是鼓膜上皮组织；而残瓣外翻则显露的是鼓室内的黏膜组织。伤后初期穿孔边缘光滑而无外翻鼓膜残瓣时,应该怀疑为残瓣内卷。鼓膜残瓣内卷不容易辨认,这也是在穿孔边缘残瓣卷曲方向统计时残瓣外翻比例较大的缘故之一,必要时还需要更换小口径、不同视角的耳内窥镜多角度检查,否则极其容易漏失对该征象的发现(图 9-1-6、图 9-1-7)。

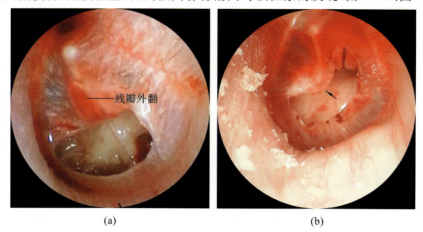

图 9-1-6　鼓膜穿孔同侧边缘残瓣内卷、外翻

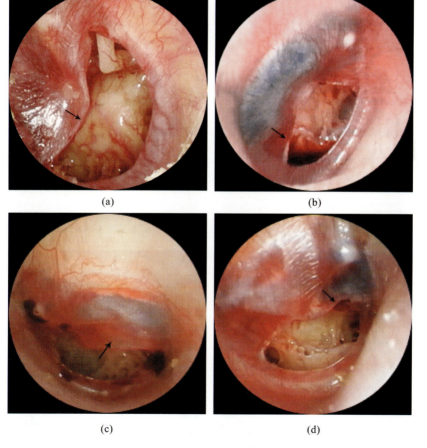

图 9-1-7　穿孔边缘光滑增厚,残瓣内卷

不良鼓膜（萎缩性、硬化性鼓膜）由于纤维层缺乏或薄弱，鼓膜僵硬，柔韧性和弹性下降，遭受外力可致鼓膜破碎缺损（图 9-1-8）。

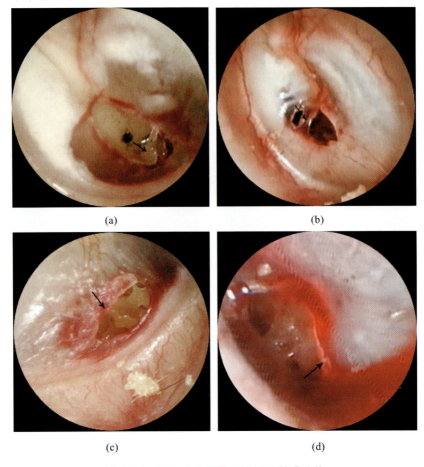

图 9-1-8　不良愈合鼓膜穿孔后的鼓膜碎片
（c）（d）萎缩性鼓膜、纤维化鼓膜

需要指出的是，只有在穿孔初期高清视野条件下才能发现不良愈合鼓膜穿孔后的鼓膜碎片，而大部分情况下这种碎片不易发现（图 9-1-9）。

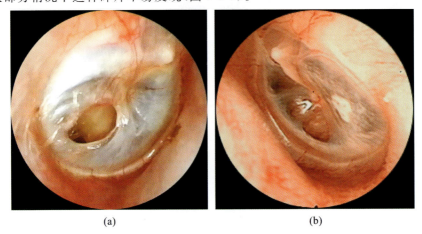

图 9-1-9　病理性鼓膜穿孔未见明确的鼓膜碎片及残瓣卷曲

第二节　穿孔初期鼓膜残瓣的镜像表现

外伤性鼓膜穿孔初期（伤后 24 h 内），鼓膜穿孔仅存在局部的外伤性炎症反应，形态基本符合穿孔当时表现。此时期的镜像资料对法医鉴定具有特别重要的价值。

根据鼓膜解剖位置，对应将中耳鼓室分为上、中、下鼓室。上、中鼓室容积较小，内含听骨链结构，且紧张部后上方弹性纤维比例较高，对应的紧张部上方鼓膜破裂残瓣不易内卷，而多呈现为外翻形态（图 9-2-1）。

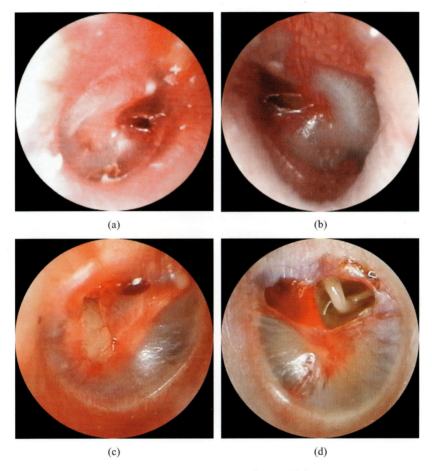

图 9-2-1　上鼓室（紧张部上方）鼓膜穿孔，鼓膜残瓣外翻

中耳下鼓室容积较大，被锤骨柄分成前后两个相通部分，前下方有咽鼓管鼓室口，鼓膜对鼓室内外压力瞬间变化敏感，下半鼓室鼓膜破裂时因负压作用破裂鼓膜迅速还原，导致穿孔边缘残瓣向外耳道侧翻折或吸入鼓室向内侧翻卷，进而形成三角形、梭形及椭圆形等不同形状的穿孔（图 9-2-2，图 9-2-3）。

鼓膜大穿孔时易致破裂鼓膜内卷与鼓室黏膜层贴附，形成类肾形穿孔（图 9-2-4）。

穿孔初期（伤后 24 h 内）鼓膜残瓣镜像具体表现如下。

在鼓膜穿孔伤后 6 h 内,可见残瓣充血、少许新鲜血迹及薄锐的鼓膜残瓣或碎片,穿孔残缘光滑整齐。此时的残瓣与鼓膜尚未发生密切的粘连,比较容易分辨(图 9-2-5 至图 9-2-7)。

鼓膜穿孔伤后 6~12 h,残瓣充血明显,逐渐肿胀;小穿孔边缘出血停止,附着少许新鲜血迹。穿孔形态基本维持穿孔时原状(图 9-2-8、图 9-2-9)。

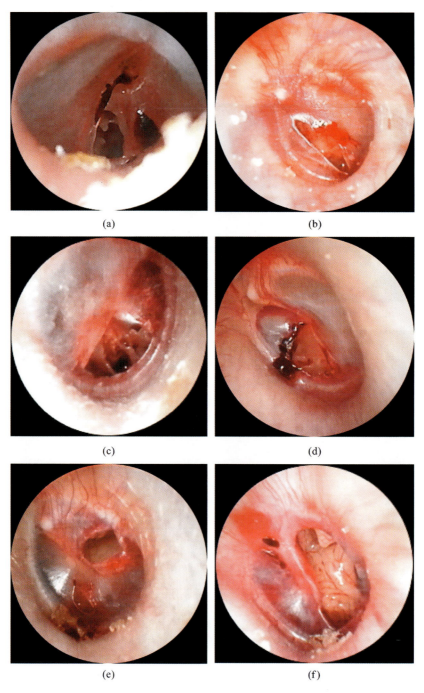

图 9-2-2　下鼓室(紧张部下方)鼓膜穿孔,鼓膜残瓣外翻

第九章 鼓膜穿孔残瓣的镜像表现

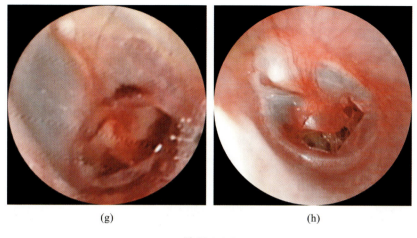

(g)   (h)

续图 9-2-2

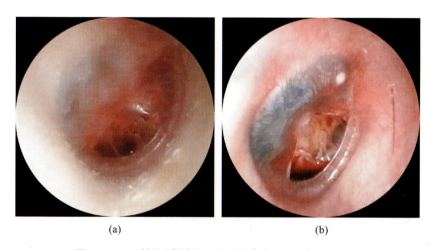

(a)   (b)

图 9-2-3   下鼓室（紧张部下方）鼓膜穿孔，鼓膜残瓣内卷

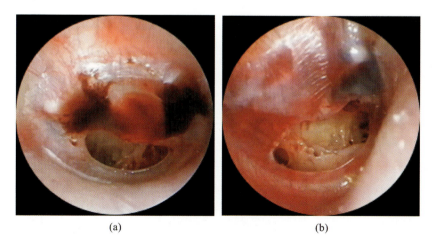

(a)   (b)

图 9-2-4   下鼓室（紧张部下方）鼓膜大穿孔镜像

内侧鼓膜残瓣内卷，穿孔形态呈类肾形

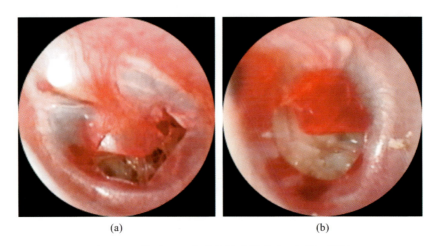

图 9-2-5　伤后 2 h,穿孔上缘残瓣充血,水肿不明显

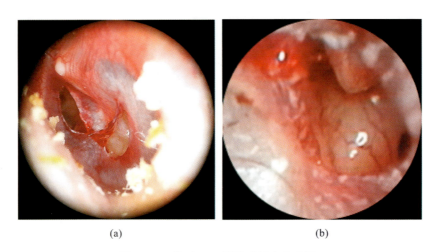

图 9-2-6　伤后 4 h,鼓膜残瓣充血水肿

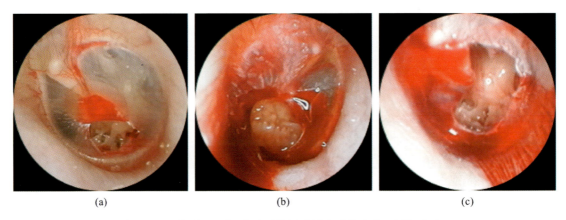

图 9-2-7　伤后 6 h 内,穿孔形状及残瓣表现为充血、水肿、出血

第九章 鼓膜穿孔残瓣的镜像表现

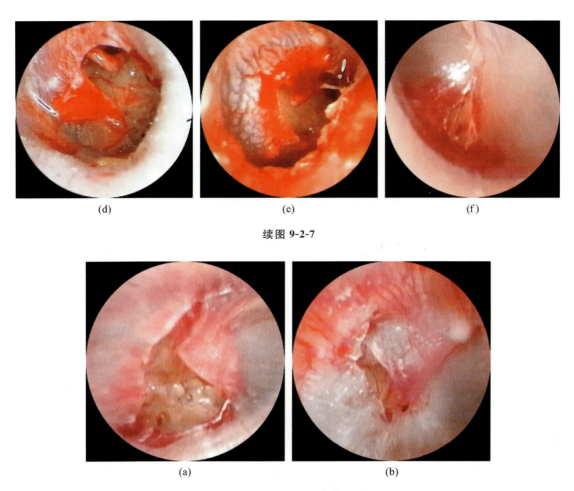

续图 9-2-7

图 9-2-8 伤后 12 h 鼓膜残瓣

(a)正常鼓膜前缘残瓣外翘,下缘内卷增厚,后缘不整齐、外翘;(b)纤维化鼓膜后缘破碎,前缘残瓣外翘,星点状血痂附着于鼓膜脐部

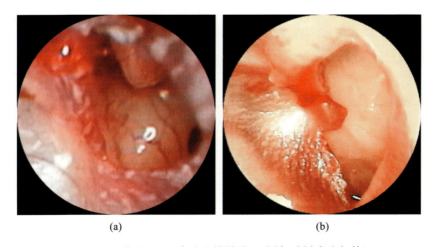

图 9-2-9 伤后 12 h,穿孔边缘的外翻残瓣(残瓣发生扭转)

177

鼓膜穿孔伤后 12～24 h,穿孔边缘鼓膜残瓣充血肿胀,色泽红润、淤血;基底部较窄的残瓣远端颜色开始发暗(图 9-2-10 至图 9-2-15)。

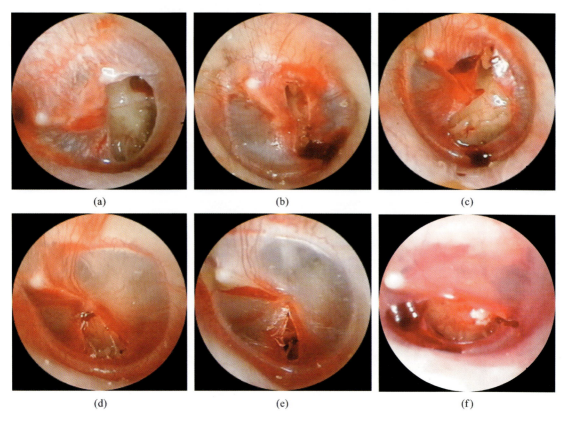

图 9-2-10　伤后 12 h,穿孔残瓣色泽发暗

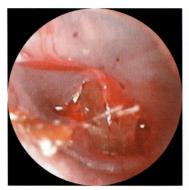

图 9-2-11　伤后 13 h,穿孔边缘外翻残瓣色泽发暗,部分星点状血痂色泽已经发暗

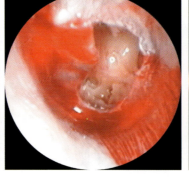

图 9-2-12　伤后 16 h,穿孔边缘外翻残瓣表现

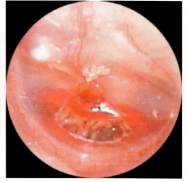

图 9-2-13　伤后 17 h,穿孔边缘外翻残瓣充血肿胀、新鲜血痂附着,残瓣远端色泽发暗

第九章 鼓膜穿孔残瓣的镜像表现

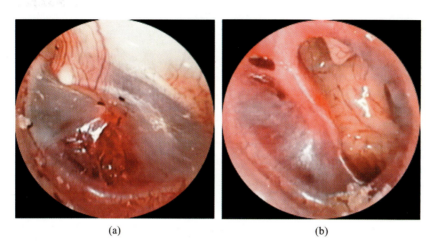

图 9-2-14　伤后 19 h,穿孔前缘外翻残瓣远端色泽发暗,残余鼓膜及残瓣充血肿胀

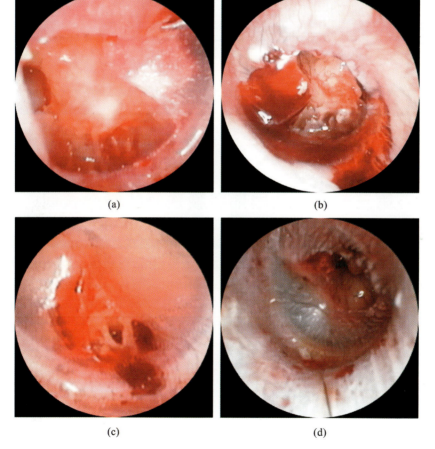

图 9-2-15　伤后 24 h 内,穿孔形状及边缘外翻残瓣表现

179

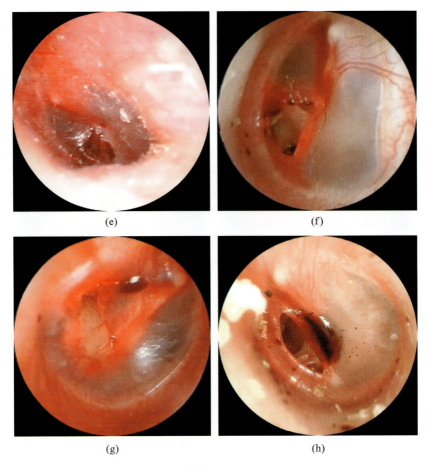

(e) (f) (g) (h)

续图 9-2-15

第三节　穿孔早期鼓膜残瓣的镜像表现

鼓膜残瓣的病理变化取决于翻折鼓膜与穿孔残缘的连接范围,即残瓣基底部。翻折鼓膜与残缘连接越广,即基底部越大,翻折鼓膜供血越多,存活时间越长,坏死面积越小,修复时间相对延长;基底部越小,翻折鼓膜供血越少,存活时间越短,坏死面积越大,修复时间缩短,可修复面积也变少(图 9-3-1)。

鼓膜穿孔以后的不同时期,鼓膜残瓣的形态及病理表现不同,法医也以不同时期的镜像特点作为推断受伤时间与致伤方式的依据之一。

穿孔早期(伤后 24～72 h)具体的鼓膜残瓣镜像表现如下。

一、伤后 24～48 h 的鼓膜残瓣

鼓膜穿孔伤后 24～48 h,外翻鼓膜残瓣淤血,远端开始坏死发黑。穿孔边缘远端鼓膜残瓣开始坏死发黑明显,穿孔边缘近端鼓膜残瓣淤血、红润,鼓膜残瓣与鼓膜表面的上皮层或鼓室黏膜粘连,分辨率低的一些镜像已经不容易辨识残瓣与鼓膜的界限,而只能看到残瓣的大体轮廓(图 9-3-2)。

第九章 鼓膜穿孔残瓣的镜像表现

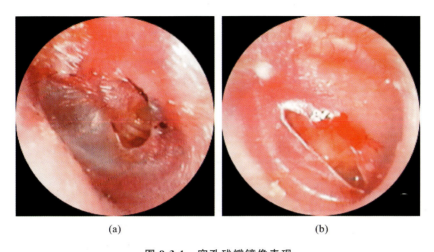

图 9-3-1 穿孔残瓣镜像表现
(a)宽基底部鼓膜残瓣；(b)窄基底部鼓膜残瓣

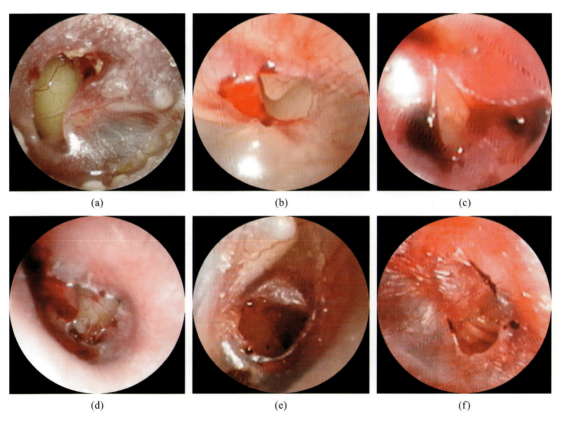

图 9-3-2 伤后 24～48 h,穿孔外翻残瓣
远端发黑,近端红润

二、伤后 48～72 h 的鼓膜残瓣

鼓膜穿孔伤后 48～72 h,穿孔边缘出血停止,残瓣干燥、挛缩。穿孔边缘附着少许凝固

的新鲜或发暗的血痂。穿孔边缘肿胀开始逐渐消退,穿孔外翻鼓膜残瓣淤血加重,坏死发黑的范围由远端开始逐渐向穿孔中心扩展,残瓣逐渐萎缩减小(图9-3-3、图9-3-4)。

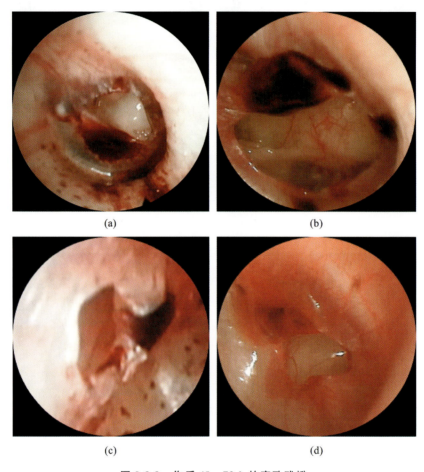

图 9-3-3　伤后 48～72 h 的穿孔残瓣

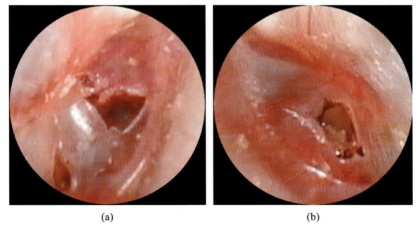

图 9-3-4　伤后 48～72 h 的穿孔残缘残瓣

第四节　穿孔修复期鼓膜残瓣的镜像表现

鼓膜穿孔伤后72～96 h,外翻鼓膜残瓣坏死发黑累及穿孔边缘,残瓣边缘也出现上皮组织增生(图9-4-1)。

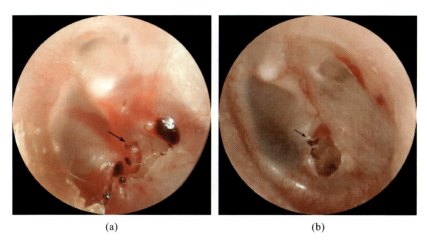

图 9-4-1　伤后 72 h 穿孔残瓣镜像表现

残瓣边缘也出现上皮组织增生

一般情况下,穿孔72 h以后,边缘肿胀基本消退,穿孔残缘变钝、上翘,穿孔边缘处痂皮逐渐增多,鼓膜残瓣坏死加重,残瓣近端由红色逐渐呈褐色,残瓣远端逐渐形成黑色痂皮,穿孔面积缩小(图9-4-2)。

鼓膜穿孔伤后5～7天,鼓膜充血、水肿消失,穿孔边缘上皮增生形成新生鼓膜,穿孔进一步缩小,黑色的鼓膜残瓣形成黑色痂皮(图9-4-3)。

7天后,鼓膜残瓣结成黑色痂皮,附着在穿孔边缘,并逐渐向外侧(鼓环方向)移行,自外耳道排出。伤后2周左右行耳内窥镜复查时,几乎没有鼓膜残瓣痕迹(图9-4-4、图9-4-5)。

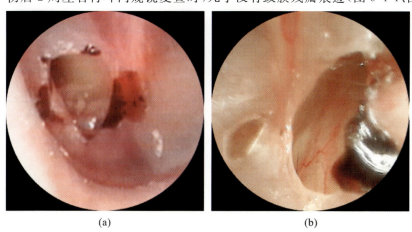

图 9-4-2　伤后 3～4 天,穿孔残瓣镜像表现

残瓣发黑部分到达穿孔边缘

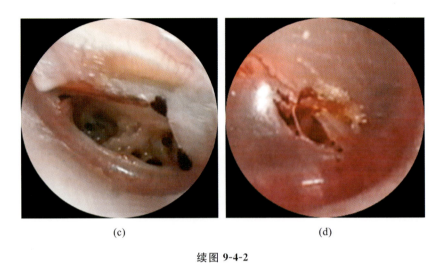

(c) (d)

续图 9-4-2

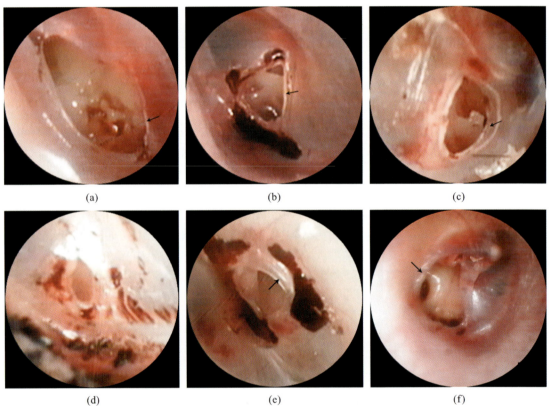

图 9-4-3　伤后 7 天内，穿孔残瓣镜像表现

残瓣形成黑色痂皮，边缘上皮组织生长

不同类型鼓膜穿孔后不同时期的鼓膜残瓣镜像均具有该时期的典型征象（图 9-4-6、图 9-4-7）。

不良鼓膜再次穿孔者，罕见翻转的鼓膜残瓣，穿孔边缘无明显退缩褶皱，修复时穿孔边缘呈痂皮样增生（图 9-4-8）。

第九章　鼓膜穿孔残瓣的镜像表现

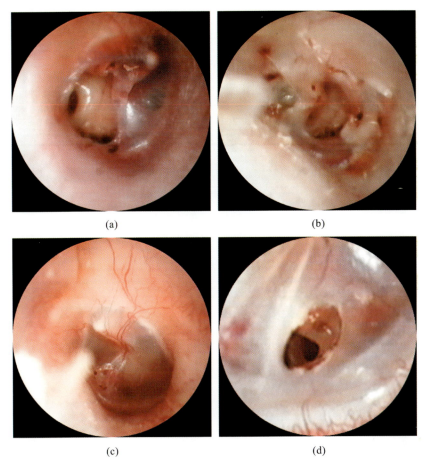

图 9-4-4　伤后 7 天后，穿孔残瓣镜像表现
黑色痂皮堆积在穿孔边缘

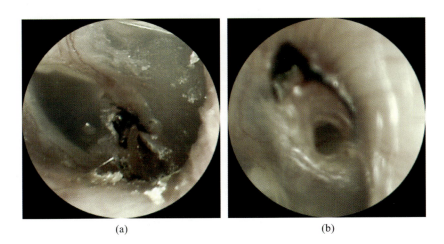

图 9-4-5　伤后 7 天后，穿孔残瓣镜像表现
残瓣结成黑色痂皮，附着在穿孔边缘

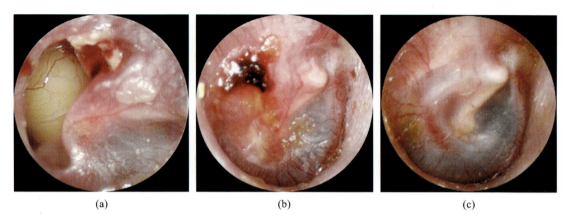

图 9-4-6　伤后不同时期鼓膜残瓣镜像对比(一)

(a)气压伤后 72 h,穿孔上缘残瓣外翻,充血肿胀;(b)气压伤后 10 天,穿孔愈合,存在残瓣遗迹;(c)气压伤后 30 天,穿孔修复,残瓣遗迹清除,可辨识新鲜鼓膜

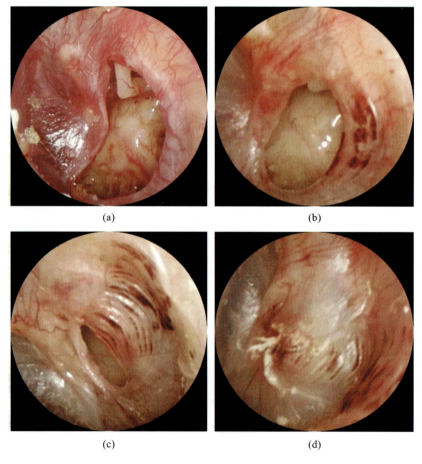

图 9-4-7　伤后不同时期鼓膜残瓣镜像对比(二)

(a)掌击伤后 14 h,穿孔前下方边缘外翻,余残缘内翻;(b)掌击伤后 14 天,穿孔前下方边缘外翻,存在残瓣遗迹;(c)掌击伤后 28 天,穿孔前下方痂皮向鼓膜外侧移行;(d)掌击伤后 42 天,穿孔愈合,残瓣痂皮消失

第九章　鼓膜穿孔残瓣的镜像表现

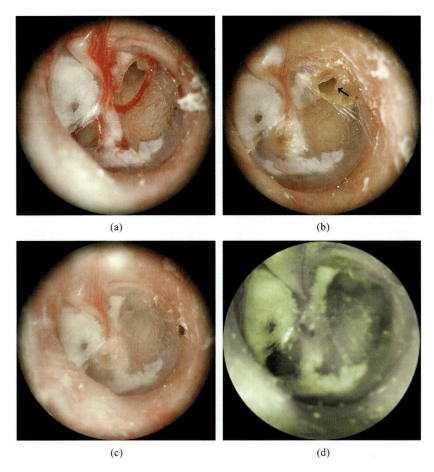

图 9-4-8　萎缩性鼓膜掌拳击伤穿孔后不同时期鼓膜残瓣镜像对比

(a)伤后7h镜像:萎缩性鼓膜多发性穿孔,无出血、局限性充血,穿孔边缘无残瓣碎片;(b)伤后10天镜像:前下方穿孔愈合,少许淡黄色痂皮覆盖原穿孔区域,后方穿孔缩小,趋于圆形,穿孔边缘黄色痂皮附着,鼓膜无充血;(c)伤后30天镜像:多发性穿孔愈合,鼓膜脐部附着黄色痂皮,鼓膜无充血;(d)伤后42天镜像:左耳鼓膜穿孔愈合,鼓膜脐部痂皮翘起

外伤性穿孔边缘鼓膜残瓣在穿孔自然愈合过程中的作用目前存在争议,有人认为鼓膜残瓣可导致穿孔愈合时间延长或导致穿孔不愈;也有学者通过观察认为鼓膜残瓣并不影响穿孔的自然修复。

随着伤后时间的推移,外伤性穿孔鼓膜残瓣镜像具有不同时期的形态变化特征。这些差异性特征,是法医工作中作为推断鼓膜穿孔形成时间与致伤方式的依据之一。

第十章 存在伤病关系的鼓膜穿孔镜像表现

既往因为各种原因导致了正常鼓膜存在特殊的病理组织学异常,外伤容易导致鼓膜穿孔,穿孔自然修复时,也较正常鼓膜表现出一些特殊的镜像。损伤程度鉴定时判断损伤与既往伤/病的关系,既不能排除既往伤/病对鼓膜结构的影响,也不能因为医疗处理失误而加重损伤程度的评定。对损伤的轻微作用、次要作用、共同作用、主要作用的判断应该根据病理过程的连续性及时间间隔的规律性等方面综合分析。

【案例】 Z某,女,66岁。左耳外伤性鼓膜穿孔,复查过程中在某医疗机构强烈要求清除鼓膜痂皮,为求证穿孔存在,强行去除痂皮,进而导致鼓膜再发损伤,影响对鼓膜穿孔修复结果的判断(图10-0-1)。

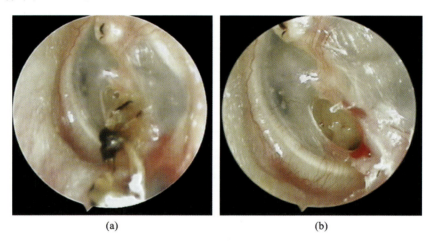

图 10-0-1 清除鼓膜痂皮
(a)鼓膜穿孔修复过程中,痂皮覆盖穿孔区域;(b)有创清痂后

第一节 萎缩性鼓膜再发穿孔

正常鼓膜纤维层具有韧性和弹性,即使鼓膜破裂也不易完全破碎,穿孔后几乎无鼓膜残缺。中耳炎或外伤所致的鼓膜穿孔的愈合不良,鼓膜弹力层纤维缺乏,从而使鼓膜发生萎缩等组织学改变。萎缩性鼓膜镜像表现为鼓膜局部菲薄、透亮度增加,其他部位往往存在鼓膜钙化(图10-1-1)。

鼓膜混浊是指轻度硬化的无边界而透亮度减低的增厚鼓膜,多为炎性或年龄性退化改变。目前资料表明,这种鼓膜由于其结构改变轻微,在致伤外力作用效果与自行愈合速度方面与正常鼓膜无显著差异(图10-1-2)。

第十章 存在伤病关系的鼓膜穿孔镜像表现

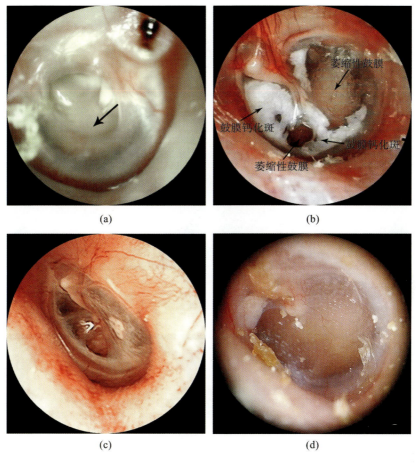

图 10-1-1 萎缩性鼓膜

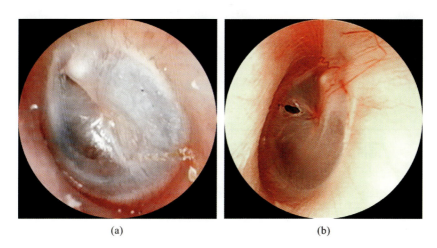

图 10-1-2 鼓膜混浊与混浊鼓膜穿孔

萎缩性鼓膜由于其结构发生了明显改变,失去了正常鼓膜的血供与弹力层,即使是轻微外力作用也可引起鼓膜破损,甚至多发性穿孔,穿孔镜像无正常鼓膜穿孔残瓣表现,充血水肿也不典型,在其修复过程中没有上皮组织增生的典型镜像表现,而是以痂皮增生为标志(图10-1-3、图10-1-4)。

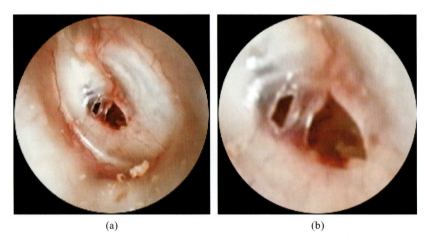

图 10-1-3　萎缩性鼓膜穿孔

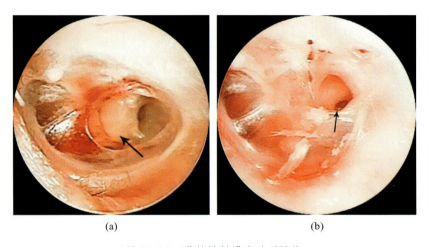

图 10-1-4　萎缩性鼓膜穿孔后镜像

(a)伤后 48 h;(b)伤后穿孔修复后穿孔依旧未愈合

第二节　鼓膜修补后的外伤性穿孔

外伤性鼓膜穿孔 6～10 个月仍不能自行愈合,则需要进行手术治疗。目前鼓膜修补手术技术已经发展成熟,修补材料多以脂肪、软骨及筋膜等自体组织为主。手术成功后经过 1 年左右的恢复,再生鼓膜能够具有正常鼓膜的生理功能,则可以视为正常鼓膜(图10-2-1)。鼓膜修补术后再次外伤性穿孔需要根据鼓膜的修复情况综合判断。例如,气压伤镜像具备撕裂征象,则说明该外力足以使正常鼓膜发生穿孔。

第十章 存在伤病关系的鼓膜穿孔镜像表现

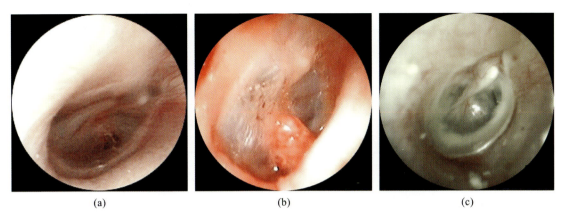

图 10-2-1 陈旧性鼓膜穿孔自体脂肪粒修补术镜像
(a)右耳鼓膜穿孔鼓膜修补术前；(b)术后 14 天；(c)术后 1 年

第三节 原有穿孔扩大

原有穿孔扩大多见于直接损伤性鼓膜穿孔，也可在颞骨骨折、烧灼伤等导致的鼓膜穿孔特殊案例中见到。即使在受伤之前为不良鼓膜，但是存在足以使正常鼓膜发生穿孔的外伤因素，因此可认为，外伤是导致本次穿孔的完全作用因素。

【案例】 热水烫伤后 38 天发现右耳鼓膜穿孔（图 10-3-1）。

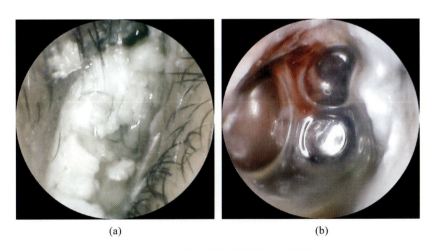

图 10-3-1 热水烫伤并鼓膜穿孔镜像
(a)伤后 12 h，右耳外耳道肿胀，白色分泌物堵塞外耳道（不排除为耵聍经过热水浸泡后表现），鼓膜不能窥及；(b)伤后 14 天，大量液状分泌物渗出沉积于右耳外耳道底部，鼓膜不能窥及，相当于鼓膜锤纹区域见充血；(c)伤后 38 天，鼓膜中央型类肾形穿孔，边缘欠光滑，上方近锤骨柄区域鼓膜充血水肿明显，穿孔边缘见白色分泌物，但是鼓室腔未见积脓；(d)伤后 42 天，鼓膜穿孔在上缘侧有所扩大（鼓膜组织坏死），外耳道仍见白色分泌物，但鼓室腔未见明显积脓

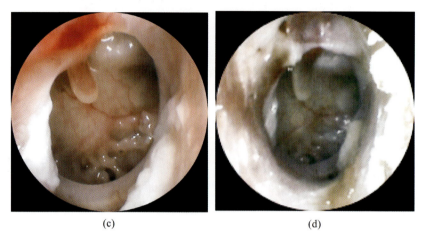

(c) (d)

续图 10-3-1

第十一章　影响鼓膜穿孔自行愈合的因素

鼓膜穿孔的自行愈合是指在没有其他因素影响下鼓膜穿孔的自然修复。修复包括鼓膜解剖结构与生理功能的恢复。法医学鉴定主要是关注外伤性鼓膜穿孔在一定时期内穿孔鼓膜解剖结构的自行修复。

鼓膜最外层为复层鳞状上皮组织，具有很强的增殖再生能力。外伤性鼓膜穿孔发生后，穿孔的愈合主要依赖鼓膜血供，尤其是外层上皮细胞的增殖与移行。一般情况下，外伤性鼓膜穿孔在伤后6周多数能够自行愈合。

影响穿孔愈合速度以及愈合率的因素比较复杂，经常是多种因素共同影响。研究表明，穿孔部位、穿孔形态、穿孔后是否继发感染、既往是否罹患中耳疾病、是否有全身疾病，以及个体差异等因素均可以影响鼓膜穿孔的自行愈合。

第一节　穿孔部位

根据观察，鼓膜紧张部后上象限的外伤性穿孔愈合最快，其次为后下象限、前上象限穿孔，而前下象限穿孔愈合最慢；边缘型鼓膜穿孔较中央型鼓膜穿孔愈合慢。这是因为鼓膜上皮移行方向由支配鼓膜的血管控制，血供越丰富，上皮干细胞的增殖和移行越快，穿孔愈合时间越短。鼓膜以鼓环及松弛部血供最为丰富，而鼓膜中央部位的血液供应明显减少。鼓膜后部鼓环与外耳道后上壁延续，侧支循环丰富，尤其是后上象限与鼓膜松弛部及锤骨短突相连，血供更为丰富。另外，鼓膜穿孔后鼓膜纤维层成纤维细胞可产生多种生长因子，诱导新生毛细血管，引导上皮细胞向穿孔处移行和生长，加速穿孔愈合，而鼓膜紧张部后上象限纤维层弹力纤维的比例高于紧张部其他象限。因此，正常鼓膜紧张部穿孔修复期的持续观察发现同等大小的鼓膜穿孔，以后上象限的穿孔自行愈合速度最快（图11-1-1），其次为后下象限（图11-1-2）。而前部鼓环与外耳道前壁延续，邻近颞下颌关节，血供相对较差；鼓膜前上或前下象限穿孔后，咽鼓管的开放在一定程度上也影响了穿孔的愈合时间（图11-1-3、图11-1-4）。位于鼓膜脐、锤骨和鼓环等人类鼓膜干细胞生发中心的局部损伤也可以减慢上皮移行速度、改变移行径路，影响鼓膜愈合（图11-1-5）。边缘型鼓膜穿孔可能因为缺少鳞状上皮向穿孔中心移行，上皮增生无法桥接穿孔边缘而影响愈合（图11-1-6）。

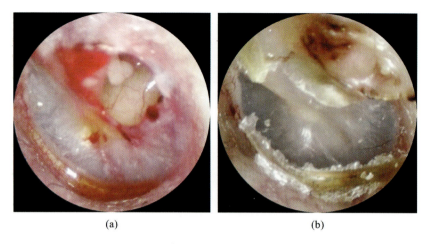

(a) (b)

图 11-1-1　后上象限穿孔及愈合（伤后 25 天愈合）

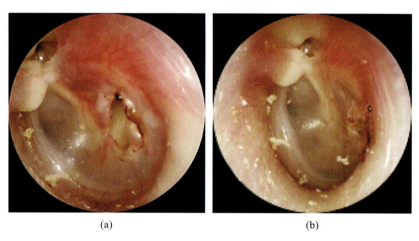

(a) (b)

图 11-1-2　外伤性鼓膜穿孔镜像（一）

(a)紧张部后上、后下象限穿孔；(b)伤后 31 天，穿孔愈合

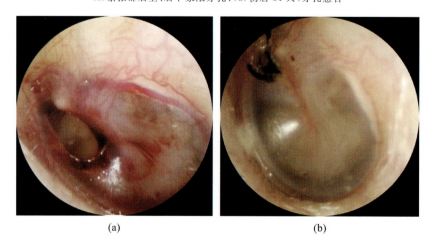

(a) (b)

图 11-1-3　外伤性鼓膜穿孔镜像（二）

(a)前上象限穿孔；(b)伤后 35 天，穿孔愈合

第十一章 影响鼓膜穿孔自行愈合的因素

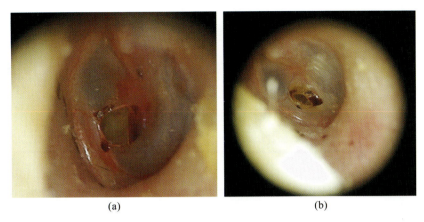

图 11-1-4　外伤性鼓膜穿孔镜像（三）
(a)前下象限穿孔；(b)咽鼓管开放

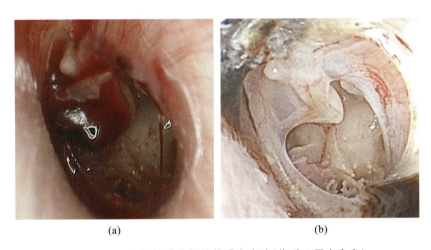

图 11-1-5　累及鼓膜脐部的鼓膜大穿孔（伤后 6 周未愈合）

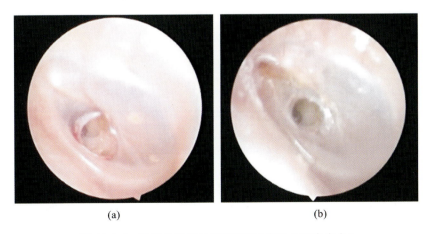

图 11-1-6　累及边缘部的鼓膜穿孔（伤后 6 周未愈合）

第二节 穿孔形态

鼓膜穿孔的愈合速度及愈合率与穿孔形态有关。统计显示,裂隙样穿孔愈合快(图11-2-1),类圆形穿孔等愈合慢(图11-2-2、图11-2-3)。这种现象可能是因为穿孔处鼓膜张力、穿孔边缘鼓膜残瓣卷曲影响了穿孔愈合速度(图11-2-4)。观察显示,正常鼓膜的多发性外伤性穿孔也能够在6周内自行愈合(图11-2-5)。

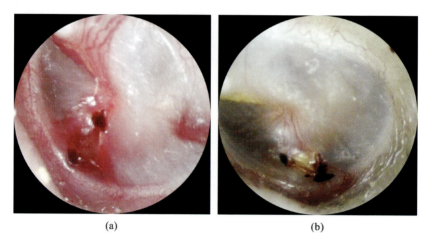

图 11-2-1 裂隙样穿孔及愈合(伤后 20 天愈合)

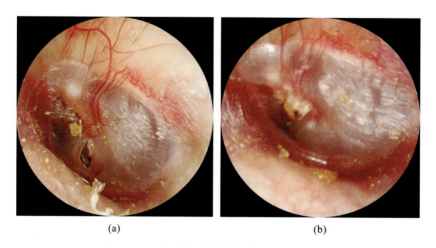

图 11-2-2 梭形穿孔及愈合(伤后 38 天愈合)

第十一章　影响鼓膜穿孔自行愈合的因素

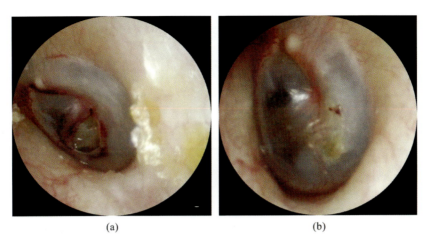

图 11-2-3　类圆形穿孔及愈合（伤后 25 天愈合）

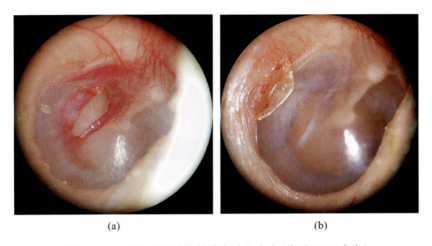

图 11-2-4　有外翻残瓣的鼓膜穿孔及愈合（伤后 19 天愈合）

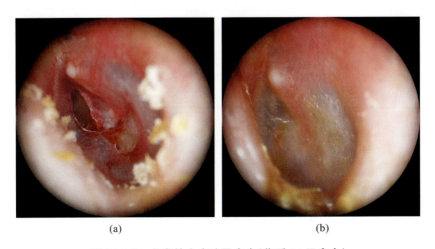

图 11-2-5　多发性小穿孔及愈合（伤后 34 天愈合）

第三节 穿孔面积

鼓膜穿孔的愈合速度与穿孔面积有关。穿孔面积大,愈合过程中缺乏支架连接就可能影响穿孔愈合。有人认为穿孔愈合时间与穿孔面积大小成正比,穿孔面积每增加10%,愈合时间要延长1个月。

也有学者认为,紧张部穿孔的面积大小和愈合时间无相关性。在实际观察过程中,也常常看到较大的鼓膜穿孔在6周内自行愈合,而有一些小穿孔则不愈合。小穿孔不愈合可能与干细胞的生发或痂皮的机械阻挡穿孔封闭有关。一般情况下,伤后6周大穿孔不愈合的概率高于小穿孔(图11-3-1至图11-3-5)。

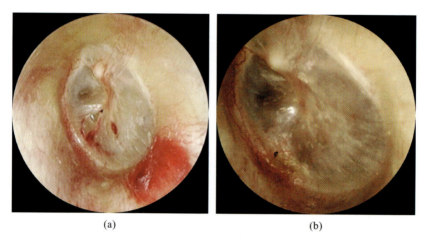

图11-3-1 鼓膜裂隙样穿孔(伤后7天愈合)

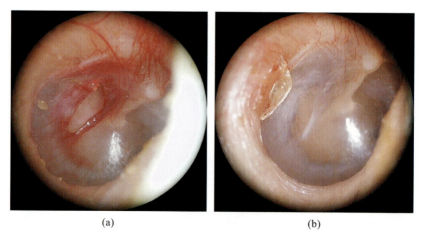

图11-3-2 鼓膜小穿孔(伤后20天愈合)

第十一章 影响鼓膜穿孔自行愈合的因素

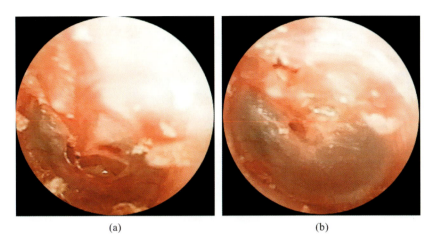

(a)　　　　　　　　　　　(b)

图 11-3-3　鼓膜裂隙样穿孔（伤后 6 周未愈合）

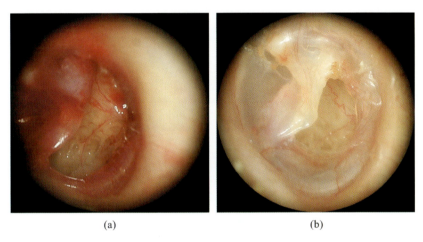

(a)　　　　　　　　　　　(b)

图 11-3-4　鼓膜大穿孔（伤后 6 周未愈合）

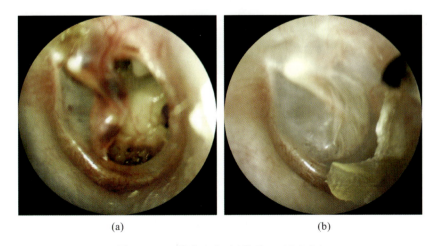

(a)　　　　　　　　　　　(b)

图 11-3-5　鼓膜大穿孔（伤后 40 天愈合）

第四节　病理性鼓膜再发穿孔

萎缩性鼓膜缺乏纤维层，其平均能承受的力学强度不到正常鼓膜的一半，轻微外力就可能导致再穿孔。不良鼓膜穿孔，因鼓膜萎缩及硬化组织血管减少和纤维层的僵硬，鼓膜血液供应及鳞状上皮再生受影响，从而鼓膜的自行愈合受影响。实践中发现，不良鼓膜穿孔也并非不能愈合，只是愈合速度较正常鼓膜慢和愈合率较正常鼓膜偏低而已（图 11-4-1 至图 11-4-3）。

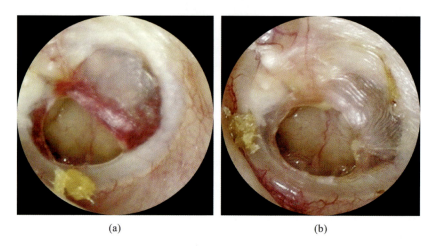

(a)　　　　　　　　　　　(b)

图 11-4-1　萎缩性鼓膜外伤性穿孔 6 周未愈合

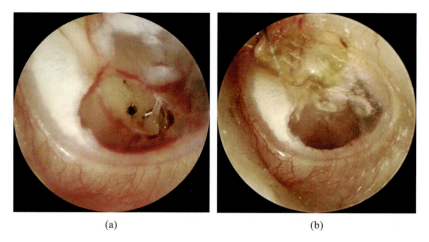

(a)　　　　　　　　　　　(b)

图 11-4-2　萎缩性鼓膜外伤性穿孔 6 周愈合

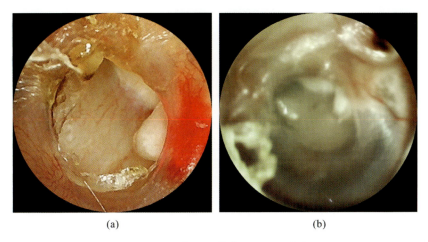

图 11-4-3　萎缩性鼓膜穿孔 6 周愈合

第五节　鼓膜穿孔边缘痂皮

痂皮由鼓膜外伤后渗出的体液中的血小板和纤维蛋白逐渐凝固而形成。如果伴有出血或创口出血,则颜色随血量的增多逐渐变深而呈棕红色、褐色至黑色;若仅有组织液渗出时,则痂皮颜色较浅,常为灰白色或浅黄色。早期鼓膜穿孔边缘及鼓膜表面整洁或仅有少许红褐色血痂黏附,这些血性痂皮多数不影响穿孔愈合,在穿孔愈合过程中能够发挥支架作用,穿孔修复后自然脱落,自穿孔区域清除并经外耳道排出体外(图 11-5-1)。

部分外伤性鼓膜小穿孔愈合过程中,耳内窥镜定期复查时可以看到,在受伤 2 周以后的穿孔边缘逐渐堆积黄色痂皮物质,3~4 周达到高峰,镜像表现为鱼鳞状覆盖穿孔周围,4 周后,痂皮甚至可以完全覆盖穿孔,我们称之为迟发性痂皮形成。迟发性痂皮形成的原因尚不确定,可能与血供条件相对不丰富或上皮错向移行有关,也不能排除由伤后轻微的炎症刺激所致。迟发性痂皮可能因物理性阻挡而导致穿孔延迟愈合,或不能愈合(图 11-5-2、图 11-5-3)。

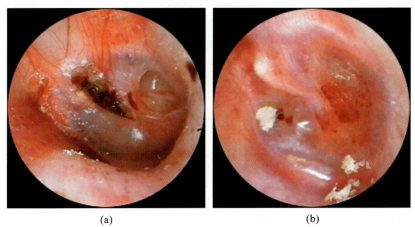

图 11-5-1　鼓膜紧张部穿孔,穿孔自行愈合后痂皮自穿孔区域移除

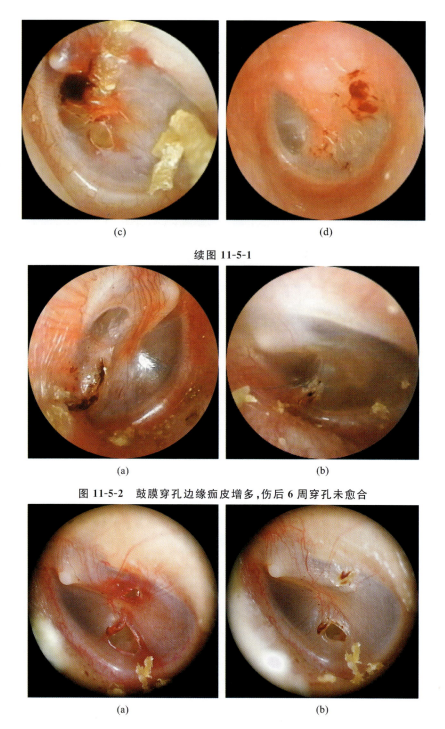

(c) (d)

续图 11-5-1

(a) (b)

图 11-5-2　鼓膜穿孔边缘痂皮增多,伤后 6 周穿孔未愈合

(a) (b)

图 11-5-3　外伤性鼓膜穿孔后动态检查镜像表现

(a)伤后 48 h,左耳鼓膜多发小穿孔;(b)伤后 10 天,紧张部后上方穿孔愈合,前下方穿孔上皮修复中,穿孔边缘有少许淡黄色及褐色痂皮;(c)伤后 14 天,痂皮略有增多,前下方穿孔面积减小;(d)伤后 21 天,外侧缘痂皮增多,前下方穿孔面积无明显减小;(e)伤后 28 天,痂皮无明显增多,穿孔面积进一步减小;(f)伤后 35 天,大致同前,无明显变化;(g)伤后 42 天,大致同前,无明显变化,穿孔未愈合

第十一章　影响鼓膜穿孔自行愈合的因素

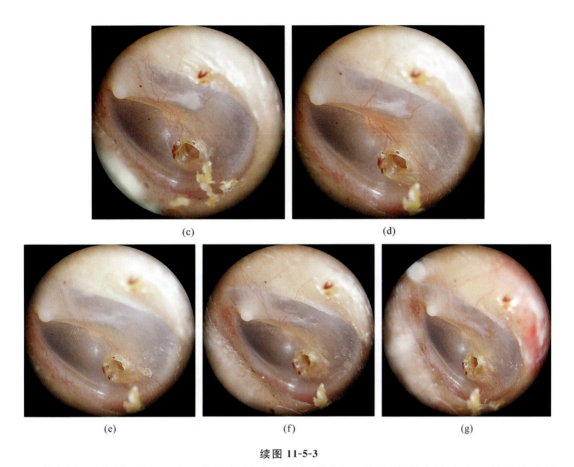

续图 11-5-3

【案例】　张某,男,27岁。掌击伤导致左耳鼓膜穿孔,住院接受连续观察。鼓膜小穿孔因迟发性痂皮增多而愈合延迟(图 11-5-4)。

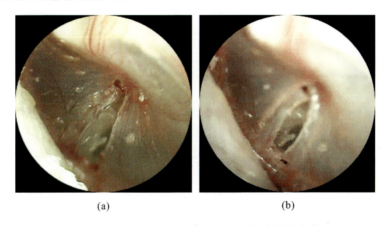

图 11-5-4　张某外伤性鼓膜穿孔后动态检查镜像表现

(a)伤后 2.5 h,无痂皮、充血;(b)伤后 10 天,无明显痂皮,无充血;(c)伤后 28 天,迟发性痂皮形成,下缘上皮修复穿孔;(d)伤后 42 天,痂皮几乎覆盖穿孔处;(e)伤后 60 天,痂皮未脱落,穿孔未愈合

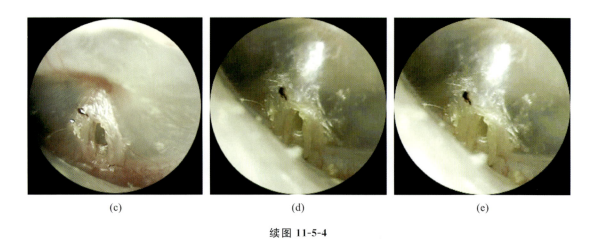

续图 11-5-4

第六节　继发感染

感染是影响穿孔愈合的主要因素。人类外伤性鼓膜穿孔在发生继发感染后，毒素破坏新生组织，抑制鼓膜上皮干细胞增殖，阻碍上皮细胞移行，从而阻滞鼓膜穿孔的自行修复；炎性渗出物形成的痂皮，也可以机械性阻挡穿孔愈合（图 11-6-1）。

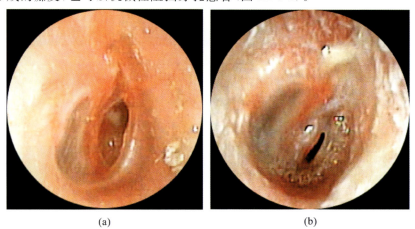

图 11-6-1　鼓膜穿孔继发感染镜像

(a)伤后 24 h 内，鼓膜紧张部外伤性穿孔；(b)伤后 7 天，中耳感染，可见脓液溢出，穿孔缩小，穿孔边缘及外耳道炎性肿胀

第七节　鼓膜的干燥与潮湿环境

一般认为，鼓膜保持湿润状态，有利于穿孔的愈合，缩短愈合所需时间。但是在潮湿的环境下，外耳道极易发生真菌感染（图 11-7-1），而引发中耳感染。临床治疗时，偶尔可以观察到少数病例，即使在感染状态下，外伤性鼓膜穿孔也会愈合（图 11-7-2）。《人体损伤程度鉴定标准》中强调的是伤者伤后鼓膜的自然状态，人为采用任何形式造成的潮湿环境，无论后果，均影响对鼓膜穿孔损伤程度的评定。

第十一章 影响鼓膜穿孔自行愈合的因素

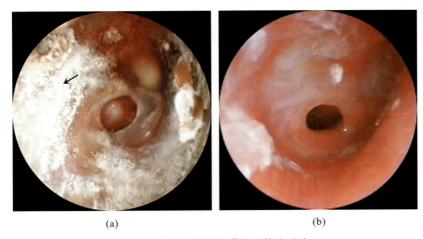

图 11-7-1　外伤性鼓膜穿孔镜像观察
(a)外伤性鼓膜穿孔,合并真菌感染;(b)伤后 6 周,穿孔未愈合

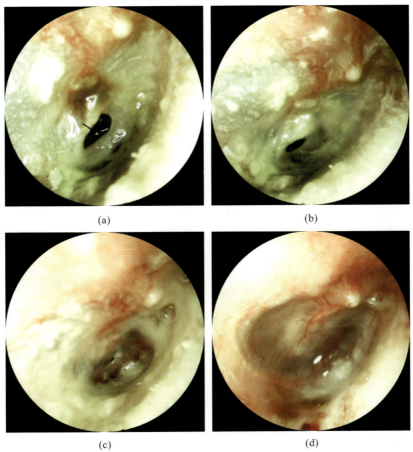

图 11-7-2　外伤性鼓膜穿孔伤后镜像
(a)挖耳致右耳鼓膜穿孔 3 天,合并化脓性中耳炎;(b)伤后 6 天,镜检示穿孔缩小;(c)伤后 7 天,镜检见穿孔缩小,呈针尖样;(d)伤后 11 天,镜检示穿孔愈合

第八节 个体差异

穿孔愈合的速度存在个体差异。伤者的年龄及健康状况等也影响愈合时间。血管微循环退行性改变等阻碍鼓环及锤骨柄向中心的血供,可能影响外伤性鼓膜穿孔后上皮干细胞的增殖,进而影响穿孔的愈合。既往罹患高血压、某些内分泌系统疾病、免疫系统疾病等,均可以影响鼓膜穿孔的自行愈合。

【案例】 C男,伤后当天发现左耳外伤性鼓膜穿孔(未进行耳内窥镜检查),伤后3天,镜检发现有继发感染,住院期间被诊断为2型糖尿病及外伤性鼓膜穿孔(图11-8-1)。

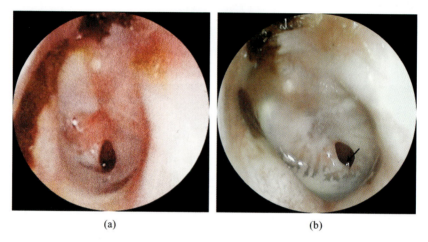

图11-8-1 C男外伤性鼓膜穿孔复查镜像

(a)伤后72 h,左耳外耳道有血痂样物附着,鼓膜弥漫性充血水肿,鼓室积液;(b)伤后6周,外耳道底及鼓膜表面有脓性物附着,鼓膜穿孔未愈合,鼓室积脓

【案例】 Z男,46岁,外伤性鼓膜穿孔愈合过程中,因既往罹患过敏性鼻炎,频繁剧烈打喷嚏,镜检发现痂皮沿穿孔呈管形聚积而影响穿孔愈合(图11-8-2)。

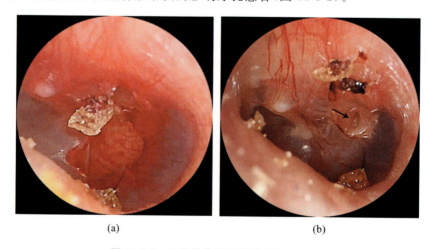

图11-8-2 Z男外伤性鼓膜穿孔复查镜像

(a)伤后24 h,左耳鼓膜穿孔;(b)伤后6周,穿孔周围形成管状痂皮

第九节 人为阻碍鼓膜愈合

个别伤者为了达到将鼓膜穿孔延迟到伤后6周不愈合的目的,故意采取隐匿的手段,阻滞穿孔愈合。这种行为从法医学角度评价也是造作伤行为,造作方式不易证实。穿孔动态观察过程中,伤者常常存在有违正常的怪异行为(如询问构成轻伤的标准条件,询问阻滞穿孔愈合的技巧等);部分伤者动态镜像表现没有异常,但伤后3周以后穿孔突然停止修复,不能合理解释穿孔不愈合的原因,不能排除人为造作的原因。

【案例】 S女,伤后24 h发现左耳鼓膜穿孔。伤后4周,检查穿孔愈合,鼓膜活动好。伤后6周,原穿孔后缘重新见针尖样穿孔(图11-9-1)。

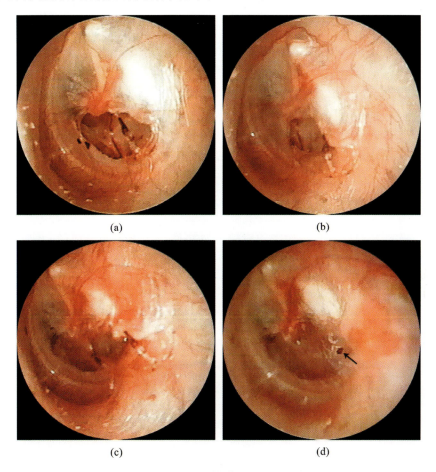

图11-9-1 S女鼓膜穿孔动态镜像

(a)伤后24 h,左耳鼓膜下方不规则大穿孔;(b)伤后7天,穿孔缩小,未见明显异常;(c)伤后4周,穿孔愈合,鼓膜表面未见异常;(d)伤后6周,原穿孔后下边缘处出现针尖样穿孔,边缘锐利,无充血、无出血,周围淡黄色痂皮附着

第十二章　造作性鼓膜穿孔

伤者自己或授意他人对自己身体造成伤害,或故意夸大、改变原有伤情造成的损伤,称为造作伤。造作伤行为大多以诬陷他人来逃避法律制裁、骗取赔偿为目的,采取的造作方法多种多样,而最常见也最具有隐蔽性的就是造作性鼓膜穿孔,这也是在法医临床鉴定实践中遇到的一种特殊类型的鼓膜损伤。

造作性鼓膜穿孔的造作方式多为直接外伤,在法医临床工作中气压性造作伤也能见到,实践中也可以见到慢性中耳炎患者以炎性鼓膜穿孔冒充外伤性鼓膜穿孔的案例。事实上,《人体损伤程度鉴定标准》施行后,有伤者采取临床医学禁忌的手段阻止穿孔的鼓膜在伤后6周愈合,其行为具有强烈的目的性,新形势下也是一种新的造作伤表现。

由于鼓膜损伤的隐匿性及复杂性,鼓膜造作伤往往成为法医鉴定业务中的疑难案件,造作者寄希望于误导法医进而得利,有一些案件甚至造成了极坏的社会影响。

第一节　直接伤造作性鼓膜穿孔

直接伤造作性鼓膜穿孔是造作者使用器具直接作用于鼓膜而形成的,并以此伤诉为气压伤。检查镜像多表现出如下征象。

一、外耳道损伤

在疑似直接伤而投诉为间接伤害案例中常见,直杆器械进入外耳道,极易对外耳道造成擦伤,大部分造作伤者对外耳道损伤难以提供合理解释(图12-1-1)。

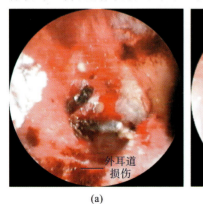
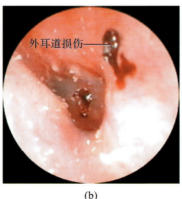
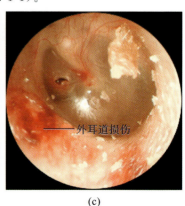

(a)　　　　　　　　　　　(b)　　　　　　　　　　　(c)

图 12-1-1　造作性鼓膜穿孔,合并外耳道损伤镜像表现

(a)Z男,诉拳击伤后2天,鼓膜穿孔合并外耳道损伤;(b)G男,诉掌击伤后2天,鼓膜穿孔合并外耳道损伤;(c)Z男,诉伤后5天,鼓膜穿孔、鼓膜损伤,合并外耳道挫伤

二、鼓膜表面遗留有器械直接作用痕迹

多发性鼓膜损伤与气压伤鼓膜穿孔形成机制不符合,前者多由尖锐器械戳刺所致(图12-1-2)。

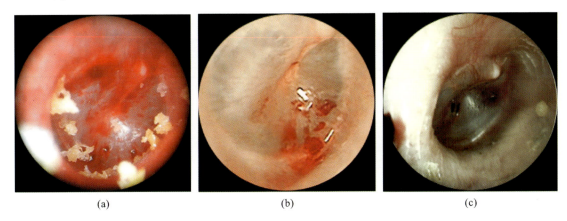

图12-1-2 鼓膜刺伤镜像表现

(a)G男,诉伤后1天,致伤方式不详,鼓膜多发性刺伤;(b)Z男,诉掌击伤后3天,紧张部前下象限小穿孔,伴鼓膜针刺伤;(c)L女,诉伤后24h,鼓膜针尖样小穿孔,伴鼓膜针刺伤

三、穿孔位置反常规分布

穿孔位于直杆器械直视下容易造作的前下或后下象限,也可位于前上、后上象限,甚至位于松弛部、鼓膜边缘等少见部位(图12-1-3至图12-1-5)。

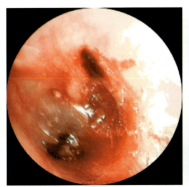 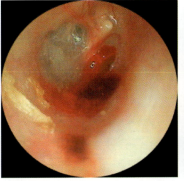 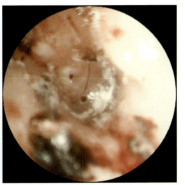

图12-1-3 C男,诉掌击伤后3天,左耳鼓膜脐部下方、前下象限边缘部针尖样穿孔伴出血

图12-1-4 L男,诉被他人用挎包甩打右耳部,受伤当天发现右耳鼓膜紧张部前下象限边缘部穿孔伴大量出血及外耳道擦伤

图12-1-5 L男,诉掌击伤后5天,鼓膜多发性小穿孔伴外耳道损伤

四、穿孔形态多为小穿孔

多表现为针尖样小穿孔,伴相对大量出血(图12-1-6)。

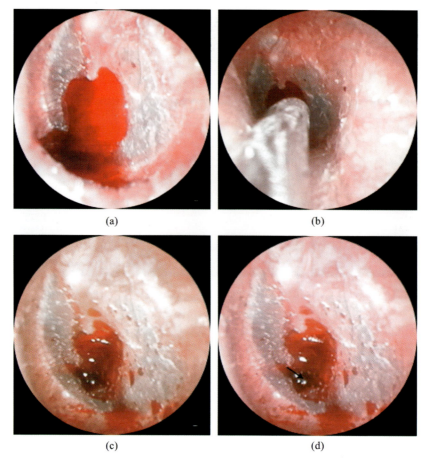

图 12-1-6　Y男,诉拳击伤后5天,耳内窥镜检查表现

(a)初检:新鲜血迹覆盖鼓膜;(b)专业吸引器无创清理血迹后;(c)(d)捏鼻鼓气,鼓膜漏气

五、外耳道积存大量血迹,鼓室内积存大量血迹

这些血性物表现可能为比较新鲜血迹,与所诉损伤时间不符合(图12-1-7、图12-1-8),严重者可见鼓室黏膜损伤表现(图12-1-9)。

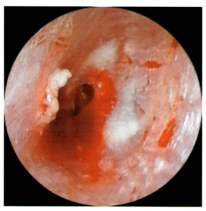

图 12-1-7　C女,诉掌拳击伤后3天,鼓膜雨滴样穿孔,伴相对大量新鲜出血

第十二章　造作性鼓膜穿孔

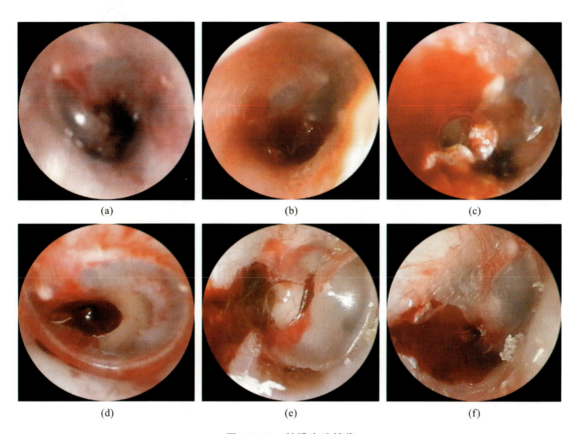

图 12-1-8　鼓膜穿孔镜像

自诉伤后 2～4 天，不同鼓膜小穿孔伤，并伴相对大量出血

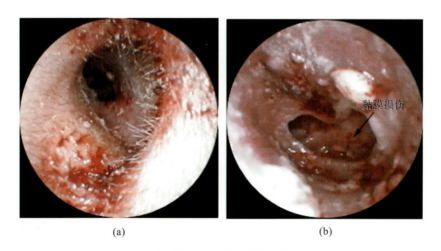

图 12-1-9　鼓膜穿孔镜像

Z 男，诉掌击伤后 4 天，外耳道血迹附着，鼓膜穿孔，鼓膜弥漫性充血肿胀，鼓室黏膜损伤

第二节 间接伤造作性鼓膜穿孔

《人体损伤程度鉴定标准》自 2014 年施行以后,直接伤造作性鼓膜穿孔在一定程度上得到了遏制。这是由于造作成本加大,且大多数穿孔迅速愈合不能而达到索求轻伤的目的。

目前的损伤程度鉴定实践中,间接伤造作性鼓膜穿孔也有发生,致伤方式多系自伤或联系他人掌击、使用工具造作而成,如目前发现的使用气球、安全套、塑料袋等气囊性用具,偶见使用充气泵等器具。

这一类鼓膜穿孔法医仅仅从镜像方面尚难以区分是外伤还是造作伤,多存在如下表现。

(1) 有耳、面部外伤表现,耳廓和外耳道可有损伤。

(2) 就医时间较迟,存在造作伤的时间空间;多为先自行就诊,发现鼓膜穿孔后报案。

(3) 符合气压伤鼓膜穿孔镜像表现,或单纯从镜像表现不易确定是否为造作伤。

(4) 镜像表现的外伤新鲜程度与所诉受伤时间不吻合,如穿孔及外耳道附着的血性物的新旧程度、穿孔边缘水肿程度、穿孔残缘表现等。

【案例】 G男,无头面部遭受击打的确切证据,纠纷发生后第 6 天自行就医检查发现左耳鼓膜穿孔后报案(图 12-2-1)。

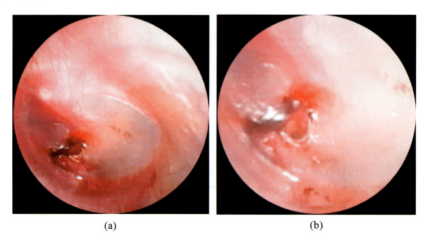

图 12-2-1 G男鼓膜穿孔镜像

(a)左耳鼓膜紧张部类圆形小穿孔,边缘新鲜血痂附着,鼓膜残缘充血水肿,不符合伤后 6 天的常见镜像表现;(b)穿孔局部镜像

【案例】 R女,无耳部遭受击打的确切证据,事件发生 7 天后自行就诊发现右耳鼓膜穿孔(图 12-2-2)。

【案例】 M男,诉伤后 4 天。检查显示外耳道可见新鲜血液(图 12-2-3)。

【案例】 Z女,37 岁,伤后立即住院查体无耳部外伤临床表现,入院数小时后自行离开去另外一家医疗机构检查发现右耳鼓膜穿孔后报警(图 12-2-4)。

第十二章 造作性鼓膜穿孔

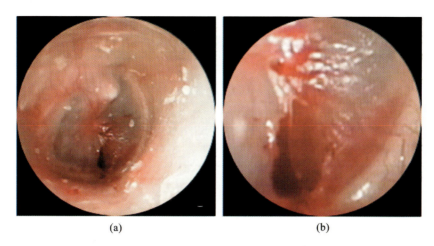

图 12-2-2 R 女鼓膜穿孔镜像

(a)右耳鼓膜紧张部前下象限不规则形穿孔,残缘有局限性充血、水肿及渗血表现,不符合伤后 7 天常见镜像表现;(b)穿孔局部镜像

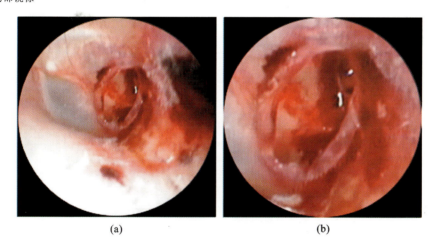

图 12-2-3 M 男鼓膜穿孔镜像

(a)左耳外耳道擦伤,鼓膜紧张部下方穿孔,鼓室积血;不符合伤后 4 天常见镜像表现;(b)镜像局部放大

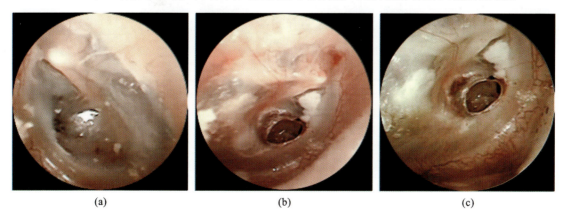

图 12-2-4 Z 女鼓膜穿孔镜像

(a)左耳鼓膜完整,紧张部鼓膜表面损伤;(b)右耳鼓膜钙化,紧张部前下象限有类圆形穿孔,残缘少许充血;(c)72 h 复查

第三节　炎性鼓膜穿孔假冒外伤性鼓膜穿孔

既往鼓膜紧张部存在陈旧性穿孔，或者貌似小穿孔样瘢痕，当存在耳部外伤史的时候，为了争取利益，部分伤者隐匿既往的鼓膜穿孔史假冒外伤性鼓膜穿孔。这种"穿孔"伤后早期也可能伴有鼓膜充血等外伤性反应，但是鼓膜和外耳道有时可以发现脓液或脓臭；穿孔边缘钝滑整齐，呈圆形或类圆形；动态观察形态不改变，伤后6周不愈合；多伴有轻中度听力障碍；影像学检查可见慢性中耳乳突炎征象。

【案例】　S女，耳部拳击伤，次日耳内窥镜检查，后定期复查，镜像均未显示有外伤后征象，仅在紧张部发现一个疑似的针尖样"穿孔"（图12-3-1）。

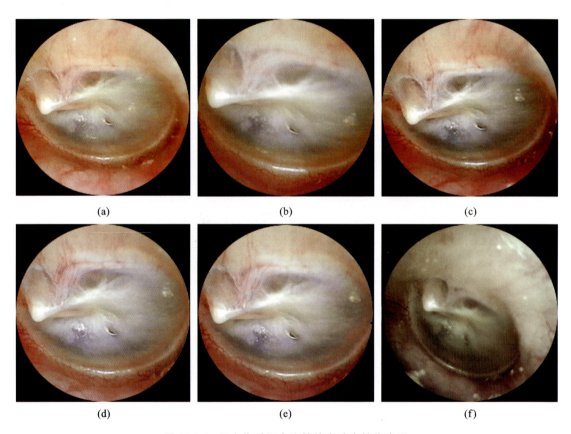

图12-3-1　S女伤后耳内窥镜检查动态镜像表现

(a)伤后次日镜像显示左耳鼓膜混浊，紧张部前下象限疑似穿孔，周围无充血；(b)(c)(d)(e)(f)分别为在伤后2、3、4、5、6周不同时间复查的镜像，同首次镜像比对无变化（颞骨CT检查显示左侧乳突气房发育差，其内密度增高，右侧乳突结构显示正常）

【案例】　G女，掌击伤后12 h检查发现右耳鼓膜穿孔（图12-3-2）。

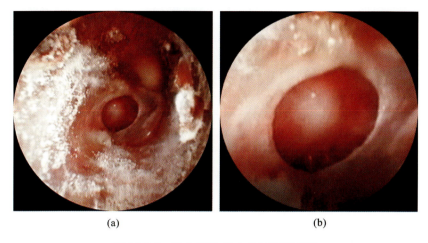

图 12-3-2　G 女伤后 12 h 检查镜像表现

(a)右耳外耳道真菌感染,显示菌丝附着,鼓膜中央穿孔,边缘光滑、硬化,残余鼓膜慢性弥漫性充血,鼓室潮湿充血,黏膜增生肥厚;(b)局部放大镜像

第四节　新时期造作性鼓膜穿孔法医学特点

《人体损伤程度鉴定标准》自 2014 年 1 月 1 日起实施以后,部分鼓膜穿孔伤者在明确轻微伤之后,为了获得轻伤二级的司法鉴定意见,采用各种医学禁忌的方式阻滞穿孔在伤后 6 周内愈合,这种情况在目前标准应用过程中也应该认为是一类造作伤。

鼓膜穿孔愈合的机制复杂,目前仍然处于探索研究中。这一类造作伤的造作时间多发生于具有明确的外伤性鼓膜穿孔,已经鉴定为轻微伤,处于伤后 6 周以内的观察期,多出现在伤后 4～6 周。造作本身具有极其隐匿的特点,而又不能依靠明确的医学检查证据予以甄别,这无疑给法医鉴定工作带来了更具难度的挑战。

【案例】　L 男,被掌击左耳后当晚在 A 医院(三级甲等医院)找熟人私下检查发现左耳鼓膜穿孔,无耳内窥镜检查影像报告,伤后 4 h 转 B 医院住院并报案,接鉴机构委托 B 医院定期复查了其左耳鼓膜穿孔变化情况,穿孔在伤后 6 周内没有愈合(图 12-4-1 至图 12-4-6)。

L 男被人掌击左耳,发现鼓膜穿孔以后报案时即表现出对《人体损伤程度鉴定标准》极其熟悉的行为,耳内窥镜检查左耳鼓膜存在外伤性鼓膜穿孔,该穿孔伤后 6 周未愈合。伤后第 4 周痂皮增加,该痂皮增加与迟发性痂皮形成的时间和增长速度均有差异,与常见外伤性鼓膜穿孔自行愈合过程不符合。事后经过了解,伤者在穿孔修复期有造作行为。

目前认定这种造作伤尚缺乏理论依据,这无异对法医鉴定提出了新的挑战。鉴定此类造作伤要注意下列表现。

一、特殊镜像表现

1. 管形痂皮　过度将气流自鼓室冲击鼓膜穿孔残缘,导致伤后渗出物结成的痂皮呈管形,不能起到穿孔愈合间桥作用,机械性阻挡穿孔愈合(图 12-4-7)。

2. 穿孔局部新发现轻微的急性炎性表现　由于客观上不可能对伤者做到短时间连续复查,伤后两次复查之间发生的炎性作用可能会对穿孔愈合造成影响(图 12-4-8)。

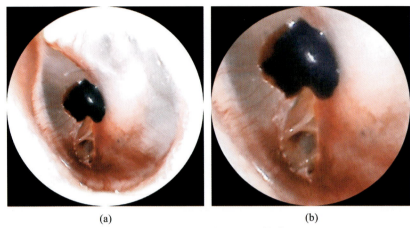

图 12-4-1　L 男伤后 12 h 镜像

左耳外耳道未见损伤,鼓膜紧张部前下象限存在 1 个穿孔,呈类三角形,锐角指向鼓膜脐部;边缘不整齐,呈锯齿状,穿孔周围充血,边缘上方有一小片状红褐色血痂附着;鼓室干燥;光锥消失

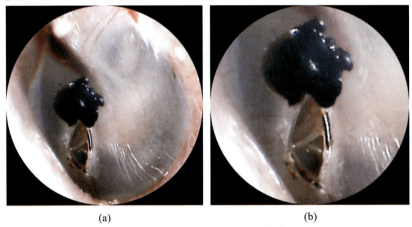

图 12-4-2　L 男伤后 10 天镜像

左耳原穿孔周围充血消失、边缘干燥、少许陈旧性血痂附着,后方边缘增厚、上皮组织外翘生长,除边缘附着的条状血痂外,无明显黄灰色痂皮附着;鼓室干燥;光锥消失

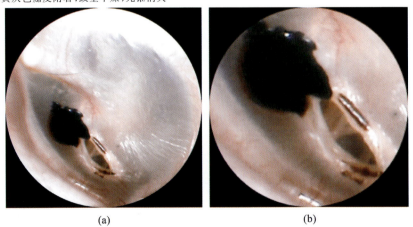

图 12-4-3　L 男伤后 28 天镜像

穿孔缩小,边缘上皮组织生长,其他表现基本同前

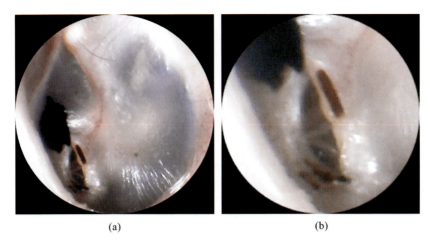

图 12-4-4　L 男伤后 33 天镜像

穿孔逐渐缩小，边缘上皮组织生长，穿孔前上缘、后下缘有少许灰白色痂皮附着

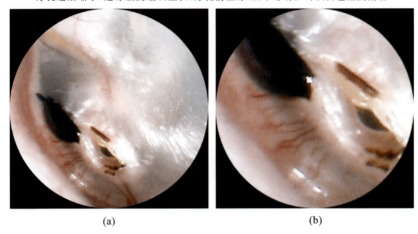

图 12-4-5　L 男伤后 39 天镜像

穿孔逐渐缩小，边缘上皮组织生长，穿孔前缘、后缘及下缘灰白色痂皮附着明显增加

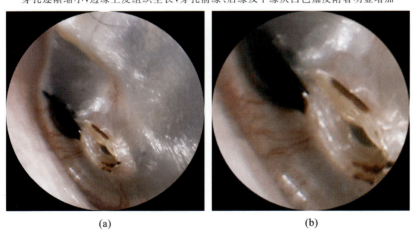

图 12-4-6　L 男伤后 6 周镜像

穿孔后缘灰白色痂皮增多，穿孔未愈合

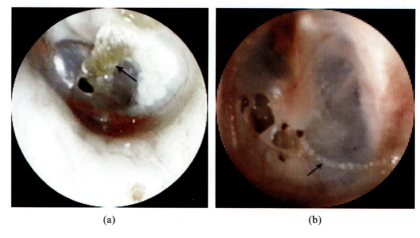

图 12-4-7 管形痂皮

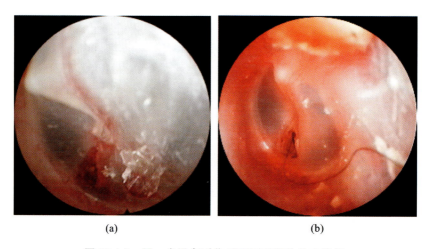

图 12-4-8 同一台设备对伤后不同时期的检查镜像
(a)伤后当天镜像；(b)伤后 14 天复查，穿孔周围鼓膜轻微充血、水肿

3. 小穿孔残缘停止生长　符合外伤性鼓膜穿孔表现，前期自愈过程正常，受伤 5 周以后至 42 天穿孔停止愈合(图 12-4-9)。

4. 伤后 6 周以内原穿孔处反复穿孔　多见于萎缩性鼓膜损伤，穿孔愈合多呈无色透明的"膜状"，在使用分辨率较低的设备检查时极易遗漏这种镜像表现特征。

【案例】　Z 女，掌击伤后 12 h 发现左耳鼓膜穿孔。伤后定期耳内窥镜复查，复查发现期间曾出现穿孔"膜状"愈合又穿孔表现(图 12-4-10)。

二、疑难案例特征

1. 疑难案例多发于法医复查频率低时　在伤后没有进行定期复查，仅仅在伤后第 6 周复查判断鼓膜是否愈合，这样就具有更大的时间空间进行造作，一旦出现异常，则不能收集动态变化情况的异常法医学临床证据。

【案例】　W 男，打架受伤。当天耳内窥镜检查示左耳鼓膜裂隙样小穿孔。经查该伤者无既往慢性疾病史，穿孔后 6 周复查穿孔未愈合(图 12-4-11)。

第十二章　造作性鼓膜穿孔

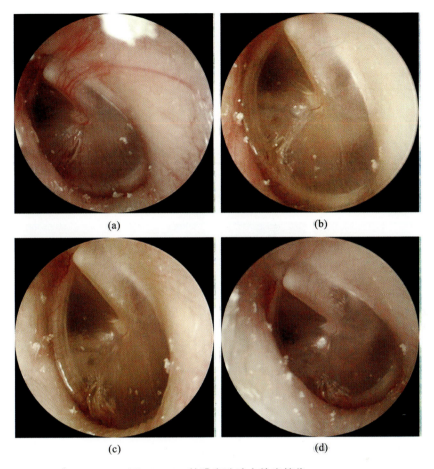

图 12-4-9　鼓膜穿孔动态检查镜像
(a) 伤后 24 h，左耳鼓膜前下方裂隙样穿孔；(b) 伤后 4 周，痂皮增多，穿孔未愈合；(c) 伤后 5 周，较前痂皮未增多，穿孔未愈合；(d) 伤后 6 周鼓膜穿孔未愈合

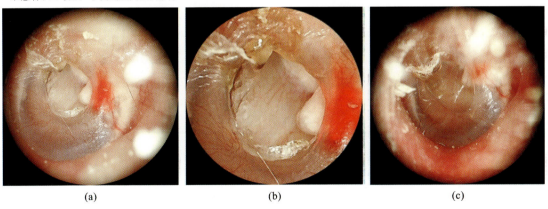

图 12-4-10　Z 女萎缩性鼓膜穿孔动态检查镜像
(a) 伤后 12 h，萎缩性鼓膜外伤性穿孔，外耳道底充血；(b) 伤后 21 天，鼓膜穿孔基本愈合（膜状），仅在穿孔上缘痂皮遮挡穿孔边缘，外耳道底充血明显减轻；(c) 伤后 22 天，鼓膜表面洁净，穿孔区域似有膜状愈合，外耳道底有新鲜血痂；(d) 伤后 25 天，原穿孔周围疑似原修复的膜状鼓膜破裂，呈"喇叭口"状；(e) 伤后 42 天原穿孔重新修复中，穿孔疑似未愈合；(f) 伤后 44 天穿孔膜状愈合，呈萎缩性鼓膜；(g) 鼓膜再次损伤，外耳道与鼓膜交界处损伤出血

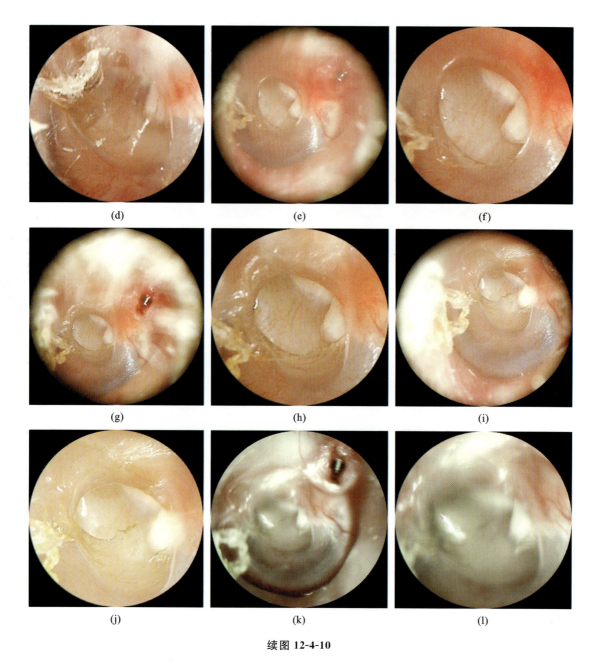

续图 12-4-10

2. 异常行为 伤者存在采用反复捏鼻鼓气、剧烈打喷嚏或掌心对外耳道反复迅猛挤压等行为以阻止穿孔愈合(图 12-4-12)。

3. 采取滴药等医学禁忌的方式阻止穿孔愈合 多发生于伤后第 3 周复查后,易继发感染,否则复查时不易发现。法医不能解释的残缘修复突然减速或停止的原因。

【案例】 J女,当天发现右耳鼓膜穿孔。复查过程中穿孔耳一直处于潮湿状态,经查,发现穿孔以后使用滴耳液刺激(图 12-4-13、图 12-4-14)。

4. 应用间接外力进行反复击打,导致穿孔不能愈合 这种行为多发于愈合过程中两次复查之间。

第十二章 造作性鼓膜穿孔

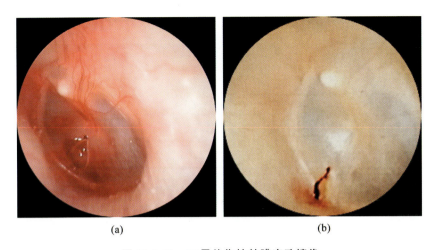

图 12-4-11 W 男外伤性鼓膜穿孔镜像
(a)伤后 24 h 镜像显示左耳鼓膜裂隙样小穿孔;(b)伤后 6 周未愈合,血痂未移除

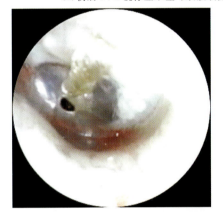

图 12-4-12 某伤者鼓膜穿孔伤后 6 周复查镜像
原穿孔处痂皮遮挡,痂皮呈管形,推开痂皮暴露穿孔发现未愈合

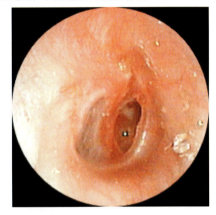

图 12-4-13 J 女鼓膜穿孔镜像
伤后 3 天鼓膜镜像表现:右耳鼓膜穿孔形状不规则,穿孔周围鼓膜充血、肿胀,鼓室潮湿

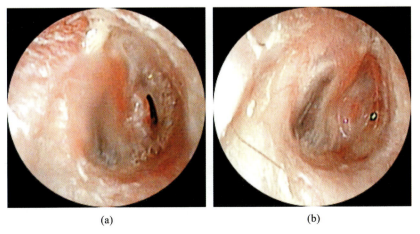

图 12-4-14 J 女定期复查镜像
鼓膜在炎症状态下于伤后 3 周内愈合

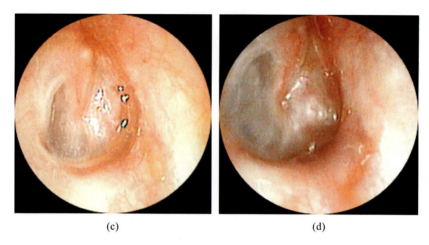

(c) (d)

续图 12-4-14

【案例】 Y 男,伤后 2 天耳内窥镜检查发现左耳鼓膜穿孔。伤后 24 天耳内窥镜复查时发现异常,随后停止复查(图 12-4-15)。

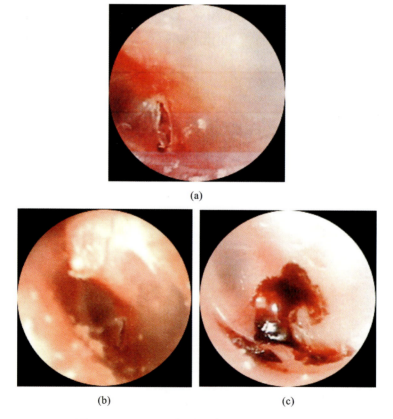

图 12-4-15 Y 男外伤性鼓膜穿孔动态检查镜像

(a)伤后 48 h,左耳鼓膜紧张部前下象限裂隙样穿孔;(b)伤后 10 天,左耳鼓膜原穿孔未愈合,修复过程正常;(c)伤后 24 天,原穿孔区域出现继发损伤后血性物附着征象

【案例】Y女,伤后4天镜检发现鼓膜紧张部前下方穿孔,伤后28天复查时发现原穿孔愈合,而后下象限出现新的穿孔(图12-4-16)。

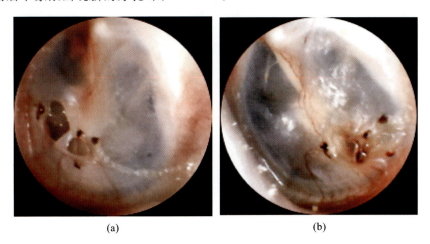

图12-4-16　Y女左耳鼓膜穿孔镜像

(a)伤后4天,左耳鼓膜紧张部前下方穿孔,并见细管形痂皮;(b)伤后42天,左耳鼓膜紧张部后下象限穿孔未愈合,与原穿孔位置不一致,周围散在分布点状血痂

第五节　造作性鼓膜穿孔的判断技巧

由于外伤性鼓膜穿孔的造作手段日益多样,造作伤的甄别是一个斗智斗勇的过程,略有闪失即可能造成不良的社会影响。造作性鼓膜穿孔在日常损伤程度鉴定工作中时有遇见,且较为复杂,部分案例难以甄别,因此鉴定人员应当掌握鉴别造作伤的一般性技巧。

造作性鼓膜穿孔的判断不能仅仅依据临床资料,办案人员发现的任何行为疑点都是法医需要考虑、尽可能从法医学角度解析的重点。耳内窥镜检查镜像表现是法医进行判断的重要依据,对异常的镜像表现如果不能做出合理的医学解释,则更要积极调查穿孔的形成原因,尽可能杜绝造作者得利的情况发生。

临床表现方面,鼓膜破裂后,伤者普遍会突感耳痛、耳闷、听力减退、耳鸣等,严重者除引起鼓膜破裂外,还可由于镫骨强烈运动而致内耳前庭及耳蜗受损,出现眩晕、恶心、呕吐,严重者甚至会出现混合性耳聋。一般情况下,伤者会在第一时间诉说和就诊。对于不能及时就诊的伤者应该给出合理的解释,否则应该引起高度注意。

鉴定时应遵循的原则是伤者应在伤后1～3天进行耳内窥镜检查,并尽可能提供检查录像及报告等资料。由于急性创伤反应的消失及伤后穿孔边缘的修复,伤后时间过久的镜像资料影响对穿孔急性期表现特征的观察与判断,给推断穿孔的致伤方式及致伤时间带来困难(图12-5-1)。

外耳道存在非医源性挫伤、擦伤、裂伤等损伤,又不能够被合理解释的,原则上不予评定损伤程度(图12-5-2)。

慢性中耳炎穿孔包括单纯型、骨疡型及胆脂瘤型慢性中耳炎穿孔(图12-5-3),穿孔多呈椭圆形。骨疡型慢性中耳炎穿孔多发生于鼓膜紧张部边缘或者中央;穿孔多为类圆形大穿

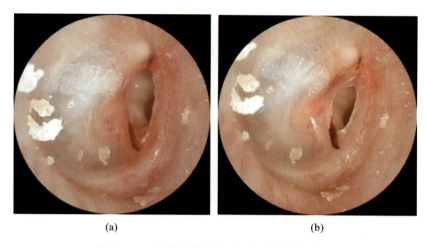

图 12-5-1　外伤性鼓膜穿孔不同时期镜像表现

(a)伤后 24 h;(b)伤后 3 天。两次穿孔镜像表现对比发现,血迹颜色、穿孔后缘整齐度、充血区域与充血程度、血迹色泽、穿孔形态均已发生轻微变化

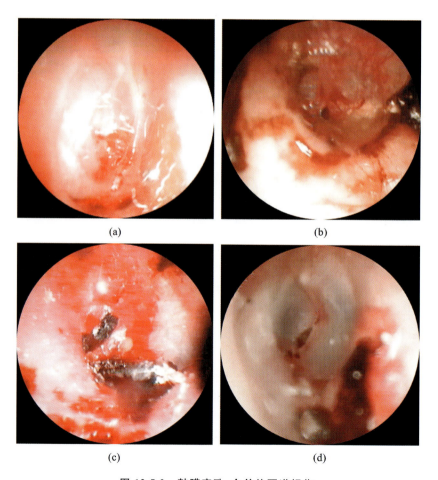

图 12-5-2　鼓膜穿孔,合并外耳道损伤

孔。胆脂瘤型慢性中耳炎穿孔多位于鼓膜松弛部边缘或紧张部后上缘,穿孔多为小到中等的类圆形穿孔,颞骨 CT 或 MRI 检查多数显示有中耳结构异常。

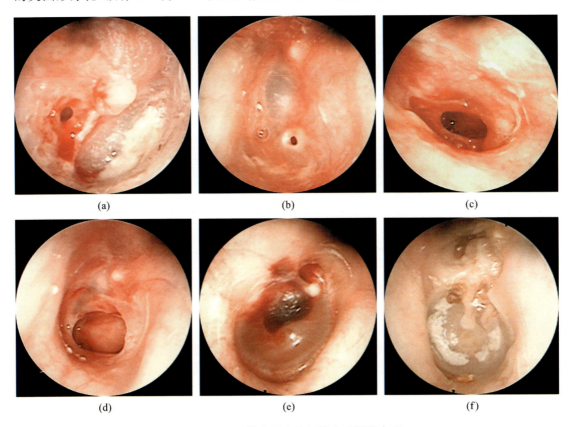

图 12-5-3　慢性中耳炎陈旧性穿孔镜像表现

(a)陈旧性小穿孔;(b)急性炎症期紧张部陈旧性小穿孔;(c)急性炎症期紧张部陈旧性大穿孔;(d)慢性炎症期紧张部大穿孔;(e)松弛部陈旧性穿孔;(f)慢性炎症期松弛部穿孔

目前尚无一种有效而简单的方法甄别气压性鼓膜穿孔造作伤。应当在鉴定过程中紧密结合案情综合分析。伤后高频次耳内窥镜复查有助于对穿孔性质进行判断,尤其在伤后 4～6 周不定期增加复查次数,有助于抑制阻滞穿孔愈合的造作行为。

第十三章 《人体损伤程度鉴定标准》的适用（附 20 例编委共识）

《人体损伤程度鉴定标准》中直接涉及鼓膜穿孔的条款有 5.3.4a)"外伤性鼓膜穿孔 6 周不能自行愈合"评定为轻伤二级，5.3.5a)"外伤性鼓膜穿孔"评定为轻微伤。尽管标准内容已经具体化，但是在具体实践中遇到的个别案例仍然存在一些争议和难以把握的地方。

第一节 鼓膜穿孔伤的认定

无论怎样的致伤方式，只要是在侵权外力的作用下造成鼓膜穿孔，即可评定为轻微伤。评定条件的把握涉及几个方面的内容：①确定的外伤史；②明确的外伤性鼓膜穿孔；③明确与所诉外伤的因果关系，包括致伤方式的一致性、致伤部位的一致性、伤后表现的一致性；④排除造作伤；⑤5.3.5a) 为鼓膜损伤的兜底性条款，评定损伤程度时要甄别是否为外伤性鼓膜穿孔。

轻伤二级的评定涉及四个重要内容：①明确的外伤性鼓膜穿孔；②必须遗留该穿孔没有愈合；③穿孔愈合过程中不能加入扰动愈合的任何因素；④评定时限界定为伤后 6 周，即 42 天及以后。在轻伤二级评定时要明确伤病关系，外伤为次要、轻微或没有作用时损伤程度则不予评定，共同作用时则降一个等级评定为轻微伤。严格把握鼓膜穿孔没有愈合的客观指征，必要时使用声导抗予以辅助检查；痂皮遮挡原穿孔区域不能清痂判断时，不能推断为轻伤二级。

【案例 1】 Y 男，耳内窥镜检查发现左耳鼓膜穿孔，然后报案称 4 天前被他人掌击伤及左耳面部（图 13-1-1 至图 13-1-3）。

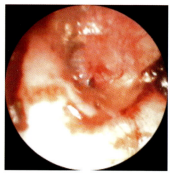

图 13-1-1 伤后 4 天，耳内窥镜检查镜像

外耳道擦伤，鼓膜弥漫性充血、肿胀，鼓膜脐部下方可见尚有稀薄的血性物覆盖，不能辨识穿孔

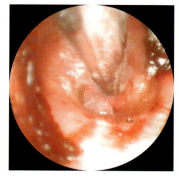

图 13-1-2 无菌条件耳内窥镜下耳用吸引器无创清理鼓膜表面血性物

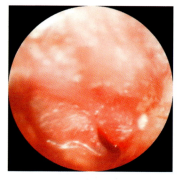

图 13-1-3 鼓膜表面清理后耳内窥镜检查镜像

鼓膜脐部下方存在一条状（裂隙样）小穿孔，边缘整齐，明显红肿

编委共识：

Y 男伤后未及时就诊且报案较迟，镜像表现出血相对较多，不符合气压伤致鼓膜穿孔常见表现。对其左耳鼓膜穿孔损伤程度不予评定。

【案例 2】 M 男，被他人用右手掌击左耳部，伤后由警察从现场带离到当地医院就诊，耳内窥镜检查发现左耳鼓膜穿孔（图 13-1-4 至图 13-1-12）。

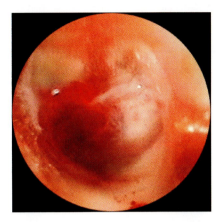

图 13-1-4　伤后 4 h，左耳鼓膜镜像

左耳外耳道及鼓膜处可见血性物，鼓膜穿孔不能窥及

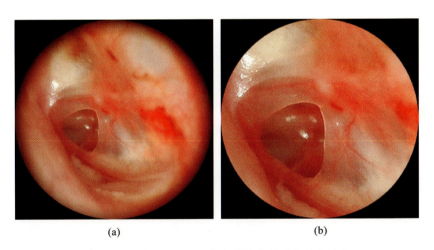

图 13-1-5　伤后 3 天，耳内窥镜检查鼓膜及局部镜像

左耳鼓膜原穿孔存在，呈类三角形，残缘薄锐、后缘及外侧缘不光滑，穿孔周围鼓膜轻度充血，残余鼓膜存在钙化斑，鼓室黏膜轻度充血

编委共识：

M 男外伤史明确，从现场带离检查，无造作机会，说明其左耳部出血与本次受伤存在因果关系。根据就诊记录记载的耳部表现，不能排除是由于耳部受到高频次击打所导致穿孔边缘出血。伤后复查左耳鼓膜穿孔，并见残缘形态学变化，符合外伤性鼓膜穿孔的临床表现。穿孔修复过程中未发现感染、出血等继发体征，符合自行愈合过程表现。穿孔修复过程中没有发现穿孔边缘上皮组织生长现象，且伤后镜像显示穿孔周围鼓膜符合萎缩性鼓膜镜

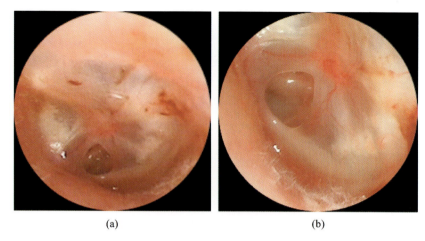

(a)　　　　　　　　　　　　(b)

图 13-1-6　伤后 10 天,两家机构耳内窥镜检查镜像

左耳鼓膜原穿孔存在,形状基本同前,残缘薄锐,残余鼓膜可见钙化、表面附着星点状血痂、轻度充血,鼓室黏膜轻度充血

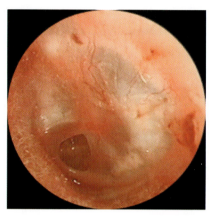

图 13-1-7　伤后 15 天,耳内窥镜检查镜像

原穿孔较前无明显变化

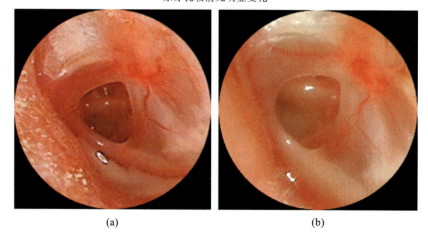

(a)　　　　　　　　　　　　(b)

图 13-1-8　伤后 20 天,两家机构耳内窥镜检查镜像

鼓膜表面洁净,充血减轻,原穿孔面积无明显缩小,穿孔残缘光滑,鼓室无异常

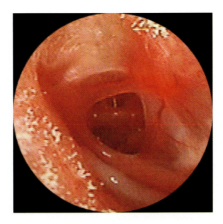

图 13-1-9 伤后 24 天耳内窥镜检查镜像

较前无明显变化

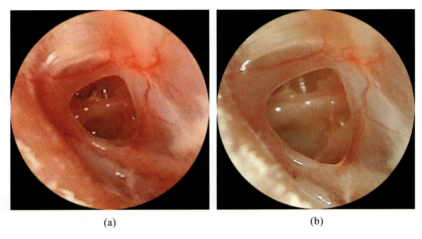

(a)   (b)

图 13-1-10 伤后 31 天,两家机构耳内窥镜检查镜像

较前无明显变化

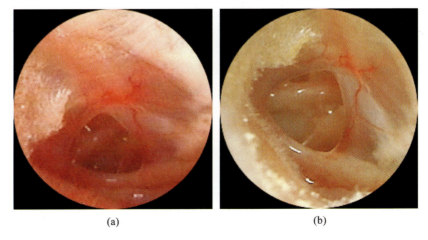

(a)   (b)

图 13-1-11 伤后 38 天,两家机构耳内窥镜检查镜像

较前无明显变化

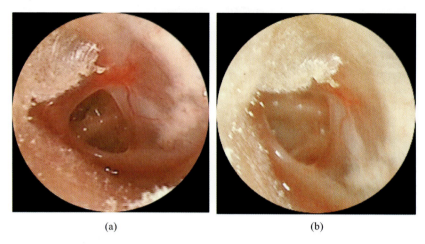

(a) (b)

图 13-1-12　伤后 42 天,两家机构耳内窥镜检查镜像

较前无明显变化

像。依据《人体损伤程度鉴定标准》4.3.2、5.3.4a)之规定,其损伤应该降级评定为轻微伤。

第二节　中耳炎性鼓膜穿孔的认定

中耳炎导致的鼓膜穿孔与外伤无因果关系,颞骨 CT 检查多提示中耳乳突炎。镜像表现常见为鼓膜紧张部大小不一的类圆形穿孔,部分穿孔愈合后遗留针尖样瘢痕,在鼓膜充血期常与外伤性鼓膜穿孔混淆,损伤程度鉴定时务必注意观察其伤后有无形态学变化。炎性鼓膜穿孔的典型镜像表现是紧张部穿孔残缘光滑、钙化,动态观察无变化,较大穿孔可见鼓室黏膜炎性增生样改变。

【案例3】　Y 女,被他人掌击伤,隔日检查发现双耳鼓膜穿孔,伤后 18 天自行终止愈合(图 13-2-1 至图 13-2-3)。

编委共识:

Y 女被他人掌击伤及双侧耳部,伤后检查发现双耳鼓膜穿孔。①左耳鼓膜紧张部伤后镜像显示鼓膜穿孔残缘不整齐,局限性充血、肿胀,随伤后时间推移发生自愈性变化。依据《人体损伤程度鉴定标准》5.3.4a)之规定,Y 女被掌击伤致左耳外伤性鼓膜穿孔损伤为轻微伤。②右耳鼓膜伤后镜像显示为中央型大穿孔,穿孔残缘光滑,残余鼓膜无明显充血、水肿及少许出血等外伤后征象,动态观察该穿孔无形态变化,符合陈旧性鼓膜穿孔镜像,对其损伤程度不予评定。

【案例4】　Z 男,耳内窥镜检查发现左耳鼓膜穿孔,后报案称 15 天前被他人打伤,致伤方式不详(图 13-2-4 至图 13-2-7)。

编委共识:

Z 男诉受伤,致伤方式不详,伤后多日没有就诊。半个月后检查发现左耳鼓膜穿孔,如果存在外伤史,此时检查外伤早期镜像表现已经消失,而该伤者动态观察显示穿孔形态无变化,且长时间左耳鼓膜充血、肿胀,鼓室潮湿,符合慢性中耳炎性鼓膜穿孔征象。复查中新出现血性分泌物等表现也不符合气压伤鼓膜穿孔自行愈合过程表现。综合目前资料,对 Z 男

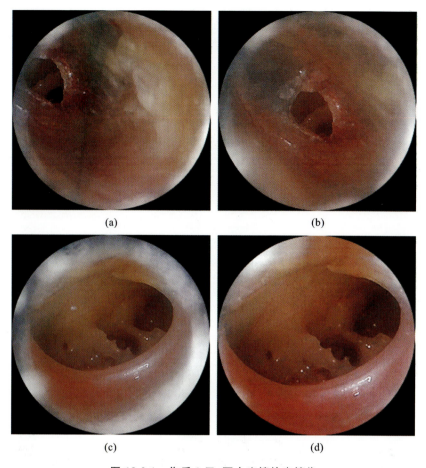

图 13-2-1　伤后 2 天，耳内窥镜检查镜像

双耳鼓膜穿孔，解剖标志显示不全面。(a)(b)为左耳鼓膜，紧张部前方类圆形穿孔，鼓膜解剖标志显示不全面，残缘不整齐，残缘及周围鼓膜充血、水肿；鼓室正常。(c)(d)为右耳鼓膜，紧张部类椭圆形穿孔，解剖标志显示不全，穿孔残缘光滑，无明显增厚，无明显充血、水肿表现；鼓室未见分泌物，鼓室黏膜增生

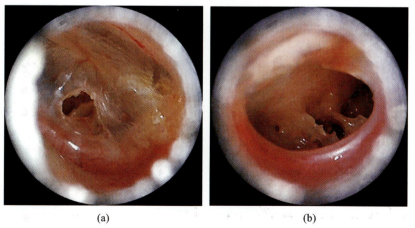

图 13-2-2　伤后 11 天，耳内窥镜检查镜像

(a)原左耳鼓膜穿孔面积较前减小，周围充血、水肿消失，形态较前趋圆形变化，边缘干燥，下缘上皮组织生长，少许淡黄色痂皮附着于穿孔残缘及周围鼓膜；(b)右耳鼓膜原中央型大穿孔形态无变化，鼓室黏膜增生

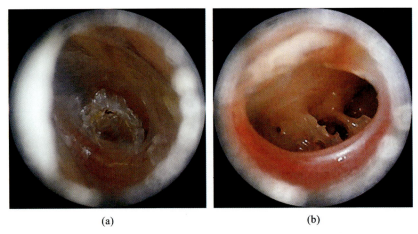

(a)　　　　　　　　　　　　(b)

图 13-2-3　伤后 18 天,耳内窥镜检查镜像

(a)左耳外耳道底痂皮增生,穿孔不能窥及;(b)右耳鼓膜原穿孔形态无变化,鼓室无变化

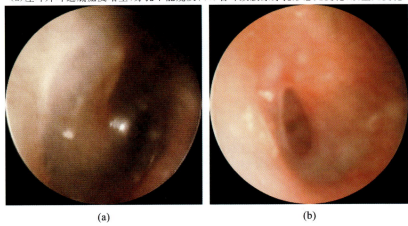

(a)　　　　　　　　　　　　(b)

图 13-2-4　伤后 15 天,耳内窥镜检查镜像

(a)右耳鼓膜正常;(b)左耳外耳道正常;鼓膜紧张部前份有一个穿孔,呈类椭圆形,残缘钝滑、充血肿胀,残余鼓膜弥漫性充血,鼓室内情况不能辨识,光锥消失

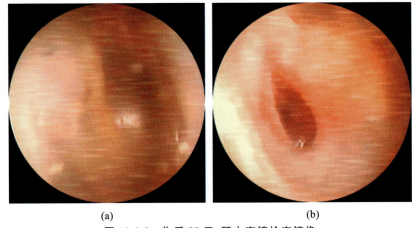

(a)　　　　　　　　　　　　(b)

图 13-2-5　伤后 28 天,耳内窥镜检查镜像

(a)右耳鼓膜完整;(b)左耳原穿孔形态无变化,残余鼓膜弥漫性充血、肿胀,鼓膜脐部上方可见新增片状血痂样物;鼓室显示不清晰,光锥消失

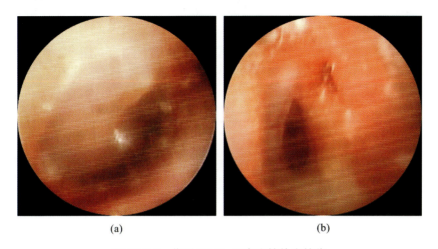

图 13-2-6　伤后 35 天，耳内窥镜检查镜像

(a)右耳鼓膜完整；(b)左耳外耳道附着炎性痂皮，原穿孔形态无变化，穿孔周围鼓膜充血，鼓室充血；光锥消失

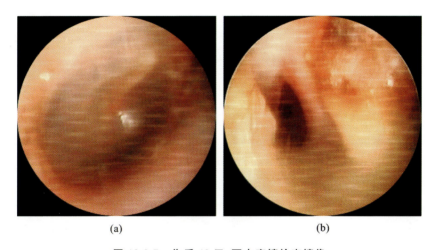

图 13-2-7　伤后 42 天，耳内窥镜检查镜像

(a)右耳鼓膜完整；(b)左耳原穿孔形态无变化，穿孔周围鼓膜充血，鼓室结构不清晰；光锥消失

左耳鼓膜穿孔损伤程度不予评定。

【案例 5】 S女，被他人掌击左侧面部，次日耳内窥镜检查发现左耳鼓膜疑似穿孔（图13-2-8、图13-2-9）。

编委共识：

S女被他人用掌击左侧面部，次日耳内窥镜检查发现左耳鼓膜紧张部前下象限存在一处疑似针尖样小"穿孔"，周边无急性充血表现，动态观察其形态无变化。声导抗检查说明该处无漏气现象，镜像符合鼓膜小瘢痕表现，与这次掌击伤无因果关系，对损伤程度不予评定。

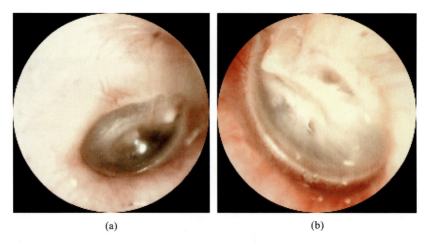

(a)　　　　　　　　　　　　　(b)

图 13-2-8　伤后 29 h,耳内窥镜检查镜像

(a)右耳鼓膜完整,光锥存在;(b)左耳鼓膜紧张部前下象限可见一处疑似针尖样小"穿孔","穿孔"周围鼓膜无充血、水肿及出血,鼓膜硬化,鼓室结构不能窥及,光锥未显示

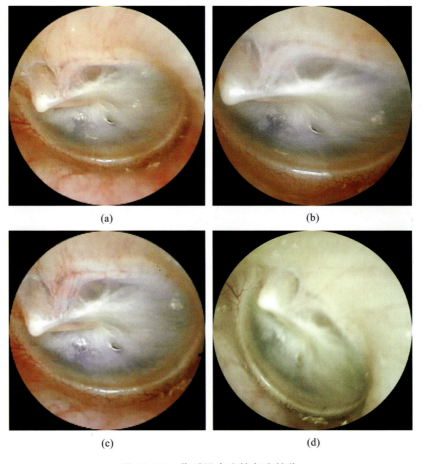

(a)　　　　　　　　　　　　　(b)

(c)　　　　　　　　　　　　　(d)

图 13-2-9　伤后耳内窥镜复查镜像

左耳鼓膜紧张部疑似原穿孔存在,形状及表现无变化。(a)伤后 14 天;(b)伤后 30 天;(c)伤后 40 天;(d)伤后 42 天(左耳鼓室压图为 As 型,外耳道容积右耳 1.78 mL,左耳 1.87 mL)

第三节 病理性鼓膜穿孔损伤程度的认定

鼓膜穿孔损伤的鉴定是涉及伤病关系的损伤程度鉴定。萎缩性鼓膜多由鼓膜膨胀不全及慢性进行性炎症所致,或为既往鼓膜穿孔再生鼓膜缺乏纤维层结构的一类病理性鼓膜。镜像表现主要为鼓膜菲薄,透光度增加。一般来讲,再生鼓膜与周围鼓膜界限清晰,炎性萎缩性鼓膜与周围分界不明显(图13-3-1)。

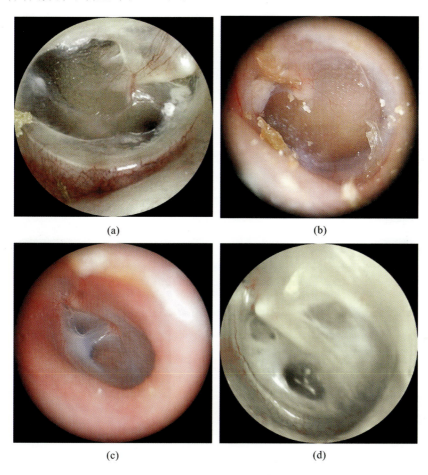

图 13-3-1 萎缩性鼓膜
(a)(b)再生鼓膜;(c)(d)炎性鼓膜,膨胀不全

萎缩性鼓膜抗打击能力较正常鼓膜差,穿孔伤属于外伤与既往损伤/疾病基础共同作用的结果,如果穿孔6周内不能自行愈合,依据《人体损伤程度鉴定标准》4.3.2条款之规定需要降级评定为轻微伤。

【案例6】 S女,被掌击左耳部,伤后即就诊,耳内窥镜检查发现左耳鼓膜穿孔(图13-3-2至图13-3-5)。

编委共识:

S女被掌击伤及左耳,6 h后专科检查发现左耳鼓膜穿孔。检查镜像显示如下特征:①左耳外耳道无异常;②左耳鼓膜紧张部多发性穿孔;③鼓膜存在片状钙化斑及萎缩性鼓膜

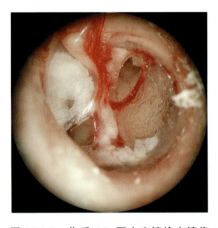

图 13-3-2　伤后 6 h,耳内窥镜检查镜像

左耳鼓膜紧张部存在2个穿孔,前下象限存在1个类三角不规则形穿孔,边缘不光滑,后缘轻度充血、略肿胀,穿孔周围鼓膜钙化;后方存在1个穿孔,穿孔跨越了后上及后下象限,呈类椭圆不规则形,边缘不整齐,上缘呈轻度钙化,下缘以下鼓膜呈萎缩性鼓膜;下缘鼓膜充血;鼓室干燥,光锥消失

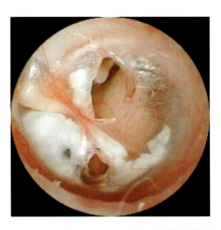

图 13-3-3　伤后 7 天,耳内窥镜检查镜像

左耳紧张部前下象限及后上象限穿孔存在,变小,趋圆,边缘上皮生长,变钝,残余鼓膜无明显充血,穿孔周围存在片状钙化斑;鼓室干燥,光锥消失

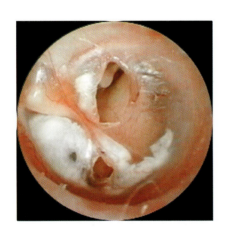

图 13-3-4　伤后 12 天,耳内窥镜检查镜像

较前无明显变化

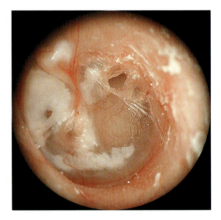

图 13-3-5　伤后 42 天,耳内窥镜检查镜像

左耳前下象限原穿孔被痂皮覆盖,后上象限穿孔未愈合,穿孔缩小,周围痂皮堆积

征象;④穿孔边缘鼓膜不整齐,穿孔周围充血,无大量出血积存;⑤鼓室干燥;⑥多次耳内窥镜复查显示穿孔形态发生显著变化,左耳鼓膜穿孔没有在伤后 6 周内自行愈合。以上情况说明伤者鼓膜既往罹患过炎性疾病及或有损伤,这也是左耳发生两处穿孔的病理基础。而该病理基础影响鼓膜愈合,伤/病作用程度为共同作用。依据《人体损伤程度鉴定标准》4.3.2 及 5.3.4a)之规定,S 女被掌击导致左耳外伤性鼓膜穿孔 6 周不能自行愈合的损伤应鉴定为轻微伤。

【案例 7】　L 男,伤后 3 h 耳内窥镜检查发现左耳鼓膜穿孔,后定期复查至伤后 6 周(图 13-3-6 至图 13-3-11)。

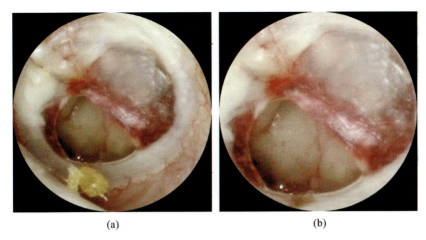

(a)　　　　　　　　　　　　(b)

图 13-3-6　伤后 3 h,耳内窥镜检查镜像

左耳鼓膜紧张部前方大穿孔,呈半圆形,边缘薄锐,外缘粗糙,穿孔周围鼓膜充血,紧张部后方呈萎缩性鼓膜,前上象限及后上象限鼓膜钙化,鼓室正常

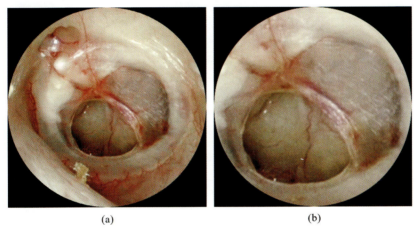

(a)　　　　　　　　　　　　(b)

图 13-3-7　伤后 7 天,耳内窥镜检查镜像

左耳鼓膜原穿孔存在,形态稍改变,穿孔周围充血程度减轻

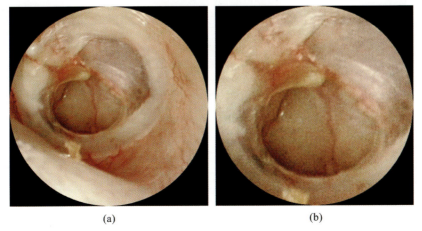

(a)　　　　　　　　　　　　(b)

图 13-3-8　伤后 14 天,耳内窥镜检查镜像

左耳鼓膜原穿孔存在,形态稍改变,与前检查比较原有成角变钝圆,穿孔周围充血程度减轻

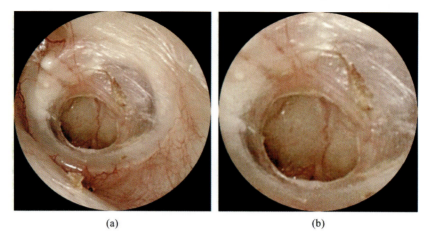

图 13-3-9　伤后 21 天，耳内窥镜检查镜像

左耳鼓膜原穿孔呈类圆形，穿孔边缘见白色新生鼓膜，鼓膜充血消失，表面有少许黄色痂皮

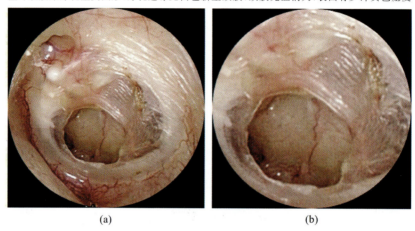

图 13-3-10　伤后 28 天，耳内窥镜检查镜像

左耳鼓膜原穿孔呈类圆形，穿孔边缘见白色新生鼓膜带，鼓膜充血消失，表面有少许黄色痂皮

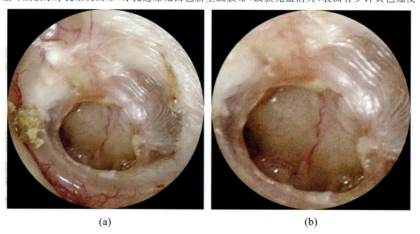

图 13-3-11　伤后 35 天，耳内窥镜检查镜像

左耳鼓膜原穿孔被新生的透亮再生鼓膜覆盖

编委共识：

萎缩性鼓膜穿孔后再生鼓膜没有正常的纤维层结构，表现为菲薄、透光的膜状，这也是萎缩性鼓膜的表现。L男既往为萎缩性鼓膜，穿孔初期镜像表现为穿孔边缘无残瓣、无碎片、无出血，伤后动态观察其穿孔边缘具有修复变化，是外伤性鼓膜穿孔的典型表现，故其穿孔符合鼓膜穿孔损伤的鉴定标准。

第四节　不同时期鼓膜穿孔的认定

依据《人体损伤程度鉴定标准》，外伤性鼓膜穿孔6周不能自行愈合评定为轻伤二级。在不同时期造成的穿孔也可能在6周内不能愈合，一般情况下的正常鼓膜，形成第二次穿孔的外力对前次未愈合穿孔作用轻微，应该根据具体情况进行评定。

【案例8】　Z男，2月14日22时许，被他人用掌击打左耳部，次日凌晨专科检查发现左耳鼓膜穿孔。3月10日下午，被家人掌击左耳面部，3月17日专科检查发现其左耳鼓膜存在两个穿孔（图13-4-1至图13-4-7）。

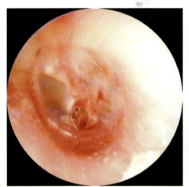
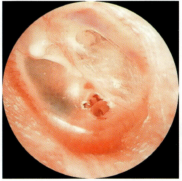
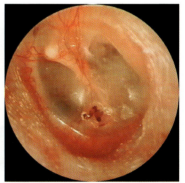

图13-4-1　伤后4h，耳内窥镜检查镜像

左耳外耳道稍充血；左耳鼓膜紧张部鼓膜脐部下方存在一个小穿孔，形状不规则，边缘锐利，前缘靠上一处呈点状血痂样物附着；上缘残瓣外翻，后缘不整齐；残余鼓膜后方不规则小片状淤血，鼓室无异常；光锥未显示

图13-4-2　伤后7天，耳内窥镜检查镜像

左耳鼓膜原穿孔较前减小，上缘残瓣干燥变为黑色痂皮，痂皮干燥翘起；后缘上皮组织生长，前缘、下缘变钝；鼓膜充血减轻；鼓室干燥；光锥消失

图13-4-3　伤后14天，耳内窥镜检查镜像

左耳鼓膜原穿孔残缘上皮组织生长，穿孔较前进一步缩小，呈趋于圆形变化；原上缘残瓣脱离鼓膜边缘向外侧移行，鼓膜除反应性毛细血管扩张之外无明显充血；鼓室干燥

编委共识：

Z男被他人掌击左耳部，4h后检查存在左耳鼓膜穿孔，镜像显示左耳鼓膜紧张部前下象限穿孔，符合气压伤表现，伤后6周内愈合。依据《人体损伤程度鉴定标准》5.3.5a)条款之规定，Z男被掌击左耳致外伤性鼓膜穿孔的损伤鉴定为轻微伤。

3月10日下午其左耳再次遭遇外力击打，于3月17日耳内窥镜检查发现左耳鼓膜紧张部后方存在一个穿孔，该穿孔与第一次外力击打无因果关系，对第二次外力导致的鼓膜穿孔损伤程度不予评定。

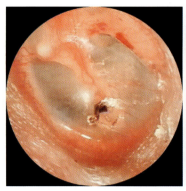 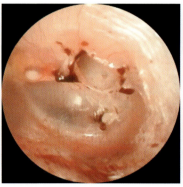 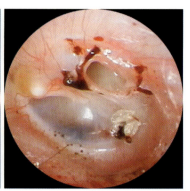

图 13-4-4　伤后 21 天,耳内窥镜检查镜像

通过左耳鼓膜原穿孔已经不能辨认鼓室结构,疑似膜状鼓膜修复穿孔。穿孔残瓣形成的痂皮开始向鼓膜外侧移行

图 13-4-5　伤后 31 天(3 月 17 日)耳内窥镜检查镜像

左耳外耳道未见损伤;左耳鼓膜紧张部后方存在一个穿孔,穿孔跨越紧张部后上及后下象限,形状呈类肾圆形,残瓣外翻,并有少许血痂附着于边缘及周围鼓膜;鼓室干燥。位于紧张部前下象限的原穿孔尚未愈合

图 13-4-6　伤后 36 天,耳内窥镜检查镜像

左耳鼓膜紧张部后上象限原穿孔存在,边缘变钝,已经存在上皮增生;鼓室干燥;光锥中断。原鼓膜脐部下方穿孔被痂皮覆盖

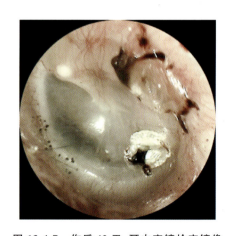

图 13-4-7　伤后 42 天,耳内窥镜检查镜像

左耳外耳道底部存在痂皮;紧张部后上方原穿孔处遗留裂隙样穿孔,前下象限原穿孔愈合。声导抗检查左耳鼓室压图为 B 型,外耳道容积为 4.78 mL

的损伤程度不予评定。

【案例 9】　Y 女,9 月 20 日 9 时许被打伤,当天发现双耳鼓膜穿孔,10 月 22 日耳内窥镜检查显示存在双耳鼓膜穿孔,但是对鼓膜穿孔位置存疑要求鉴定(图 13-4-8 至图 13-4-11)。

编委共识:

Y 女于某年 9 月 20 日 9 时许被打伤,当天检查发现双耳鼓膜穿孔,结合当年 9 月 25 日耳内窥镜检查结果,可以认为双耳外伤性鼓膜穿孔。伤后 6 周双耳鼓膜穿孔自行愈合。根据《人体损伤程度鉴定标准》5.3.5.a)条款之规定,Y 女被打伤导致双耳鼓膜穿孔的损伤鉴定为轻微伤。

耳内窥镜复查发现左耳及右耳鼓膜的穿孔与原穿孔部位不一致,对鼓膜穿孔愈合结果

第十三章 《人体损伤程度鉴定标准》的适用

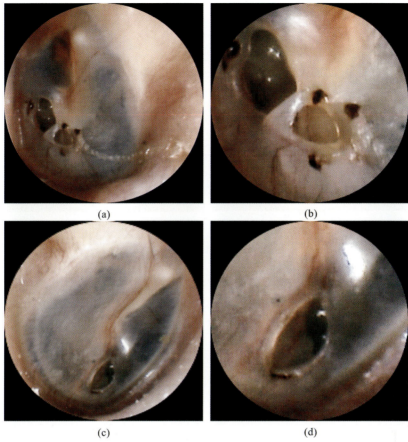

图 13-4-8 伤后 5 天,耳内窥镜检查镜像

(a)左耳鼓膜紧张部前下象限一个穿孔,穿孔后缘位于前下象限,形态呈类圆形,中间有未断裂的鼓膜带;穿孔边缘无明显充血,稍肿胀,下缘可见上皮组织生长的透明带;边缘及周边附着少许陈旧性血痂,并有条索样痂皮伸向外耳道方向;鼓室干燥;光锥消失;(b)左耳鼓膜局部镜像;(c)右耳鼓膜紧张部前下象限一个穿孔,呈类梭形,边缘干燥,少许干性痂皮附着;边缘及穿孔周边无充血;鼓室正常;光锥缩短;(d)右耳鼓膜局部镜像

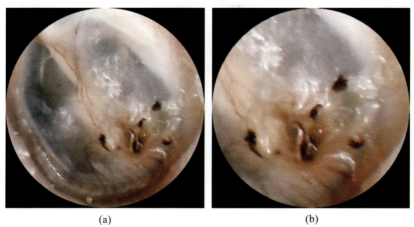

图 13-4-9 伤后 32 天(10 月 22 日)耳内窥镜检查镜像

(a)左耳鼓膜原穿孔愈合,紧张部后下象限显示一个小穿孔,与前次检查的穿孔位置不同;穿孔周边黑灰色痂皮及星点状陈旧性血痂附着;(b)右耳鼓膜穿孔变小,痂皮呈管形向外耳道方向移行

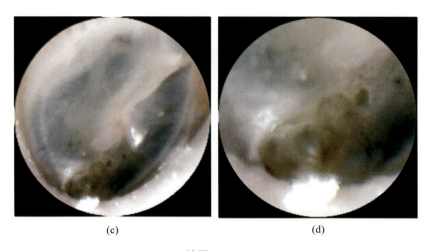

(c)   (d)

续图 13-4-9

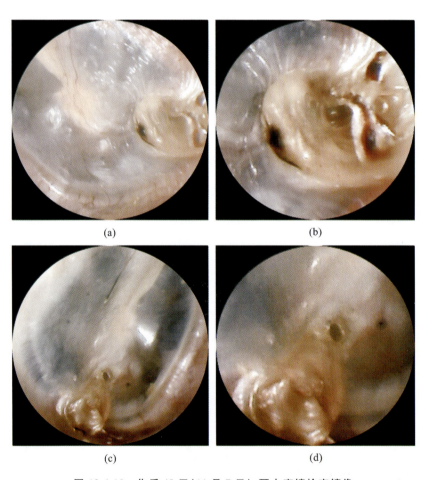

图 13-4-10　伤后 48 天(11 月 7 日),耳内窥镜检查镜像

(a)左耳鼓膜穿孔愈合,并见管状痂皮向外耳道方向移行;(b)左耳鼓膜局部镜像;(c)右耳鼓膜痂皮向外耳道方向移行,暴露针尖样穿孔;(d)右耳鼓膜局部镜像

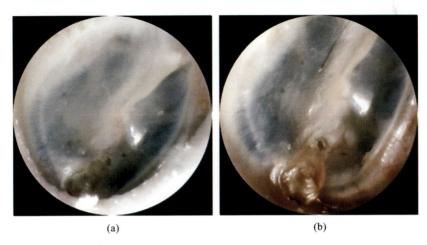

图 13-4-11　耳内窥镜检查镜像局部对比

右耳不同时期鼓膜穿孔部位不一致

第五节　愈合过程中继发感染鼓膜损伤程度的认定

一般情况下,徒手击打方式导致的气压伤鼓膜穿孔不会引起感染,伤后继发感染可以有多种原因,感染毒素抑制生发中心细胞增殖,阻碍细胞的移行,最终可能引起穿孔愈合延迟或不愈合(图 13-5-1)。继发感染与《人体损伤程度鉴定标准》5.3.4a)条款要求的"自行愈合"不符合,应当与鼓膜穿孔伤后 6 周内自行向耳内滴药、接受手术治疗等行为一样视为人为扰动因素,一旦有人为扰动鼓膜穿孔自行愈合的因素参与,损伤程度鉴定即可终止。

【案例 10】　J 女,被他人用掌、拳击打右耳部,隔日耳内窥镜检查发现右耳鼓膜穿孔(图 13-5-2 至图 13-5-10)。

编委共识：

J 女被他人打伤,伤后隔日耳内窥镜检查发现右耳鼓膜穿孔,动态观察其鼓膜镜像存在

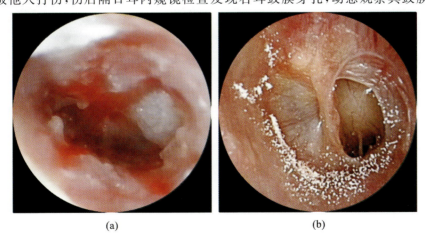

图 13-5-1　鼓膜穿孔后继发感染

(a)伤后早期中耳感染;(b)修复期外耳道及中耳真菌感染;(c)(d)修复期中耳感染

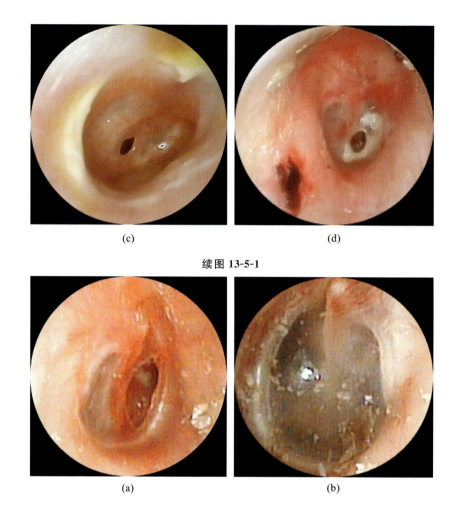

(c) (d)

续图 13-5-1

图 13-5-2　伤后隔日耳内窥镜检查镜像

双耳外耳道均有耵聍碎屑附着。(a)右耳鼓膜紧张部存在一个穿孔，穿孔呈类肾圆形，跨越前上、前下象限，边缘充血水肿，前缘不整齐；鼓室潮湿，未见积血、积脓；(b)左耳鼓膜完整

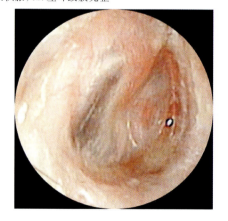

图 13-5-3　伤后 7 天，耳内窥镜检查镜像

右耳原穿孔较前缩小、呈裂隙样，鼓膜表面及穿孔处可见稀薄脓液自鼓室溢出

图 13-5-4　伤后 14 天，耳内窥镜检查镜像

右耳鼓膜原穿孔呈小裂隙样，鼓膜表面及外耳道底部潮湿，光锥消失

第十三章 《人体损伤程度鉴定标准》的适用

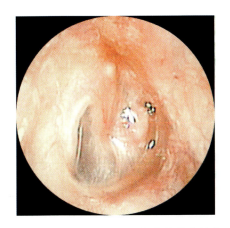

图 13-5-5　伤后 21 天，耳内窥镜检查镜像
右耳鼓膜原穿孔处未见明确穿孔，局部肿胀，鼓膜表面潮湿，光锥消失

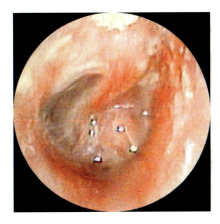

图 13-5-6　伤后 28 天，耳内窥镜检查镜像
右耳原穿孔区域红肿，肉芽增生，鼓膜表面潮湿，有少许脓性分泌物，未见明确穿孔

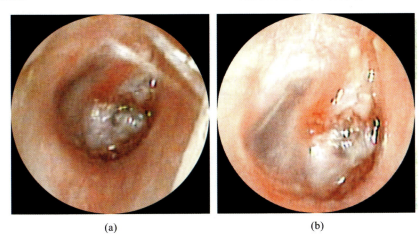

(a)　　　　　　　　　　　　　(b)

图 13-5-7　伤后 34 天，耳内窥镜检查镜像
右耳鼓膜原穿孔区域被白色脓痂覆盖，未见明确穿孔；(b) 局部镜像

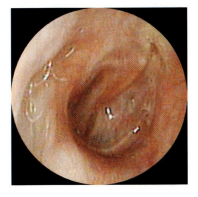

图 13-5-8　伤后 41 天，耳内窥镜检查镜像
右耳外耳道及鼓膜慢性充血，鼓膜表面稀薄分泌物附着，原穿孔区域未见明确穿孔

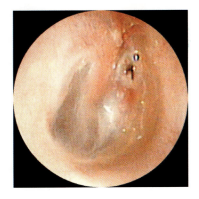

图 13-5-9　伤后 46 天，耳内窥镜检查镜像
右耳原穿孔处有黄色痂皮覆盖

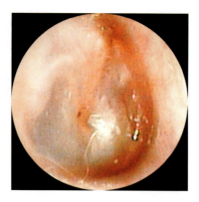

图 13-5-10　伤后 53 天,耳内窥镜检查镜像

右耳鼓膜原穿孔愈合

如下表现：①符合外伤性鼓膜穿孔表现；②穿孔形态明显改变，至伤后 53 天愈合；③伤后 1 周内中耳感染。依据《人体损伤程度鉴定标准》5.3.5a)条款之规定，J 女气压伤导致左耳鼓膜穿孔的损伤鉴定为轻微伤。由于鼓膜穿孔后继发感染，穿孔愈合延迟，对 J 女鼓膜穿孔 6 周没有愈合的损伤程度不予评定。

第六节　小穿孔损伤程度的认定

外伤性鼓膜穿孔多数在 6 周内可以自行愈合，尤其是裂隙样的小穿孔。对小穿孔在 6 周不能自行愈合的案例，主要应该注意甄别造作伤。对于此类案例，目前尚无确定的理论依据来判断其不能愈合的合理性，多认为与炎性刺激及损伤鼓膜上皮干细胞生发中心关系密切，也有文献报道痂皮增多可能阻挡穿孔的自愈。

【案例 11】　L 男，被人掌击左耳，伤后次日耳内窥镜检查发现左耳鼓膜穿孔，对其穿孔进行连续观察至伤后 6 周(图 13-6-1 至图 13-6-5)。

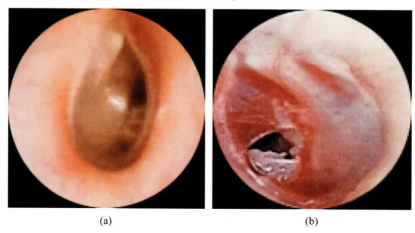

图 13-6-1　伤后次日耳内窥镜检查镜像

(a)右耳(健耳)镜像；(b)左耳外耳道无异常；鼓膜紧张部前下象限存在一个穿孔，形态呈类三角不规则形，其中一个成角指向鼓膜脐部，边缘薄锐、下缘呈锯齿状不整齐，穿孔周围充血；鼓室正常；光锥消失

第十三章 《人体损伤程度鉴定标准》的适用

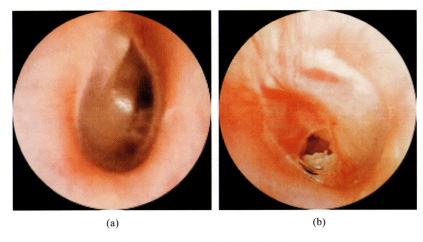

图 13-6-2　伤后 12 天耳内窥镜检查镜像

左耳鼓膜原穿孔较前减小，边缘变钝，鼓膜充血明显减轻；外缘附着少量黑色血痂；鼓室正常；光锥消失

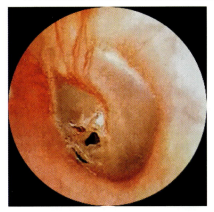

图 13-6-3　伤后 22 天，耳内窥镜检查镜像

左耳穿孔缩小趋于圆形，穿孔边缘淡黄色痂皮及星点状黑色血痂附着，透明膜生成；穿孔周围鼓膜无充血，鼓室干燥

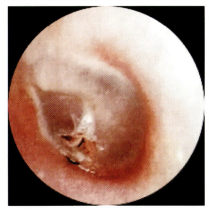

图 13-6-4　伤后 34 天，耳内窥镜检查镜像

穿孔进一步缩小；穿孔边缘痂皮较前增加，血痂向外侧移动；鼓室不能窥及；光锥消失

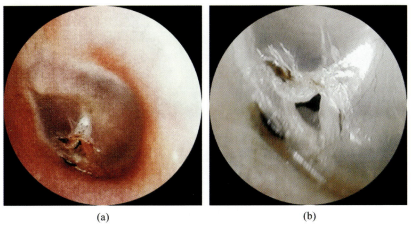

图 13-6-5　伤后 43 天，两家医疗机构耳内窥镜检查镜像

穿孔进一步缩小；边缘白色痂皮较前无明显变化，血痂向外侧移动；鼓室未见明显异常；光锥消失

编委共识：

伤后进行了多次复查,伤后3周检查出现淡黄色痂皮,同时穿孔也在修复,穿孔愈合速度较正常鼓膜慢。整个观察期未见继发感染及再次受伤征象,提示痂皮影响了该穿孔的愈合速度。依据《人体损伤程度鉴定标准》5.3.4a)条款之规定,其损伤程度评定为轻伤二级。

第七节　特殊条件下鼓膜损伤程度的认定

在鼓膜穿孔损伤程度鉴定实践中,往往会遇到一些特殊案例,其特殊主要在于致伤方式特殊、穿孔表现特殊,以及穿孔修复表现特殊等。对这样一些损伤案例的鉴定较为棘手,除了要求法医具有丰富的理论知识之外,更需要有丰富的实践经验作为支撑。

一、关于形成鼓膜穿孔(时间)作用外力的推断

实际工作中经常遇到部分案例,伤者常在接受检查之前遭受两次或两次以上的暴力攻击,除了从案情角度了解受伤时间之外,还可以从镜像表现推断致伤时间,主要是从穿孔表现的新鲜程度(血迹颜色、边缘表现、修复表现等)来判断。

【案例12】　X男,与他人打架导致头部软组织伤,但未行耳科检查;3天后,又被他人掌击左耳,当天检查发现左耳鼓膜穿孔,隔日行耳内窥镜检查。委托单位要求鉴定鼓膜穿孔的形成时间(图13-7-1)。

编委共识：

从X男伤后多次检查镜像表现可以判断其伤前左耳鼓膜结构大致正常,没有明显的钙化斑及萎缩性鼓膜表现。首次检查镜像显示血迹颜色较为新鲜,边缘充血、肿胀,穿孔形态基本保持损伤后原始状态,不符合伤后5天表现。基于以上分析,结合案情,判断其损伤应

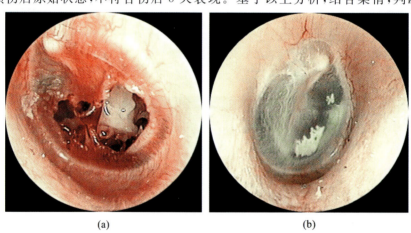

图13-7-1　耳内窥镜检查镜像

(a)第一次伤后5天,再次伤后3天,镜像显示左耳鼓膜紧张部前下及后下方各有一个穿孔,两个穿孔形状均不规则,边缘充血、肿胀,其中后方穿孔前缘残瓣外翻至前方穿孔边缘,前方穿孔边缘附着新鲜血痂;鼓室正常;(b)右耳鼓膜;(c)第二次伤后6天,镜像显示左耳鼓膜原穿孔存在,充血消失,边缘干燥,暗红色血痂附着;鼓室正常;(d)第二次伤后14天,镜像显示左耳鼓膜穿孔边缘上皮组织生长,穿孔明显缩小,暗红色血痂附着于残余鼓膜;鼓室正常

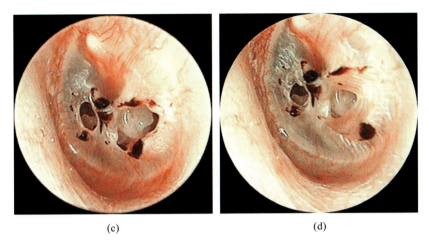

(c)   (d)

续图 13-7-1

该为第二次所致,而不是第一次的外力作用所致。

二、头部轻度闭合性损伤导致鼓膜穿孔的认定

外伤致颞骨骨折并伴鼓膜穿孔的机制已经有所共识。在鉴定业务中,也会遇到头部遭受撞击后没有明显骨折伤,而发生鼓膜穿孔的案例,并且在临床方面也是常见的急诊外伤病例,但是这类损伤的机制尚有待研究。实践中,还有一部分这种损伤的案例在伤后多日接受耳科检查,无疑给鉴定工作带来困难。

【案例 13】 W 男,12 月 19 日右侧颞顶部被木棒击打,导致头部闭合性损伤,并于当天检查,仅发现左耳鼓膜穿孔(图 13-7-2)。

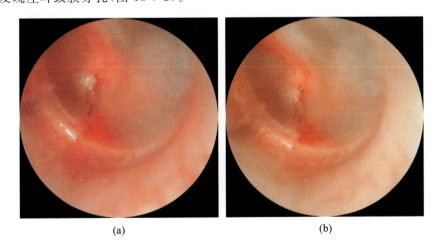

(a)   (b)

图 13-7-2 伤后 24 h,耳内窥镜检查镜像

左耳鼓膜紧张部前下象限裂隙样穿孔,穿孔自鼓膜脐至鼓膜边缘,局限性充血,少许星点状血痂附着于两侧边缘;鼓室不能窥及

编委共识:

头部闭合性损伤导致鼓膜穿孔是法医临床常见的一类损伤,其机制是鼓膜受到强力牵拉导致撕裂。W 男本次伤后及时检查,没有造作时间,鼓膜穿孔形态符合间接性损伤镜像。

三、强吻致鼓膜穿孔的认定

此种伤多发生于女性。在违背伤者意志的情况下，他人强吻其耳部，导致鼓膜破裂。由于鼓膜结构极不适应外耳道闭合性猛烈负压，很容易导致鼓膜穿孔。

【案例 14】 Z 女，3 月 30 日 0 时 30 分许被他人强吻吸伤左耳。当日检查发现左耳鼓膜穿孔（图 13-7-3）。

编委共识：

Z 女被他人强吻致左耳外伤性鼓膜穿孔，镜像符合间接损伤性鼓膜穿孔征象（图 13-7-4），穿孔在伤后 4 周自行愈合。

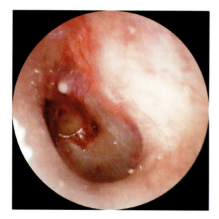

图 13-7-3 伤后 9 h，耳内窥镜检查镜像

左耳鼓膜紧张部前上象限存在一个类圆形穿孔，边缘薄锐，下缘处残瓣外翻，穿孔周围鼓膜局限性充血；鼓室正常

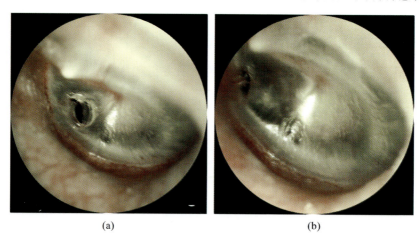

图 13-7-4 动态复查耳内窥镜镜像

（a）伤后 9 天复查示穿孔自行修复中；（b）伤后 28 天复查示穿孔愈合

四、痂皮遮挡穿孔区域问题的认定

鼓膜穿孔伤后 6 周复查时，由于痂皮遮挡限制耳内窥镜下对穿孔愈合情况的观察与判断，又因此时的再生鼓膜极易重新穿孔，一般情况下不建议清痂观察。

【案例 15】 N 男，4 月 1 日 22 时许被他人掌击面部，伤后次日耳内窥镜检查报告左耳鼓膜穿孔，伤后动态观察鼓膜穿孔修复过程中有痂皮覆盖（图 13-7-5 至图 13-7-9）。

编委共识：

N 男左耳被掌击导致鼓膜穿孔，伤后耳内窥镜定期复查，穿孔区域在穿孔伤后 3 周左右开始有痂皮增多，但是穿孔在 6 周内自行愈合。依据《人体损伤程度鉴定标准》5.3.5a）条款之规定，其气压伤导致左耳鼓膜穿孔的损伤鉴定为轻微伤。

【案例 16】 Z 男，被他人掌击面部，伤后次日耳内窥镜检查报告左耳鼓膜穿孔，伤后动态观察鼓膜穿孔修复过程，伤后 6 周镜像显示痂皮遮盖穿孔区域（图 13-7-10 至图 13-7-14）。

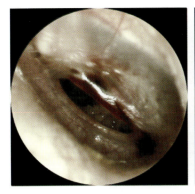

图 13-7-5　伤后 10 h,耳内窥镜检查镜像

左耳鼓膜紧张部可见一呈裂隙样穿孔,穿孔横跨前上、前下象限,后缘可见暗红色血痂附着,穿孔周围鼓膜稍显淤血,鼓室正常

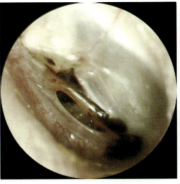

图 13-7-6　伤后 17 天,耳内窥镜检查镜像

左耳鼓膜原穿孔较前缩小,穿孔上缘及后缘较前缘生长迅速,边缘及周围鼓膜干燥,无充血、水肿,原后缘仍有陈旧性血痂附着,位置无明显变化,鼓室正常

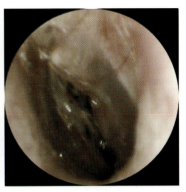

图 13-7-7　伤后 24 天,耳内窥镜检查镜像

左耳鼓膜原穿孔已经不明显,穿孔区域陈旧性血痂及少许淡黄色痂皮附着

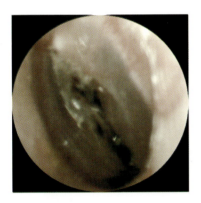

图 13-7-8　伤后 28 天,耳内窥镜检查镜像

左耳鼓膜原穿孔已经不明显,穿孔区域陈旧性血痂及少许淡黄色痂皮附着

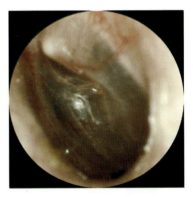

图 13-7-9　伤后 32 天,左耳鼓膜洁净,原穿孔愈合,遗留瘢痕,光锥弥散

编委共识:

Z男外伤导致左耳鼓膜穿孔,伤后 6 周原穿孔区域痂皮覆盖影响对穿孔愈合程度的评定,依据《人体损伤程度鉴定标准》5.3.5a)之规定,其气压伤导致的左耳鼓膜穿孔的损伤为轻微伤。

【案例 17】　L女,左耳外伤性鼓膜穿孔,复查原穿孔区域大量痂皮遮挡。伤后 6 周强烈要求清痂,导致穿孔区域损伤扩大(图 13-7-15 至图 13-7-16)。

编委共识:

外伤性鼓膜穿孔鉴定意见为轻微伤;痂皮遮挡,依靠耳内窥镜无法判断穿孔愈合程度,声导抗检查结果正常时一般认为鼓膜已经愈合,可给予轻微伤的评定。如果行无创清痂可以根据结果评定损伤程度;如果不能清痂,则评定为轻微伤。本案清痂时损伤了原鼓膜穿孔区域,应当评定为轻微伤;同时强调,单纯为索取轻伤的鉴定结果而冒险清痂不符合临床医

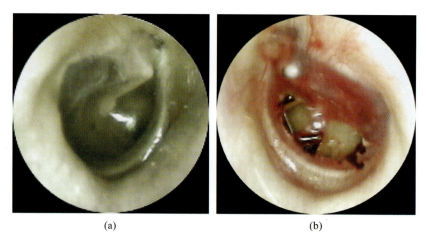

图 13-7-10　伤后 48 h,耳内窥镜检查镜像

(a)右耳鼓膜完整。(b)左耳鼓膜紧张部存在 2 个穿孔,1 个穿孔基本位于前上象限,另 1 个基本位于前下象限,2 个穿孔中间的联系带较宽,上覆新鲜血痂,另外在第 1 个穿孔的上缘和第 2 个穿孔的下缘也附着少许同种表现的血痂;2 个穿孔形态均不规则,但均显示锐性成角;部分边缘欠整齐,联系带上渗出物附着,并疑似下方穿孔残瓣外翻;边缘尚无上皮生长。残余鼓膜弥漫性充血、水肿。鼓室干燥,鼓室黏膜色泽正常。光锥消失

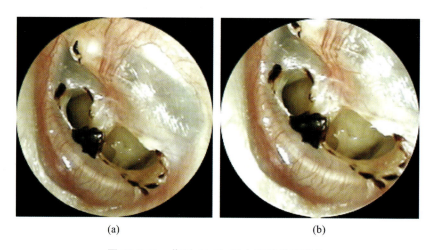

图 13-7-11　伤后 14 天,耳内窥镜检查镜像

(a)左耳 2 个穿孔仍然存在。穿孔边缘充血、水肿基本消失,可见明显的上皮组织生长,原边缘锐性成角变钝、增厚;联系带及原边缘上的血痂开始向外侧移动,无大量炎性痂皮生长;鼓环、鼓膜脐锤纹及松弛部反应性毛细血管扩张;鼓室正常,光锥消失。(b)局部镜像

学及法医伦理学要求。

【案例 18】 H 女,与他人打架导致右耳受伤,次日检查发现右耳鼓膜穿孔。伤后复查,某机构以鼓膜穿孔 6 周内自行愈合评定为轻微伤。后接受神经外科手术,因以"右耳不适 3 个月余不缓解"再次就诊时发现右耳鼓膜陈旧性穿孔,从而申请进行重新鉴定(图 13-7-17 至图 13-7-19)。

编委共识:

H 女受伤导致右耳鼓膜穿孔,次日耳内窥镜检查镜像符合外伤性鼓膜穿孔表现。依据《人体损伤程度鉴定标准》5.3.5a)条款之规定,其右耳鼓膜穿孔的损伤鉴定为轻微伤。

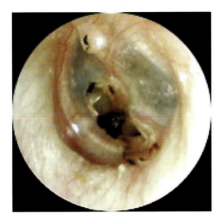

图 13-7-12　伤后 24 天，耳内窥镜检查镜像

原穿孔进一步缩小，鼓膜及鼓室黏膜无异常表现，前上象限穿孔上方及前下象限穿孔后方可见新的鼓膜形成

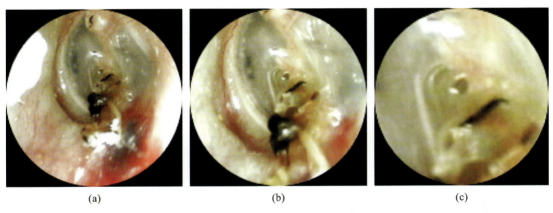

(a)　　　　　　　　　　　　(b)　　　　　　　　　　　　(c)

图 13-7-13　伤后 35 天，耳内窥镜检查镜像

原穿孔基本愈合，仅可见鼓膜脐部前下方有一处针孔样异常区域

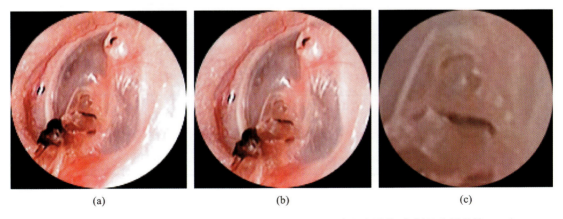

(a)　　　　　　　　　　　　(b)　　　　　　　　　　　　(c)

图 13-7-14　伤后 42 天，原前下象限穿孔区域仍然被痂皮覆盖，包括没有覆盖的区域在内的鼓膜均未见明确穿孔

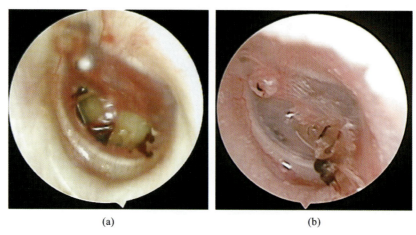

(a) (b)

图 13-7-15　伤后耳内窥镜检查镜像

(a)受伤当天检查示左耳鼓膜多发性穿孔；(b)伤后 5 周复查耳内窥镜镜像

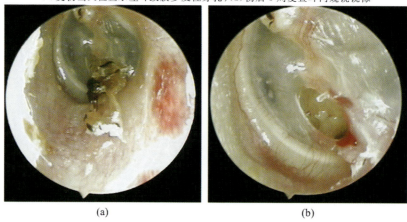

(a) (b)

图 13-7-16　伤后 6 周鼓膜清理前后镜像

(a)清痂前，痂皮遮挡穿孔区域；(b)清痂后，穿孔区域扩大

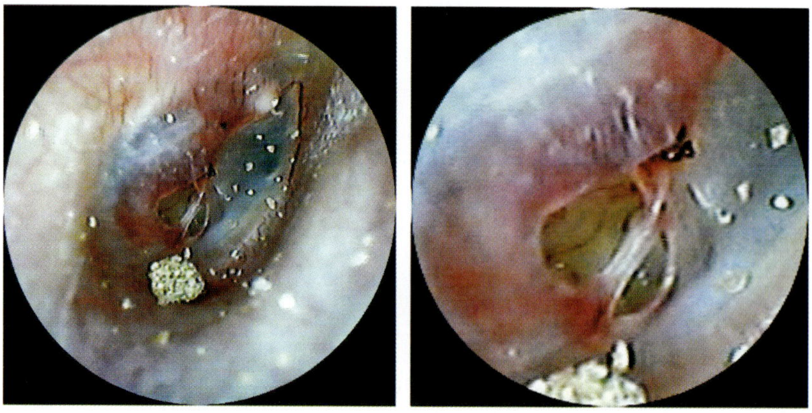

(a) (b)

图 13-7-17　伤后 28 h，耳内窥镜检查镜像

外耳道附着耵聍碎屑；右耳鼓膜脐部下方存在一处穿孔，形态呈类圆形，中间存在残余鼓膜条索带，穿孔前缘肿胀，后缘薄锐；穿孔上方附着一点状暗红色血痂，残余鼓膜混浊、充血、肿胀；鼓室正常；光锥消失

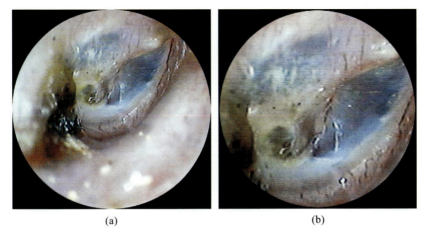

图 13-7-18　伤后 42 天，耳内窥镜检查镜像

右耳鼓膜原穿孔区域覆盖薄层黄色痂皮，原穿孔愈合情况不能辨识，鼓室不能窥及，光锥消失

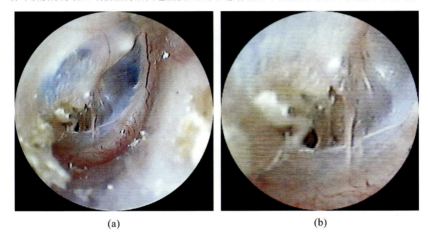

图 13-7-19　伤后 3 个多月，耳内窥镜检查镜像

右耳鼓膜紧张部原穿孔区域存在一个小穿孔，残缘光滑，周围附着黄色痂皮，自穿孔区域向外耳道伸展；鼓室内黏膜干燥

伤者没有做到定期复查，对于其穿孔区域痂皮的来源无法做出明确判断，伤后 6 周复查镜像显示痂皮遮盖穿孔，不能排除穿孔愈合或遗留小穿孔的可能。伤后 3 个多月镜像显示原穿孔区域存在小穿孔，既不能排除是再发穿孔，也不能排除是原穿孔未愈合遗留。对该穿孔未愈合损伤程度无法评定。

五、穿孔修复期二次出血问题的认定

鼓膜穿孔多为撕裂伤，穿孔边缘一般不伴出血或仅有少许出血，伤后基本也不会有大量继发性出血。伤后不久的继发性出血可能来自伤者鼓膜的剧烈活动，一段时间之后的出血可能来自二次创伤。

【案例 19】 G 男，3 月 16 日伤到左耳，次日耳内窥镜检查发现左耳鼓膜穿孔，后定期复查。4 月 11 日镜检发现原穿孔处有大量血痂（图 13-7-20）。

编委共识：

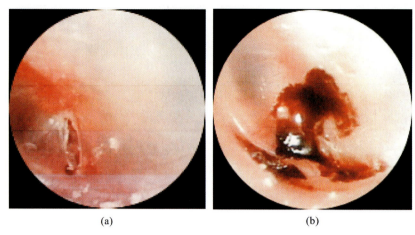

图 13-7-20　耳内窥镜检查镜像

(a)伤后 3 h,镜像显示左耳鼓膜紧张部前下象限裂隙样穿孔,边缘薄锐不整齐,远端一星点状血痂附着,鼓室无异常。
(b)伤后 26 天,镜像显示左耳鼓膜大量血痂附着,因遮挡原穿孔处而不能窥及

鼓膜撕裂伤一般情况下不出血或仅有少量出血,镜像多表现为星点状或小片状血迹附着于穿孔边缘及周围。伤后初期由于鼓膜剧烈活动,也可以出现少许渗血,但出血量很少。G 男伤后 26 天复查可见大量继发性出血,不符合常见外伤性鼓膜穿孔后镜像表现,对其鼓膜愈合情况不予评定。

六、特殊损伤性鼓膜穿孔问题的认定

如果外力因素足以导致正常鼓膜穿孔,即便既往存在伤/病关系,外力因素仍然起到了主要作用。

【案例 20】　T 男,因故被人用热水烫伤,当天检查发现右耳烫伤,2 周后复查,发现鼓膜损伤,伤后 23 天复查确认右耳鼓膜穿孔(图 13-7-21 至图 13-7-25)。

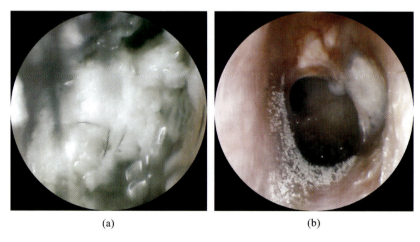

图 13-7-21　伤后 12 h,耳内窥镜检查镜像

(a)右耳外耳道肿胀,符合外耳道烫伤以后的表现,白色物不排除为耵聍样物质被液体浸泡后的表现;(b)左耳外耳道真菌感染,鼓膜中央型大穿孔

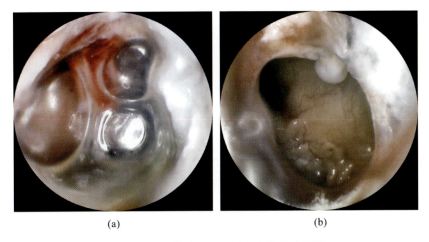

图 13-7-22　伤后 14 天,耳内窥镜检查镜像

(a)右耳外耳道大量渗出样物积存,可见相当于鼓膜锤纹位置急性充血表现,穿孔不能辨识,符合外耳道及中耳烫伤后表现;(b)右耳鼓膜穿孔无变化

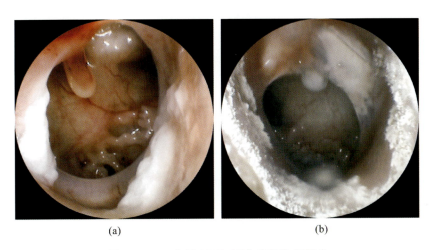

图 13-7-23　伤后 23 天,耳内窥镜检查镜像

(a)右耳外耳道不洁净,有痂皮样物附着(由前次镜像分析应该为渗出物干燥后形成);鼓膜中央型大穿孔,穿孔类圆形,残缘水肿,前缘及后缘可见白色分泌物,穿孔上缘呈充血貌,穿孔上方残余鼓膜充血(充血区包括穿孔上缘)、水肿,并在表面附着似陈旧性血迹,鼓室未见明显异常;(b)右耳鼓膜穿孔无变化

编委共识:

T 男伤后耳内窥镜检查镜像显示左耳外耳道真菌感染样表现,鼓膜中央型大穿孔,多次复查穿孔形态无变化,边缘钝滑,残余鼓膜存在钙化,鼓室黏膜慢性炎性表现明显。以上表现说明该鼓膜鼓穿孔符合慢性中耳炎性鼓膜穿孔表现,与本次外伤无因果关系,对该鼓膜穿孔不予评定损伤程度。

伤后耳内窥镜检查镜像显示其右耳外耳道伤后红肿、组织渗出,穿孔周围充血、组织坏死、形状稍有扩大,以及鼓室无慢性炎性改变等镜像表现,符合烧灼性鼓膜穿孔后镜像特征。

本案例的右耳鼓膜穿孔没有客观证据说明其伤前鼓膜完整,但是本次损伤穿孔上缘表现足以说明其致伤方式(烧烫伤)可使正常鼓膜穿孔。因此,依据《人体损伤程度鉴定标准》4.1 及 5.3.4a)条款之规定,T 男右耳热水烫伤致鼓膜穿孔的损伤程度为轻伤二级。

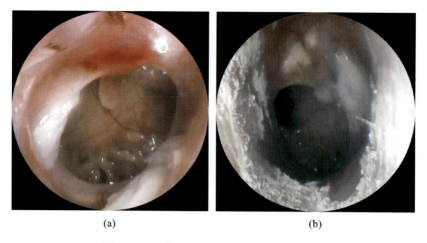

图 13-7-24　伤后 32 天,耳内窥镜检查镜像

(a)大致同前,仍在穿孔前缘及后缘见白色分泌物,但原鼓膜穿孔残缘充血减轻,水肿变化不明显;鼓室仍未见明显异常。经与前次检查相同视野镜像对比,可见锤骨柄暴露稍有增加,即穿孔上缘疑似扩大。(b)右耳鼓膜穿孔无变化

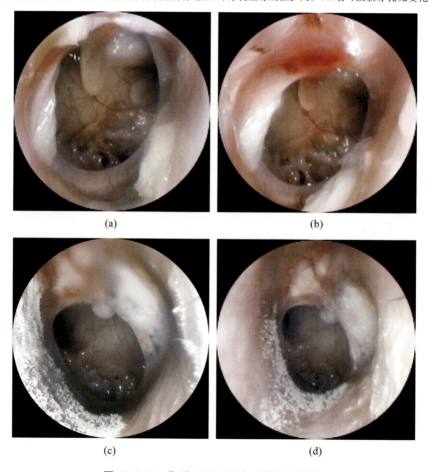

图 13-7-25　伤后 42 天,耳内窥镜检查镜像

(a)原右耳鼓膜穿孔前缘白色分泌物移除,可见穿孔前、下残缘钝滑,经与伤后 23 天耳内窥镜检查相同视野镜像((b))对比,可见锤骨柄暴露增加,即穿孔有所扩大;(c)左耳鼓膜穿孔表现与伤后首次检查((d))对比无变化

参 考 文 献

[1] 孙虹,张罗.耳鼻咽喉头颈外科学[M].9 版.北京:人民卫生出版社,2018.
[2] 孔维佳,韩德民.耳鼻咽喉头颈外科学[M].2 版.北京:人民卫生出版社,2014.
[3] 戴朴,宋跃帅.耳外科立体解剖图谱[M].北京:人民卫生出版社,2016.
[4] 郑亿庆,张志钢,杨海弟.耳内镜治疗诊断学[M].北京:人民卫生出版社,2018.
[5] 陈孝平,汪建平.外科学[M].8 版.北京:人民卫生出版社,2014.
[6] 王保捷,侯一平.法医学[M].7 版.北京:人民卫生出版社,2018.
[7] 公安部刑事侦察局.人体损伤程度鉴定标准释义[M].北京:中国人民公安大学出版社,2013.
[8] 张运启,窦乃迪,王基锋.新标准施行后鼓膜穿孔损伤的鉴定实践分析[C]//中国法医学会.全国第十七届法医临床学学术研讨会论文集.2014:96-97.
[9] 王扎根,窦乃迪,王基锋.鼓膜穿孔自行愈合的法医学临床观察[J].河南科技大学学报(医学版),2015,33(3):220-221.
[10] 赵先夺,窦乃迪.外伤性听骨链损伤的法医鉴定(附 4 例报告)[J].中国社区医师,2016,32(24):179-180.
[11] 窦乃迪.鼓膜穿孔临床法医学重新鉴定 56 例分析[C]//司法部司法鉴定科学技术研究所.2009 年全国法医司法鉴定学术研讨会论文集.2009:61-62.
[12] 张运启,谭完成,窦乃迪.气压性鼓膜穿孔的损伤形态及机制分析[C]//中国法医学会.全国第十六届法医临床学学术研讨会论文集.2013:162-163.
[13] 楼正才.掌拳击伤鼓膜损伤机制及临床特点分析[J].山东大学耳鼻喉眼学报,2008,22(2):188,190.
[14] 楼正才,胡云星,陈勇,等.创伤性鼓膜穿孔自然愈合的形态学研究及临床应用[J].医学研究杂志,2011,40(5):68-71.
[15] 楼正才.鼓膜外伤性穿孔急性期形态观察及预后因素分析[J].中国全科医学,2007,10(3):208-210.
[16] 楼正才,胡云星,吴小洪,等.鼓膜外伤性穿孔缘翻折鼓膜的识别及干预[J].实用医学杂志,2010,26(16):2963-2964.
[17] 楼正才.鼓膜外伤性穿孔贴片修复过程中穿孔缘形态学观察[J].解放军医学杂志,2009,34(7):896-897.
[18] 陈华英.迟发痂皮形成对创伤性干性鼓膜小穿孔延迟愈合的预报作用[J].医学研究杂志,2013,42(5):184-186.
[19] 王正敏.耳鼻喉科与其临床工具[J].中国眼耳鼻喉科杂志,2018,18(1):1.

[20] 王武庆,王正敏,田洁.鼓膜外伤性穿孔自然修复的实验研究[J].中华耳鼻咽喉科杂志,2004,39(10):602-605.

[21] 王武庆,王正敏.鼓膜穿孔修复机制与干细胞研究[J].国外医学耳(鼻咽喉科学分册),2004,28(3):158-160.

[22] 王余兵,陆跃中,刘海波.92例鼓膜穿孔造作伤法医学分析[J].刑事技术,2012(5):56-58.

[23] 朱世峰,李守英,吕梦杰,等.造作性鼓膜穿孔鉴别确认方法的研究[J],中国法医学杂志,2018,33(6):600-603.

[24] 胡火梅.鼓膜钙化合并穿孔伤病关系分析1例[J].中国法医学杂志,2018,33(6):643-644.

[25] 康宁.115例可疑外伤性鼓膜穿孔的法医学分析[J].中国煤炭工业医学杂志,2008,11(10):1611-1612.

[26] 张灵敏,王道隆,张喜明,等.利用气泵伪造鼓膜穿孔致死2例[J].刑事技术,2008(6):63-64.

[27] 孙敬铠,张司祺.新鉴定标准实施后一例鼓膜穿孔造作伤鉴定后思考[C]//中国法医学会.全国第十九届法医临床学学术研讨会论文集.2016:260-262.

[28] 陈华英.鼓膜外伤性穿孔愈合的上皮移行模式[J].医学研究杂志,2013,42(3):153-155.

[29] 邹亚晶,姚建.关于新标准中鼓膜穿孔损伤程度鉴定相关问题探讨[C]//中国法医学会.全国第十七届法医临床学学术研讨会论文集.2014:98-99.

[30] 王建功,程翠英,章娟,等.间接性鼓膜裂伤实验研究[J].医学综述,2011,17(16):2533-2535.

[31] 黄庆琳,陈剑波.外伤性鼓膜穿孔的诊断及愈合[J].中国眼耳鼻咽喉科杂志,2007,7(6):384.

[32] 曹华,李檬,王超,等.致伤方式对外伤性鼓膜穿孔愈合的影响[J].河南医学研究,2012,21(1):18-19.

[33] 朱巧艳.外伤性鼓膜穿孔鼓膜瓣面积对愈合的影响[J].浙江临床医学,2012,14(2):186-188.

[34] 辛文君,崔珑,夏梦,等.创伤性鼓膜穿孔的研究现状[J].国际眼耳鼻咽喉头颈外科杂志,2015,39(6):352-356.

[35] 李朝军,朱佩芳,刘兆华.听器冲击伤发生机制研究现状与展望[J].国外医学·耳鼻咽喉科学分册,2002,26(4):226-230.

[36] 辛文君,张晓彤,崔珑,等.外伤性鼓膜穿孔临床观察对比研究[J].临床耳鼻咽喉头颈外科杂志,2015,29(18):1610-1614.

[37] 范利华,朱广友,夏文涛,等.《人体损伤程度鉴定标准》理解与适用——听器听力损伤[J].法医学杂志,2014,30(5):378-381.

[38] 王跃建,王天铎.实验性鼓膜穿孔自然愈合的组织学研究[J].山东医科大学学报,1989,27(4):45-48.

[39] 郭莉,席恺.外伤性鼓膜穿孔部位与愈合时间的关系[J].中国实用医药,2012,7(5):102-103.

[40] 刘晓涛,孙绍福,杨德英,等.灼伤性鼓膜穿孔35例临床分析[J].实用医学杂志,2005,21(10):1096.

[41] 张来虎,凌贤才.外伤性鼓膜穿孔的临床研究及鼓膜破裂实验探讨[J].国外医学·耳鼻咽喉科学分册,1995,19(3):168-169.

[42] 张秀玲,佘万东,赵青,等.鼓膜穿孔对中耳传音功能影响的实验观察[J].听力学及言语疾病杂志,2014,22(2):169-173.

[43] 陈芳,杨小萍,刘霞,等.24例外伤后鼓膜穿孔法医学鉴定的回顾性分析[J].法医学杂志,2018,34(4):392-395.

[44] 杨妙丽,赵振怀,李娜.数字耳镜定量测量系统检测鼓膜病变的临床研究[J].陕西医学杂志,2011,40(2):159-160,162.

[45] 丁玉静,兰兰,王秋菊,等.外伤导致听力损失的临床特点及预后[J].山东大学耳鼻喉眼学报,2020,34(1):9-14.

[46] Dennis S. Transtympanic endoscopy of the middle ear[J]. Larygoscope,1992,3(4):239-244.

[47] Hellström S,Spratley J,Eriksson P O,et al. Tympanic membrane vessel revisited:a study in an animal model[J]. Otol Neurotol,2003,24(3):494-499.

[48] Sayin L,Kaya K H,Ekizoglu O, et al. A prospective controlled trial comparing spontaneous closure and Epifilm® patching in traumatic tympanic membrane perforations[J]. Eur Arch Otorhinolaryngol,2013,270(11):2857-2863.

[49] Ott M C,Lundy L B. Tympanic membrane perforation in adults. How to manage, when to refer[J]. Postgrad Med,2001,110(5):81-84.

[50] Orji F T,Agu C C. Determinants of spontaneous healing in traumatic perforations of the tympanic membrane[J]. Clin Otolaryngol,2008,33(5):420-426.

[51] Plafki C,Peters P,Almeling M,et al. Complications and side effects of hyperbaric oxygen therapy[J]. Aviat Space Environ Med,2000,71(2):119-124.

[52] Abeele K V D. Multi-modenonlinear resonance ultrasound spectroscopy for defect imaging:an analytical approach for the one-dimensional case[J]. J Acoust Soc Am,2007,122(1):73-90.

[53] Bigelow D C,Swanson P B,Saunders J C. The effect of tympanic membrane perforation size on umbo velocity in the rat[J]. Laryngoscope,1996,106(1 Pt 1):71-76.

[54] Jensen J H,Bonding P. Experimental pressure induced rupture of the tympanic membrane in man[J]. Acta Otolaryngol,1993,113(1):62-67.

[55] Johnson A P,Smallman L A,Kent S E,et al. The mechanism of healing of tympanic membrane perforations. A two-dimensional histological study in guinea pigs[J]. Acta Otolaryngol,1990,109(5-6):406-415.

[56] Amadasun J E O. An observational study of the management of traumatic membrane perforations[J]. J Larygol Otol,2002,116(3):181-184.

[57] Saliba I. Hyaluronic acid fat graft myringoplasty:how we do it[J]. Clin Otolaryngol,2008,33(6):610-614.

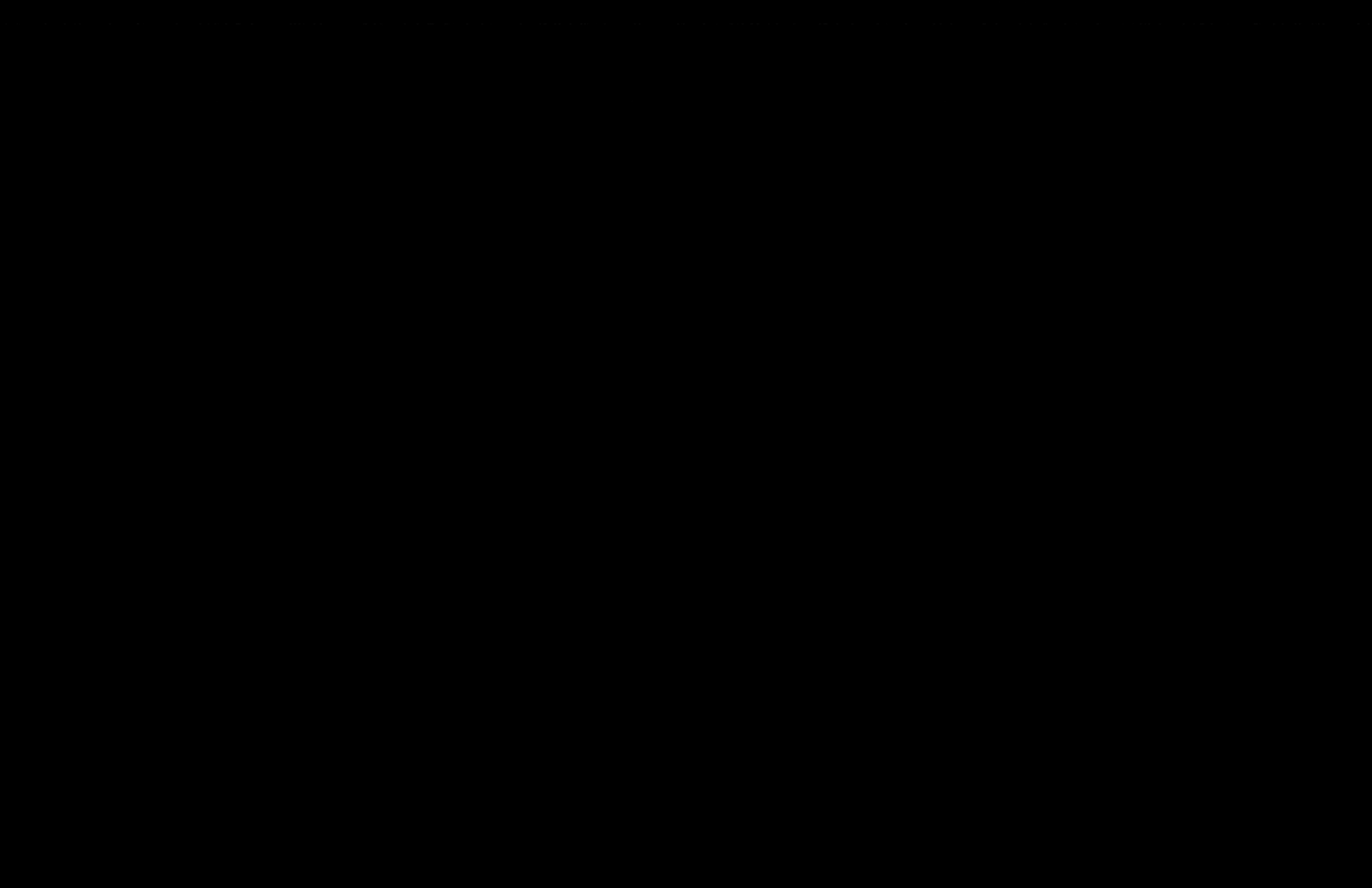